Kirsty Gunn
Carolines Bikini

KIRSTY GUNN

Carolines Bikini

*Arrangement für einen Roman
mit Intro und diversen Zugaben*

Aus dem Englischen von Uda Strätling

OKTAVEN

Die Originalausgabe mit dem Titel *Caroline's Bikini* erschien 2018 im Verlag Faber & Faber Ltd, Bloomsbury House, 74–77 Great Russell Street, London WC1B 3DA.

Die Übersetzung dieses Werkes wurde gefördert vnm Publishing Scotland translation fund.

Publishing
Scotland
Foillseachadh Alba

1. Auflage 2021

Oktaven

ein Imprint des Verlags Freies Geistesleben
Landhausstraße 82, 70190 Stuttgart
www.geistesleben.com

ISBN 978-3-7725-3026-5

🅮 auch als eBook erhältlich
Copyright © Kirsty Gunn, 2018
Für die deutschsprachige Ausgabe:
© 2021 Verlag Freies Geistesleben
& Urachhaus GmbH, Stuttgart
Gestaltungskonzept: Maria A. Kafitz
Umschlagfoto: kastoimages | Photocase.com
Satz: Thomas Neuerer
Druck: CPI books GmbH, Ulm
Printed in Germany

Für Pamela

Inhalt

Intro 9

Auf die Plätze   eins   13
zwei
drei
vier
fünf
sechs

Fertig...   eins   93
zwei
drei
vier
fünf
sechs

Los!   eins   195
zwei
drei
vier
fünf
sechs

Finish   267

Zugaben   297

Zitatnachweise   381

Intro

Sommerhitze hat immer etwas von blitzblauem Wasser an sich. Es flirrt in den Worten «und sie erreichten schließlich das Meer», die ich mir ohne Weiteres in einer meiner Kurzgeschichten vorstellen kann. Oder in dem Satz «Vom Rand des Rasens schon roch sie den kühlen Swimmingpool», der hier in diesem Roman stehen könnte. Das hat etwas von Erfrischung, Erholung. Wasser als Erlösung, als Labsal nach der Glut der Sonne. Ist ein Ausgleich geschaffen, kann die Geschichte weitergehen.

Auch andere Sätze muten so an, etwa «Der Fluss zog einen leuchtend blauen Strich durch die karge Landschaft» oder «Am Ende der langen, heißen Fahrt lockte der See». Selbst dieser: «Der Gartenschlauch schnickte Wassertropfen gegen die Grashalme» – der wie der herrliche See fast sicher aus einer anderen Kurzgeschichte von mir stammen könnte. Erfrischung eben, nicht wahr? Erholung. Vor allem aber denke ich, noch vor den anderen Sinnbildern, an den vorhin zitierten Satz: «Vom Rand des Rasens schon roch sie den kühlen Swimmingpool». Und weiter: «Obwohl er nicht direkt vor ihr lag, der Pool, war sie in Gedanken längst mittendrin in den langen Sekunden, ehe sie hineinstieg, ehe seine blauen Seiden und Tiefen sie aufnahmen und ihr zu verschwinden erlaubten.»

Ja, ich sehe es vor mir. Sehe mich es hinschreiben. Mit Einzelheiten des Pools am Ende eines Gartens versehen, einer breiten dunkelgrauen Schieferumrandung. Etwas abseits steht ein dicht belaubter Baum, wie gemalt, kein Lufthauch bewegt unter der flachen Glocke sommerlicher Hitze die Zweige.

So lautet meine Einleitung zu dem, was folgt, denn im Zentrum des Geschehens wartet ein Wasser. Es wird Ihnen auf diesen Seiten zwischen den Häusern und Gärten von West London in diversen Abschnitten und Kapiteln begegnen, in einem ganz bestimmten Swimmingpool, groß und tief und penibel gewartet. Hinter einem ganz speziellen Haus, von dem schon bald viel die Rede sein wird und das auf vielerlei Art in dieser Geschichte eine zentrale Rolle spielt. Und deutlich später, wenn Sie das Ende dessen erreicht haben, was ich nun doch als «Roman» betrachte – trotz diverser Streitgespräche zur Abgrenzung dieser Form des fiktionalen Erzählens, wie sie bei verschiedenen Gelegenheiten im Verlauf von *Carolines Bikini* stattfinden –, werden Sie einige Zusätze und Nachträge finden, die Sie eventuell auch noch lesen mögen. Diese Zugaben bieten Hintergrundinformationen zu den Gestalten in diesem Buch – wer also mehr über sie erfahren will, was ja ganz amüsant sein könnte, nur zu. Es gibt in diesem hinteren Teil außerdem Anmerkungen zu Liebesgeschichten und wo sie herkommen und weshalb der «Roman», der nun folgt – eine unerlässliche Seite nach der anderen –, einer Tradition verpflichtet ist, die aus Sicht vieler die größte Liebesgeschichte von allen hervorgebracht hat.

Aber ich eile voraus.

Kehren wir zunächst zu der Idee eines Hauses mit großem Garten und kühlem, gechlortem Wasser zurück.

Das Nass mag in einem Park liegen, auf einem Schulgelände, im Freizeitbereich irgendwelcher Sportanlagen oder aber, wie hier in unserer Geschichte, gleich dort in einem bestimmten Teil von London, wo die Straßen breit und die Gärten weitläufig sind. Ob so oder so, irgendwo gibt es im Sommer immer einen Swimmingpool. Und hier, jetzt, kommen wir eben in jemandes Garten zu gerade diesem Pool ...
Es hat begonnen. Es beginnt:
Auf die Plätze.
Fertig.
Los!

Auf die Plätze ...

eins

«Also gut», sagte ich. «Ich versuch's ...» Und dürfte gleich hinzugesetzt haben: «Aber ich habe so was noch nie gemacht», ganz sicher sogar, weil es mir immer noch seltsam erschien, mich auf diese Art von Textproduktion einzulassen, ein Projekt, wie es mir Evan gerade vorschlug. «Ehrlich, Nin, du musst die Geschichte unbedingt für mich aufschreiben», erklärte er, ziemlich energisch, wenn ich es recht bedenke. «Ehrlich wahr ...», und ja, doch, es war für mich ein ganz neuer Gedanke, die ganze Sache, eine vollkommen andere Art, mir die Zeit zu vertreiben. War es. Mir neu.

Denn ich habe zwar tatsächlich schon Verschiedenes veröffentlicht, das stimmt – Kurzgeschichten, Beiträge in Sammelbänden, Essays und so fort –, aber ich habe mir noch nie die Geschichte eines anderen vorgenommen, nie die Art Rolle übernommen. «Amanuensis» hätte man dazu in früheren Zeiten gesagt, und mir war die Vorstellung von Milton und seinen Töchtern immer lieb und teuer gewesen, die Szene am Bett: der Dichter und seine treuen Schreiberinnen; wie er mit einem ganzen Batzen im Laufe der Nacht erdichteter jambischer Pentameter nur darauf wartet, dass sie alles aufschreiben.* «Ghost-

---

* Wie bereits im Intro erwähnt, gibt es hinten im Buch unter «Zugaben» Vorschläge zu begleitender Lektüre, darunter ganz interessante Hinweise zum Kontext von *Carolines Bikini*, nämlich wie der Zuschnitt – klingt arg nach Wortspiel – zu anderen litera-

writer» sagen heute manche dazu. «Biograf» womöglich. Aber keiner der beiden Begriffe trifft wirklich das, worum Evan Gordonston mich bat, eigentlich gar nicht.

Ich kenne Evan schon sehr lange. Genau genommen kenne ich sämtliche Gordonstons eine halbe Ewigkeit, na ja, jedenfalls fast mein ganzes Leben. Meine Mutter war eng mit Helen Gordonston befreundet, und ich bin mit Evans jüngerer Schwester Felicity zur Schule gegangen; seine ältere Schwester Elisabeth war zeitweilig, in der Oberstufe, mit meinem Bruder zusammen.

Also ... «eine halbe Ewigkeit», ja, trifft zumindest mein Gefühl ziemlich genau, wie lange ich Evan schon kenne.* Es gab natürlich zwischen damals und jetzt zu Beginn dieser Geschichte eine lange Pause, weil sie allesamt in die USA übersiedelt waren, die Gordonstons, als Tom, Evans imposanter Vater, dort einen neuen Posten übernahm. Nicht, dass irgendwas daran sonderlich relevant wäre; ich versuche hier wohl einfach ein bisschen Hintergrund zu liefern. Will sagen, Evan war mir nicht unbekannt, nicht in dem Sinne, wie etwa einem «Ghostwriter» der oder

---

rischen Formen passt. Vielleicht haben Sie nach der Lektüre der eigentlichen Geschichte Lust, den Abschnitt über «Narrativen Aufbau» zu lesen, zum Beispiel, der das «Projekt» umreißt, von dem die Erzählerin hier spricht. Das können Sie aber auch zum Schluss entscheiden.

* Da muss ich gleich wieder auf die Seiten hinten verweisen – aber ehrlich, den Abschnitt «Zu den Personen» können Sie sich für später aufheben. Insgesamt greifen die «Zugaben» vieles aus der eigentlichen Geschichte noch mal auf, das werden Sie bald merken. Ich nenne hier nur noch die Kurztitel der entsprechenden Abschnitte.

diejenige unbekannt ist, dessen oder deren Leben er erzählen soll, jedenfalls bis er mit der Arbeit beginnt und Dinge über die Person erfährt, die ihm diese näherbringen. Ich *kannte* Evan bereits.

Also ja, doch, «Amanuensis», der Begriff käme infrage. Ich stand der Hauptfigur näher als sonst vielleicht üblich. Wie eine der Töchter Miltons, gewissermaßen, obwohl das, was Evan mich aufschreiben sehen wollte, nämlich alles über seine unerfüllte Liebe zu der Frau, deretwegen sein Leben «wie verwandelt war», wie er sich mir gegenüber zunächst ausdrückte, und zwar von dem Moment an, als er ihr Untermieter in dem Haus in Richmond wurde, kaum der Stoff war, aus dem Meisterwerke wie *Das verlorene Paradies* gemacht sind.

Trotz der Nähe aber hatte ich zu Evan selbst über die Jahre den Kontakt verloren. Doch, den hatte ich weitgehend verloren, obwohl meine Familie der seinen noch immer eng verbunden war, inklusive Weihnachtsgrüße und Anrufe und dergleichen mehr. Meine Mutter verbrachte beispielsweise mal einen Sommer bei Helen auf Cape Cod, mein Bruder meldete sich in seinem Postgraduate-Jahr in San Francisco bei Elisabeth, mein Vater schickte Tom weiterhin schwierige Kreuzworträtsel und hochanspruchsvolle Fachliteratur zur Zeitgeschichte, weil das stets ihr Gesprächsthema gewesen war – «ich schätze Tom sehr», sagte mein Vater immer, «obwohl eigentlich in erster Linie Helen und Margaret befreundet sind» –, das heißt, die Familien hielten sich auf dem Laufenden. Doch, ja. Tatsache ist dennoch, dass ich persönlich Evan in der ganzen Zwischenzeit nicht gesehen noch mit ihm gesprochen, noch ihm auch nur gemailt hatte, oder jedenfalls kaum, als er unlängst, viele, viele Jahre später, beschloss, nach London zurückzukehren. Und ja. Er war irgendwie schon ein anderer, denn bei unserer letzten Begegnung war er noch fast Kind gewesen*, und bei meinem einzigen USA-Besuch hielt sich Evan gerade in Japan auf, und seine Mutter hatte mir erzählt, wie wohl er sich dort, in den Staaten, fühle und dass er vielleicht nie heimkehren werde – was damals zu einer wieder intensiveren Korrespondenz zwischen mir und Felicity führte und dem, was sie dazu meinte ... Nichtsdestotrotz, da waren wir nun, wir beide, erwachsen und schon etwas älter und natürlich in vieler Hinsicht ganz anders, aber im Grunde auch ganz genauso. Weil unsere Familien eben so konstant waren, vermutlich. Sich auf dem Laufenden gehalten hatten.

Da war er also nun, zum ersten Mal wieder in London, will sagen vor dem tatsächlichen Umzug – als er noch vor der Entscheidung stand, ob er den Sprung wagen sollte «in die alte Heimat», wie er mir auf seine neue, amerikanisch gefärbte Art zu reden sagte**, auch wenn seine Stimme – als wir unseren ersten Gin Tonic miteinander tranken, den Longdrink, der leitmotivisch die Ereignisse und Entscheidungen der kommenden Monate begleiten

---

* «Zu den Personen» später mehr – in den entsprechenden Anmerkungen findet sich einiges über die Familie der Autorin und deren Nachbarn und Freunde, die Kindheit und die viele bei Evans Familie verbrachte Zeit.

** In dem Abschnitt «Zu den Personen» finden sich diverse Beobachtungen zu Evans Ausdrucksweise nach den langen Jahren in den USA wie auch einige Randbemerkungen zu den Londoner Kreisen in *Carolines Bikini*.

sollte – in meinen Ohren eigentlich ziemlich klang wie früher und mir war, als wäre er nie fort gewesen. Erst einmal war er nur ein, zwei Tage in der Stadt; er strecke «die Fühler» aus, so nannte er sein Sondieren, ob ihm die Aufgaben zusagen könnten, die ihm seine Finanz-Headhunter-Firma übertragen wollte. Damit fange ich aber lieber gar nicht erst an – denn Hintergrunddetails der Art will ich in diese Geschichte nicht auch noch einbauen müssen.

Wie ich nämlich schon zu Evan sagte, als er mir die Idee zu dem Projekt überhaupt unterbreitete: «Ich lege keinen gesteigerten WERT auf die Vorgeschichte», großgeschrieben, wie man sieht, «ich INVESTIERE» – ebenfalls großgeschrieben und in Anspielung auf seine Tätigkeit – «doch in so was keine kostbare Zeit», sagte ich. Das Ganze durch einen irgendwie gearteten beruflichen Werdegang und/oder ökonomischen bzw. finanziellen Kontext zu grundieren ... «kommt NICHT infrage, Evan», dürfte ich ihm wohl gesagt haben, «ich habe nicht die geringste Ahnung von Banken oder Finanzen oder Leuten, die in dem Bereich arbeiten; da kann ich nichts beitragen» – und das, obwohl meine Familie die seine, die Gordonstons, wie erwähnt, seit Jahren kannte, und Tom schließlich *Banker* war, Himmel noch mal, also war es eigentlich keine große Überraschung, dass sein Sohn in seine Fußstapfen getreten war, und umso mehr fragte sich, wie unsere beiden Familien sich überhaupt so gut verstehen konnten – aber so war es eben, also bitte, wir verstanden uns einfach, als Familien, die Banker und die Silbenstecher, waren befreundet, sind es noch, eben «auf dem Laufenden». Also begleitet diese kuriosen Aufzeichnungen wahrscheinlich doch, letztlich, ein gewisser Einblick in jenes andere Leben, das unsichtbar unter diesem mitläuft, in diese andere Welt – des schnöden Mammons.

Ich schreibe – das Schreiben liegt in der Familie – Rezensionen. Belletristik, Sachbücher, bewege mich mehr auf literarischem Gebiet. Mein Vater und meine Mutter dagegen sind Akademiker, Geschichtswissenschaftler, auch sie schreiben, und mein Bruder, der, der einmal mit Elisabeth Gordonston zusammen war und ebenfalls Historiker ist, verfasst populärwissenschaftliche Schwarten über Sowjetrussland. Ich selbst schreibe neben Besprechungen nach Möglichkeit Kurzgeschichten und kann gelegentlich auch eine verkaufen. Vor ein paar Jahren war ein Sammelband erschienen, und es gab inzwischen einen weiteren. Hin und wieder wird etwas in der einen oder anderen Zeitschrift abgedruckt oder mal im Rundfunk gesendet, dazwischen aber bespreche ich weiter Bücher. Ich habe auch andere Arbeit, so zum Beispiel in einer Skulpturen-Galerie in East London – da gehe ich, wie oft, hin? Alle paar Wochen so ungefähr, um Katalog- und Werbetexte zu schreiben und an der Rezeption auszuhelfen –, und daneben gibt es die Werbetexte für eine kleine Agentur, Aufträge, die mir meine in der Branche sehr gefragte Freundin Marjorie seit Jahren zuschanzt, weil ich das Geld weiß Gott brauche, auch wenn ich kein Profi bin, denn erwartet werden laut Marjorie Texte, die «den Absatz fördern», während meine tendenziell etwas verspielt sind. Nun, ich schweife ab, denn ja, doch, Evan hatte schon recht. Meine Mitarbeit an dem Projekt war nicht abwegig. Keineswegs. Schließlich denke ich mir ständig ganze

Romane aus, plotte Geschichten, die wahrscheinlich keinen Menschen interessieren, das ist mir schon klar und sagen auch meine Verleger, also war vielleicht, wie hier, ein Thema, das nicht auf einer Fiktion beruhte, sondern die Geschichte eines anderen erzählte ... Nun, vielleicht lag Evan mit der mir zugedachten Rolle «am Ende des Tages», wie er, leicht amerikanisiert, hätte sagen können, gar nicht so falsch.

«Hör mal», hatte ich ihm ein paar Wochen zuvor gesagt und damit indirekt wahrscheinlich den Anstoß zu der ganzen Geschichte gegeben: «Ich hab da eine Idee.»

Wir hatten uns im Pub bei mir an der Ecke getroffen, direkt an der Underground, weil Evan damals bei seinem ersten London-Besuch, als er «die Fühler ausstreckte», wie er meinte, etwas gehetzt war, Bewerbungsgespräche führte, glaube ich, oder zu klären suchte, wie sein Job bei der Londoner Zweigstelle seiner New Yorker Firma denn genau aussehen sollte, und nur den einen Abend hatte.

«Wenn du nach London zurückziehst», sagte ich also in meinem Eck-Pub zu ihm, «wirst du Zeit brauchen. Zeit, dich wieder mit Leuten bekanntzumachen, wieder Fuß zu fassen, dich einzuleben. Das dauert in London, wenn man so lange weg war; London ist nicht mehr die Stadt, die du früher kanntest. Aber das wird schon», fuhr ich fort. «Und jetzt mein Vorschlag: Die Freundin einer Freundin hat ein großes und angeblich ziemlich tolles Haus in Richmond. Ich selbst kenne sie nicht – die Freundin oder vielmehr Rosies Freundin –, aber Rosie meint, sie nehme Untermieter auf und das sei eine ‹muntere Szene› da draußen. Das ist übrigens ein wörtliches Zitat, das mit der ‹munteren Szene›», sagte ich. «Das hat Rosie wörtlich über diese Freundin gesagt, beide charakterisieren sie die Atmosphäre so. Ich glaube, sie meinen damit, dass sie da draußen dauernd Party machen», fuhr ich fort, «aber auch, dass es recht lässig zugeht. Es gibt Kinder, drei Jungen, die sollen aber gut erzogen sein und auch ziemlich lässig, wenn du verstehst. Kein strenges, durchgetaktetes Tigermutter-Regime oder so, nein, die Freundin ist lässig und glamourös und lernt immer gern neue Leute kennen. Das alles weiß Rosie deshalb», sagte ich, «weil sie aus London wegzieht und kurz daran gedacht hat, dort selbst einzuziehen – ein Zimmer zu mieten und sich dafür auf dem Land eher was mit Atelier leisten zu können …» So redete ich auf ihn ein, wahllos, als würde Evan Rosie kennen, was nicht der Fall war, obwohl sie sehr wahrscheinlich gemeinsame Bekannte hatten.* «Sie hat gesagt», fuhr ich fort, «‹Meine Freundin nimmt Untermieter auf, und es ist eine muntere Szene.› Natürlich weiß ich, dass man immer denkt, als Untermieter –»

«Yeah», unterbrach mich Evan. «Genau.»

Weil wir natürlich alle wissen, dass wir, wenn wir an Untermieter denken, nicht annähernd so etwas wie eine «muntere Szene» erwarten. Wir glauben ganz im Gegenteil, dass Untermieter zu sein alles andere als eine «muntere Szene» bedeutet, nämlich ein eher einsames, abgeschnittenes Dasein. Eine Szene vielmehr, die einen

---

* Lohnenswert, wie gesagt, könnte hier der Abschnitt «Zu den Personen» sein, und zu den diversen Freundeskreisen insbesondere der Nachtrag «Sozialkontakte der Beteiligten».

abseits stellt, einen an der Peripherie der Leben anderer lungern und unter ihrem Dach im hintersten Winkel darben lässt, ohne ihre Leben teilen zu dürfen, dass man zwar womöglich einen Job hat und sogar Freunde, aber wenn man abends in sein «Logis» zurückkehrt, tatsächlich weit vom Schuss und jeglichen tragfähigen Beziehungen ist.

«Yeah.»

Der Untermieter zieht also zu einer Familie, die nicht seine Familie ist, schlüpft still und leise die Treppe hoch, während es unten in der Küche hoch hergeht; er schleicht leise die Treppe hinauf in sein Zimmer, in sein Einzelbett.

Kein Wunder also, dass Evan «Yeah» sagte. Kein Wunder, dachte ich.

Was wir aber nicht wussten, Evan und ich, nicht annähernd wussten, als wir an jenem Abend im Cork & Bottle bei einem Drink zusammensaßen, der Symbolcharakter annehmen sollte, sprich Gin Tonics der verschiedensten Sorten und Stärken und Mengen, und über Wohnmöglichkeiten sprachen, dass das eines Tages dazu führen würde, dass ich diese Worte schreibe und Evan anscheinend permanent am Telefon habe, der wissen will, wie ich vorankomme, jetzt, da er mich damit beauftragt hat und ich den Auftrag angenommen habe, alles aufzuschreiben, die Geschichte dessen, was ihm in Richmond widerfahren sollte. Denn wer hätte es schon ahnen können? Kommen sehen? Dass meine eigentlich so beiläufigen Worte über Untermieter zu einer Liebesaffäre führen würden, einer gewaltig großen Liebe, wie sie, literaturhistorisch gesehen, ihren Niederschlag in einer der reichhaltigsten und kunstvollsten Ausprägungen der Liebesdichtung* überhaupt gefunden hat, die mehr als andere Darstellungsformen einem Liebesideal huldigt, das die Ergründung eines Lebens in allen wesentlichen, allen ebenso fesselnden wie belanglosen Details verlangt. Wir beide wussten, als ich Evan zu dem Arrangement drängte, das er schließlich treffen sollte, nachdem er sich zunächst mit Rosie zusammengesetzt hatte, oder vielmehr wir uns zu dritt, um die Möglichkeit ausführlich zu besprechen, und Rosie dann den entsprechenden Anruf getätigt hatte, um die Sache in Gang zu setzen, nicht annähernd, dass das Gerede über Untermieter der Auftakt zu etwas sein würde, einer Erzählung, einer Bewegung zu auf eine Geschichte, die sich auf derart seltsame, fast unmerkliche Weise entfalten würde, dass mancher meinen könnte, es geschehe so gut wie gar nichts.

«Also gut», hatte ich gesagt, nicht wahr? Nach der ersten Unterhaltung mit Evan über eine Idee, auf die mich meine alte Freundin Rosie gebracht hatte, die in der Folge Anlass zum nächsten Gespräch gab und zum übernächsten und die von der Erwähnung des Hauses in Richmond zu den Beresfords und zu Caroline Beresford selbst führte ... So fing die ganze Geschichte an.

---

* Der Abschnitt «Narrativer Aufbau» sei hier zur Nachlese empfohlen, ebenso «Literarischer Hintergrund und Kontext»; eine Vertiefung an dieser Stelle würde zu weit führen.

zwei

Es gibt Aufzeichnungen, die Evan mir überließ, als er, zugegebenermaßen anders als ursprünglich gedacht, beschlossen hatte, das alles – über seine Rückkehr nach London, den Einzug in Richmond und die Erkenntnis, dass sich in seinem Leben etwas tat, etwas enorm Wichtiges, etwas, das sich «groß» anfühlte, wie er meinte – nicht selber zu schreiben, weil er es letztlich besser fand, mich hinzuzuziehen und mich die Geschichte «zu Papier bringen» zu lassen, so umschrieb er meine Rolle, als er sich von der Idee verabschiedete, selbst zu erzählen, um sich stattdessen lieber auf seinen Part als Akteur zu konzentrieren.

Das erste Konvolut brachte der Fahrradkurier einen Tag, nachdem Evan mir anvertraut hatte, er sei in Caroline Beresford nicht nur verliebt, sondern so verliebt, dass er an nichts anderes mehr denken, kaum essen, nicht richtig schlafen könne. Er zeigte, anders gesagt und wie von ihm selbst festgestellt, sämtliche Symptome desjenigen, der geradezu außer sich ist in seinem Liebestaumel, kaum Herr seiner selbst, vom Schicksal niedergestreckt, so sahen es die antiken Dichter*, wie von einem Bogengeschoss des Gottes Amor. Petrarca fällt einem ein, seine

---

* Auf sie geht das Bild vom Pfeil des Liebesgottes zurück, der mitten ins Herz trifft – und es gibt unter «Höfische Liebe» dazu einiges mehr, auch zu der Bildersprache, den Regeln und Ritualen.

Liebe zu Laura, und ähnlich Dante, bei ihm war es Beatrice, beide Prototypen eines kulturellen Phänomens, das vom frühen Mittelalter durch die gesamte Renaissance hinweg grassierte und allegorisch nachwirkt bis in die Tage der Zahnpasta-Spots der frühen Achtzigerjahre des zwanzigsten Jahrhunderts: Das strahlend weiße Lächeln einer hübschen jungen Frau genügt, um einen jungen Mann im hohen Bogen vom Fahrrad auf die Nase fliegen zu lassen.* Genau so hatte es Evan erwischt. Das hatte er mir einige Wochen zuvor erzählt, ja gebeichtet.

Es war ein winterlicher Morgen gewesen, ein Montag, und ich entsinne mich, es merkwürdig gefunden zu haben, dass Evan so früh anrief und vorschlug, wir sollten uns auf einen Kaffee treffen, und zwar draußen in Richmond am Stadtrand in einem wirklich netten Café, wie er meinte. Ich entsinne mich, gefragt zu haben, ob es nicht etwas zentraler ginge, damit ich einen kürzeren Weg hätte und anschließend schneller wieder zu Hause wäre – ich musste noch eine Buchbesprechung für eine der großen Zeitungen abschließen, und die war wichtig; ich wollte die guten Leute nicht verprellen, indem ich auf den letzten Drücker lieferte.** Und ich entsinne mich, das überhaupt an einem Montagmorgen merkwürdig gefunden zu haben – und Evan nicht auf der Arbeit.

---

* Siehe auch die Anmerkungen zu Petrarca und Dante unter «Literarischer Hintergrund und Kontext».

** Buchbesprechungen gehören für Schreibende einfach dazu. Mehr finden Sie unter «Zu den Personen»: freie schriftstellerische Tätigkeit, so prekär wie spannend.

«Bitte, Nin», sagte er. «Richmond ist dabei wichtig. Bitte komm hier raus in die Gegend, in der ich jetzt lebe und zur Untermiete wohne. Das ist wichtig für das, was ich dir zu sagen habe, Nin. Richmond, verstehst du. Das spielt eine entscheidende Rolle.»

Nin dies, Nin das. Für Evan bin ich immer Nin gewesen, obwohl mich alle sonst Emily nennen, so, wie ich getauft wurde, aber mir nicht unbedingt lieber ist. Da haben Sie's, das ist typisch Evan Gordonston: hält an einem Kindernamen fest, weil er mich eben schon so nennt, seit er mich als Vierjährige kennenlernte.

«Es spielt bloß eine Rolle», sagte ich zu ihm, «weil du dort jetzt wohnst, verzeih, ‹logierst›. Es spielt eine Rolle, weil es Richmond ist. Wichtig ist es nur, weil dort Caroline Beresford lebt. Aber gut, dann komme ich eben raus», sagte ich. «Ich werde die District Line nehmen, oder vielleicht einen Bus. Aber glaub ja nicht, dass ich nicht weiß, weshalb du darum bittest. Du willst mir Hintergrund liefern. Den Kontext zu alledem, was du mir über diese Frau erzählt hast und die eben dort wohnt. Ich habe Rosie übrigens nichts davon erzählt, das wolltest du ja nicht und das werde ich auch nicht. Aber das Ganze nimmt langsam überhand», sagte ich. «Na gut, meinetwegen. Auch wenn ich glaube, schon alles über die Umstände da draußen zu wissen, komme ich meinetwegen nach Richmond in dein Café da am Stadtrand.»

Es stimmt, das glaubte ich wirklich, weil Evan mir sukzessive, lange vor der großen Beichte, gefühlt alles über sich und darüber erzählt hatte, «wo» er, wie er sich ausdrückte, in Sachen Caroline Beresford «stand».

Das war schon so gewesen, als wir Kinder waren. Ich weiß noch von damals, dass er nie irgendwas für sich behalten konnte, sondern mir alles immer sofort brühwarm erzählte: von der Party zu seinem achten Geburtstag, als seine Mutter versprochen hatte, er dürfe sieben Freunde als Überraschung in den Thorpe Park mitnehmen, das Ausflugsziel würden wir aber erst dort erfahren, nur war ich natürlich doch eingeweiht*; von dem Kätzchen, das er mal aus einem Müllcontainer gerettet hatte und in seinem Schrank verstecken wollte, bis er ein gutes Zuhause fand, was niemand wissen durfte, nur ich, die prompt meinte, er müsse seinen Eltern auf der Stelle von dem Kätzchen erzählen, wenn er es behalten wolle; es gab diverse Geschenke und Ausflüge, von denen ich, eigentlich, nichts wissen sollte, die Liste lässt sich beliebig fortsetzen. Jetzt, wo er erwachsen und wieder in London war, wurde ich genauso gebrieft: «Ich führe Kollegen am kommenden Donnerstag zum Essen ins Nobu aus, der Sushi-Chef wird für uns alles direkt am Tisch zubereiten, und ich möchte, dass du mich begleitest, Nin, aber du darfst kein Wort davon sagen, weil niemand Bescheid weiß ...» Um es dann allen gleich beim Aufbruch lauthals zu verkünden ... so in der Art. Das heißt, so war es, bevor er sich in Caroline verliebte, bevor er ihr begegnet war. «Ich habe dein Geburtstagsgeschenk zehn Monate im Voraus besorgt», wäre ein

---

* Im Abschnitt «Zu den Personen» finden sich Beispiele für die gemeinsamen Kindheitsunternehmungen von Erzählerin und Protagonist, für Aktionen und künstlerische Betätigungen, zu denen ihre Mütter sie ermutigten, die eng befreundet waren und großen Anteil an der Erziehung auch der jeweils anderen Kinder hatten.

weiteres Beispiel, kaum zwei Tage nach seiner Ankunft in London bei unserem ersten Wiedersehen nach ... wer weiß wie vielen Jahren, und prompt verfiel er wieder in die alte Kindheitsgewohnheit impulsiver Geschenkkäufe zu Weihnachten oder zu Geburtstagen, wie auch in die Unart, mir lange vorher zu verraten, was. Nach dem Motto: «Ich habe dir besondere Schuhe gekauft, Nin, die werden dir gefallen. Eine ungewöhnliche und interessante Farbe. Das verrate ich dir, weil ich mir vorstellen kann, wie du dich über sie freuen wirst, wenn du dann Geburtstag hast.» Also wusste ich natürlich auch alles darüber, wie er sich in Caroline Beresford verliebt hatte. Oh ja, ich wusste Bescheid.

Passiert das einem Untermieter einfach besonders leicht?, frage ich mich. Einem einsamen Menschen, der kommt und geht, der quasi an der Peripherie lebt, einen Job hat, der ihn nicht unbedingt so begeistert, dass er sich auf eine eigene Wohnung oder ein Haus festlegen will, oder der ihn im Gegenteil so fordert und vereinnahmt, dass er gar keine Gelegenheit zur Wohnungssuche findet, immer zu viel zu tun, und er somit auf der Stufe des Untermieters hängen bleibt, quasi Zaungast? Das frage ich mich schon. Denn Evan war in den ersten Wochen seines Londoner Neubeginns nach den langen Jahren in Amerika einer Kombination dieser Umstände ausgesetzt. Zwar hatte er mich, aber das war's dann auch schon so ziemlich. Die anderen Freunde aus den lange zurückliegenden Jahren waren vom Radar verschwunden, hatten geheiratet, hatten Familie, waren aufs Land oder gar nach Schottland oder Wales gezogen, getrieben von dem Gefühl, dass London inzwischen einfach untragbar teuer geworden sei, von den Superreichen gekapert und eigentlich nicht mehr so lustig, oder hatten aus diesen und ähnlichen Gründen einfach Veränderungen in ihrem Leben vorgenommen.* Selbst ich musste mich ranhalten, um dem finanziellen Druck eines Lebens in der Metropole standzuhalten, durfte mit der Arbeit für die Galerie und die Werbekampagnen nicht in Rückstand geraten, hatte daneben meine Kurzgeschichten zu schreiben und so fort, Ideen für Romane zu entwickeln und fruchtlose Gespräche mit meinen Verlegern zu führen – sodass Evan, obwohl ich immer prompt auf seine Anrufe, Mails oder Schreiben reagierte, trotzdem das Gefühl gehabt haben dürfte, mit Kontakten nicht eben reich gesegnet zu sein, und die zu Freunden meiner Freunde, wiewohl auch meine Freunde, wären nicht so ganz leicht anzubahnen. Rosie zum Beispiel war inzwischen aufs Land gezogen und selten geneigt, in die Stadt zu kommen; ein anderer Freund, Christopher, hatte sich auf die Lokalpolitik und auf eine gruselige rechtsstehende Organisation eingelassen, die dezidierte Positionen zum Fällen von Bäumen und zur Sauberkeit der Straßen vertrat, beides wichtige Anliegen, keine Frage, aber mir behagte nicht recht, wie sich Christophers politische Einstellung im Zuge dieses Engagements langsam verformte, und ich wusste, Evan würde das befremden. Dann gab es noch meine Freundin Marjorie, aber sie war ein bisschen wie ich, immer vollauf mit dem Schreiben beschäftigt – auch

---

* Und wieder sei zur Nachlese der Abschnitt «Zu den Personen» empfohlen, bei Bedarf, besonders der Zusatz «Das alte London».

wenn es in ihrem Fall Werbetexte für einen Tierfutterkonzern waren, der ihr unmögliche Abgabetermine aufzwang, die nicht einzuhalten sie sich keineswegs leisten konnte, weil die Honorare die Hypothek für ihre ausgesprochen hübsche Zweizimmerwohnung in Chelsea bezahlten –, weshalb ich sie kaum zu sehen bekam, geschweige denn ein Treffen mit ihr, Evan und anderen organisieren konnte. Immerzu Hunde und Katzen und bei Hochdruck die an mich weitergereichten Aufträge, und Hochdruck herrschte immer.

Also ja, doch, Evan verbrachte viel Zeit allein. Er hätte sicherlich über den Job Freunde finden können – aber sind Job-Freunde wahre Freunde? Zumal in dem Bereich, in dem Evan arbeitete, der mörderischen Welt der Finanzen und Manipulation. Gab es dort Kollegen, die Kumpel werden konnten? Da bin ich mir nicht so sicher. Und ja, er traf vermutlich, wie wir alle, im täglichen Umgang auf Leute – den Krämer an der Ecke, Reinigungspersonal oder wie in meinem Fall Postboten, mit denen ich schon meines Jobs[*] wegen regen Kontakt pflege –, aber im Großen und Ganzen blieb er jemand, der abends nach der Arbeit unauffällig in ein Einfamilienhaus in Richmond heimkehrte, den Trubel in der Küche hörte, das fröhliche Chaos des Familienlebens, möchte ich sagen, was nach Klischee klingt, aber in Wahrheit keines ist, und dann gleich nach oben verschwand, der sich still wie eine sich nicht mucksende Hausmaus, einsam und voller Angst,

---

[*] Im Abschnitt «Zu den Personen» ist mehr über die Menschen zu erfahren, mit denen eine alleinstehende, freischaffende Autorin immer wieder zu tun hat.

nach oben in sein von ihm allein bewohntes «Logis» unterm Dach zurückzog.

Denn Angst, das halte ich hier fest, hatte er. Angst vor den Regungen seines eigenen großen Herzens. Von der ersten Begegnung mit Caroline an, vom Augenblick an gar, da er erstmals ihre Stimme hörte, schon am Telefon, als er die Nummer wählte, die Rosie über mich an ihn hatte weitergeben lassen, war die Lunte gelegt und gezündet. «Oh, hi!», hatte sie gesagt. «Sie sind Evan! Ja, ich habe schon mit Ihrem Anruf gerechnet ...» Und ihm hatte, sagte er mir, der Atem gestockt, das Herz. Er hatte gestammelt: «Ich ...» Aber die betörende Stimme hatte schlicht und souverän gesagt: «Schauen Sie jederzeit gerne vorbei. Vielleicht mal nach der Arbeit? Ich bin immer da. Ich gehe nie aus» – was tatsächlich eine dicke, fette, charmante Lüge war, weil Frauen wie Caroline nie «immer da» sind, sondern ständig unterwegs, sie können gar nicht anders. Menschen wie Caroline Beresford sind genau die, um die sich alle reißen.

Natürlich änderte sich das. Wie ich feststellen sollte. Als die Wochen verstrichen und die Geschichte voranschritt. Als aus den ersten Tagen des Einzugs Evans in Richmond viele, viele Tage und dann Wochen wurden, aus der einen Jahreszeit die nächste und die übernächste, blieb Caroline immer häufiger zu Hause, abends, tagsüber, teils auch am Wochenende ... Geschichten wandeln sich, sie gehen wie das Leben weiter. Das macht sie zu Geschichten.

«Ständig sehe ich Caroline im Haus, und ich kriege sie kaum mehr aus dem Kopf», sagte mir Evan, als schon

sein Äußeres verriet, dass er schwer, schwer verliebt war.*
«Sie sagt ‹Hi, wie wär's mit einem Kaffee? Komm doch in die Küche› – und dann ist es um mich geschehen. Ich muss einfach bei ihr sein. Ich muss den vielen Kaffee schlucken. Versuchen, mich normal zu geben. Ach, Nin. Ich muss.»

Und so, indem nämlich die Anfälligkeit des gerade erst nach Jahren der Abwesenheit wieder in London eingetroffenen Evan und Carolines wunderbar ungezwungene Art und Anmut aufeinandertrafen ... fing es für ihn an, das ist mir klar. Und sofort begann er mir typischerweise alles über sie zu erzählen, sukzessive kam es alles bei den Gin Tonics in diversen Pubs und Bars heraus, verdichtete sich die Geschichte in so vielerlei Hinsicht um diesen speziellen Cocktail herum, ob Tanqueray oder Gordon's, Bombay Sapphire, Sipsmith oder eine der zahllosen Ginsorten mit und ohne Markennamen samt den Designer-Tonics, die heute zum Sortiment aller verspiegelten Regale aller Bars in West London und anderswo gehören, dass die Intensität seiner Liebe zu Caroline sich an ihnen hätte abmessen lassen, gleich mit seinen ersten Bemerkungen über sie, mit jedem Drink, nicht wenige davon doppelte, und den Gläsern, die sich aneinanderreihten, zu Chips oder einem Schälchen Nüsse.

Er war, nachdem er die Nummer gewählt hatte, die Rosie mir per SMS für ihn geschickt hatte, Carolines Vor-

---

* Verliebte sehen tatsächlich oft entweder besser oder schlechter aus. Evans äußeres Erscheinungsbild folgte dem des Liebenden der Frührenaissance: Schon nach der ersten erschütternden Begegnung litt sein Aussehen merklich. Dazu später mehr unter «Höfische Liebe».

schlag am Telefon entsprechend rausgefahren, um sich vorzustellen. «Es wird ihm gefallen», hatte Rosie mir versichert, als ich berichtete, er habe Caroline angerufen. Es gab dort schließlich ihrer Beschreibung nach eine «muntere Szene», nicht wahr? Rosie kannte Richmond gut, sie war dort aufgewachsen – und gewiss war Richmond nicht Chelsea oder Notting Hill oder Knightsbridge, Viertel, in denen Evan dank seines Nobelunternehmens ebenso gut hätten landen können, aber immerhin das gediegene Richmond mit einem eleganten, offen geführten Haus, mit Partys und Drinks und geselligen Zusammenkünften und Dinners. Und Evan war, wie gesagt ... vorgewarnt. Durch Carolines Ton. Ihr Luftholen. Ihre Stimme. Deren Klang. Er wählte für seinen ersten Besuch, für die Fahrt nach Richmond auf der District Line, einen Donnerstagabend. Es war früher Winter, er gerade eine Woche wieder in London. Es lag kein Schnee, aber es war bitterkalt.

Zu dem Zeitpunkt hatte er – im Connaught, wohlgemerkt, so sind diese Finanzriesen eben – noch nicht einmal seine Koffer ausgepackt, könnte man sagen. Er ließ sich's dort in einer Junior Suite mit Blick nach vorne wohl sein, hatte eine kleine Sitzgruppe und einen Esstisch für vier. In den ersten paar Tagen seiner «Heimkunft», wie ich das nenne, bestellte Evan chinesisches Take-away; wir aßen mit Blick auf den Carlos Place scharf gewürzte Garnelen mit Nudeln, tranken chinesisches Bier, und selbst ich kam mir ungemein glamourös vor, alles wegen seines merkwürdigen Jobs und der Art, wie solche Unternehmen ihre Leute umhegen. Jedenfalls brach er nach kaum einer Woche dieses Luxus von dort auf, nahm erst ein Taxi und dann, des Verkehrs wegen, die District Line nach Richmond zu der «munteren Szene», und es machte ihm eines der Kinder auf, der Jüngste, Freddie, «der zwölf ist», erzählte mir Evan, gleich gefolgt von Caroline, die ihm die Hand reichte. «Hi, ich bin Caroline», hatte sie gesagt. Und – PENG.*

Sie trug – und trägt in meiner Vorstellung bis heute – ein weißes T-Shirt und einen dieser Röcke, die gewickelt und verknotet werden und einfach toll aussehen. Sie war groß und schlank, Caroline ist groß und schlank, und sie trug nur das, den Rock und das T-Shirt, war barfuß und ihre langen, sonnengebräunten Beine nackt, obwohl Januar war. Sie hatte nicht einmal eine Jacke an.

«Hereinspaziert», sagte sie zu Evan, und er trat in die Diele.

---

* Man bemerke den Einsatz von Großbuchstaben – PENG – und die Zeilenschaltung nach dem Wort, die Tatsache, dass kein weiterer Text folgt, sondern das Wort für sich steht. Das rechtfertigt durchaus eine Fußnote. Also noch mal: Das Wort, die Darstellungsart, der dramatische Effekt nach dem Gedankenstrich ... das alles zeigt auf der Seite ein markantes und singuläres Ereignis an. Die Interessierten können später die Anmerkungen zur «Höfischen Liebe» lesen, die im Detail auf dieses PENG eingehen und dazu weiteres Material zu Petrarca und Dante bieten, den ganzen Komplex. Denn das «Ganze» der Geschichte – das PENG, das Gefühl, der Schmerz – geschieht auf einen Schlag, in dem Sekundenbruchteil einer solchen «Liebe auf den ersten Blick», beim ersten quälenden Anblick, dem Liebesschmerz, als treffe einen der besagte Pfeil, das Bogengeschoss Amors. Auf solche Details kommt es an. Also ja, doch. PENG. Ein gutes Wort für das, was hier geschieht.

Der Duft, der Duft im Haus, Carolines Duft, erinnere an Orangen, sagte er später. Das ganze Haus erfüllt von dieser Köstlichkeit. Orangen. Orangenbäume. Orangenblüten. Sommer im Winter, Fruchtfülle in der dunklen, kalten Jahreszeit. Evan spazierte zur Haustür des Heims in Richmond hinein und dann, nun ja, das halte ich hier mal fest, ich habe es schwarz auf weiß in seinen frühen Notizen, war sein Leben «wie verwandelt».

«Na gut», sagte ich zu ihm, allerdings geschah das, als dieses erste Konvolut Notizen mir längst überbracht worden war und meine Beteiligung an dem Projekt zwischen uns bereits zu Unstimmigkeiten geführt hatte. «Nehmen wir mal an, ich erkläre mich bereit, eine erste Fassung des Ganzen zu Papier zu bringen, insgesamt, wie alles anfing, sogar die Orangen. Und wie der Moment, wo sie dir die Hand gab und ‹Hi› sagte, den Anfang einer ... sagen wir ruhig ‹großen› Sache markierte. Nehmen wir also an ...»

«Ja», fiel mir Evan, und hier bin ich geneigt zu sagen «begierig», ins Wort – mir ist die Faulheit von Umstandswörtern zwar zuwider, aber Umstände machte er unverkennbar an jenem Abend, an dem er mir faktisch die Geschichte antrug, die ich an seiner Statt schreiben sollte, die Geschichte seiner Liebe, so zugewandt, flehentlich, wild waren seine Bemühungen. Etwa als er das erste Mal davon anfing, von der Idee eines gemeinsamen literarischen Projekts, als er sagte: «Nin, Nin, Nin, du MUSST das einfach für mich tun. Bitte. Ich habe dich noch nie um so einen großen Gefallen gebeten ...»

«‹So einen großen Gefallen›»?, zitierte ich ihn. «Du hast mich überhaupt noch nie um etwas gebeten. Wir haben uns Jahrzehnte nicht gesehen, Evan. Also komm mir nicht mit deinem ‹Nin›», sagte ich. «Sei nicht so dramatisch, so rhetorisch. Wir haben uns ja bloß unser gesamtes Erwachsenenleben nicht gesehen, da wüsste ich gern erst mal, was Sache ist, und wie ich das in den Griff bekommen soll. Klingt ja interessant, aber ... ich weiß nicht, Evan. Ob ich dem gewachsen bin, meine ich. Schreiben, und zwar richtig, dich drin haben, Caroline reinbringen ...»

«Klar, bist du. Wirst du. Du kriegst das alles schon hin», versicherte er. «Solange du Ja sagst, Nin. Bitte. Sag Ja.»

«Sag dies, sag das», murmelte ich zwischen besserwisserisch und weise. Im Pub war es kalt. Im Cork & Bottle war es immer kalt, und ich überlegte, ob wir uns nicht ein anderes Lokal suchen sollten.

Aber vorerst sagte ich: «Nehmen wir noch einen G & T.»

drei

Die Aufzeichnungen, die mir Evan drei Wochen nach dem erwähnten Treffen als «Hintergrundmaterial» überließ, waren unzureichend, das lässt sich nicht anders sagen. Ich werde einiges davon, wie versprochen, in das Buch integrieren – was ich eigentlich nicht vorhatte, weil ich annahm, dass er angesichts seiner Stellung im Unternehmen, seines Verhältnisses zu den Beresfords und so weiter eher unsichtbar würde bleiben wollen –, obwohl ich mich andererseits entsinne, dass er zu Beginn der ganzen Affäre noch vorhatte, «das verdammte Ding» selbst zu schreiben, also wollte er genau genommen vielleicht doch gar nicht so unsichtbar sein. Trotzdem hätte ich es, da ich nun mal für eine tragende Rolle bei dem Projekt «gewonnen» war, wie die Filmleute sagen, und für größere Distanz sorgen würde, wohl vorgezogen, ihn wenigstens einigermaßen zu schützen, indem ich hier und da ein paar Namen änderte. Läuft das in Romanen nicht so? Dass man die Fakten fiktionalisiert? Zwischendurch hatte ich sogar einen Ortswechsel erwogen – die Verlegung des ganzen *Locus amoenus*, gewissermaßen, nach South London, zum Beispiel, nach Australien oder Texas oder auf die neuseeländische Nordinsel, irgendwohin, wo es mehr Sonne gibt –, besonders den Teil gegen Ende, bei dem es immerhin um einen Swimmingpool geht, Wasserspiele, einen Bikini etc. pp.

Aber nein, Evan sagte: «Ich will drin sein, Nin – durchweg den Blicken ausgesetzt, mit vollem Namen und allen Gefühlen», und ich dachte, na gut, dann also «Hintergrundmaterial»; hier folgt deshalb nun ein Teil der Notizen, die er sich laufend machte, obwohl sie für mein Gefühl zu wenig erzählenswerten Stoff und zu viel Evan enthalten, weshalb sie aus meiner Sicht keinen Roman hergeben:

«Vor etwa sechs Wochen», schrieb Evan, «bin ich wieder nach London gezogen, in eine Gegend, die manch einer vielleicht vorstädtisch nennen würde. Den Begriff ‹vorstädtisch› wähle ich ganz bewusst – denn London sieht sich nicht als Metropole mit suburbanem Einzugsbereich –, obwohl es in Magazinen gelegentlich von diesem oder jenem Viertel heißt, es sei letztlich ‹ein Dorf›; trotzdem, kaum jemand würde zum Beispiel Richmond in derselben Weise als suburban bezeichnen, wie Menschen in New York von den *burbs* reden. Hier kennt man die Bezeichnung nicht. In anderen Großstädten, in denen ich gelebt habe – New York, Tokio eine Zeitlang, Chicago –, gibt es selbstverständlich solche Vororte, i.e. –»

An der Stelle, bei diesem «i.e.», dachte ich: Oje, Evan, das wird heikel! Kein Mensch wird deine Geschichte so lesen wollen. Nicht mal in der Werbung oder in Kurzgeschichten sieht man irgendwo ein «i.e.», geht gar nicht, noch übrigens in der Art von Texten, von denen ich glaube, etwas zu verstehen, und mit Sicherheit nicht in einer Liebesgeschichte, einem Liebesroman, wie er dir vorschwebt, Evan, oder? Nun, ich lasse ihn trotzdem erst einmal so weitermachen.

«Die Idee der Großstadt», holte er in seiner furchtbaren Handschrift aus, «die sich selbst genügt, während der

Rest drum herum sich verbissen an die Peripherie klammert, an Vorstellungen wie ‹City›, ‹reinfahren› zum Essen, ins Theater, zu einem Konzert ... ist Londonern fremd. Hier werden Vororte nicht als solche empfunden. Ich aber habe festgestellt, dass es auch hier SEHR WOHL diese suburbanen Zonen gibt, Ecken, die der Erscheinung und dem Wesen ... der Lebensart nach ... Vorstädte sind. Und genau auf die ‹Lebensart› will ich hinaus; als meine liebste und älteste Freundin Emily Stuart mir erzählte, ihre Freundin Rosie wiederum habe eine Freundin mit einem großen Haus in Richmond und die nehme Untermieter auf, weil so viel Platz sei, als daher diese Freundin einer Freundin Nins sagte, die Frau habe in ihrem Haus etwas frei und es sei eine ‹muntere Szene› da draußen, so drückte sie sich aus ... schien mir das keine schlechte Idee, ein solches Arrangement, das mir den Entscheidungsdruck nehmen würde, während ich mich nach so vielen Jahren im Ausland langsam in London wieder einlebte.

Dabei fiel das», fuhr er fort, «eher aus dem Rahmen. Die Firma hätte mich ja leicht viel zentraler unterbringen können, bis ich etwas Passendes fand, und zwar in fast jeder Lage. Aber irgendwas in mir machte bei dem Untermieter-Vorschlag ‹ping!›. Ich persönlich glaube, da meldete sich das Schicksal.»

Das «Ping» fand ich klasse. Zu Evan sagte ich: «Das ‹Ping!› da in deinen Aufzeichnungen fand ich klasse. Wie du dich damit ein bisschen hast gehen lassen, fand ich klasse, *aber* ...» – das alles im Cork & Bottle, gut zwei Wochen, nachdem ich seine Geschichte in Angriff genommen hatte – «eins kann ich dir gleich sagen ...» Und ich musterte ihn ziemlich streng. «Eins musst du wissen, Evan, und zwar, dass wir Zeug wie ‹Schicksal› und ‹Mythos› stark zurückfahren müssen. Das ist zu viel. Zu wuchtig. Das wird die Leute abschrecken.»

Ja, wir waren doch wieder in meinem Eck-Pub gelandet. Offenbar kriegten wir trotz meiner diversen, überwiegend unausgesprochenen Gedanken zu Alternativen keinen anderen Treffpunkt hin. Wir beide, Evan und ich, waren, wie gesagt, umgehend in alte Muster verfallen, alte Gewohnheiten. Nicht, dass wir damals in Pubs gegangen wären, natürlich nicht, als Kinder, aber wir hatten schon immer gern das, was wir gerade machten, wiederholt, wieder und wieder dieselben Spiele gespielt, uns an bestimmten Orten getroffen, uns etwas vorgenommen und tagaus, tagein daran festgehalten. Waren wochenlang zu ihm gegangen, beispielsweise, wo uns Helen immer das Gleiche zu essen gab. Oder hatten ungefähr ein Jahr lang Tag für Tag nach der Schule das Victoria & Albert besucht und waren durch die Renaissance-Säle gewandert, um deren grandiose Ausstattung dann im Detail in besonderen Notizbüchern abzuzeichnen. Oder hatten, als meine Mutter uns ihren Wintergarten als Atelier überließ, dort ein halbes Jahr lang Tomaten gezogen und diese dann in Fresken verewigt.*
Wir mochten das Vertraute. Und es war ja auch nicht so, als hätten wir jetzt nicht versucht, es anders zu machen. Es hatte zu Beginn des Projekts den Vormittag in dem Café am Rande von Richmond gegeben, als Evan mich

---

* Hier drängt sich wieder der Abschnitt «Zu den Personen» auf; Details zu der gemeinsamen Kindheit in Twickenham und so fort, kindlichem Treiben.

des «Kontexts» wegen dorthin zitiert hatte.* Nicht, dass Evan je einen zweiten Besuch dort vorgeschlagen hätte, aber er sprach oft davon, dass wir uns zum Mittagessen treffen, ich nach Mayfair reinkommen und ihn in der Nähe seiner Firma treffen könnte, wir würden ein vornehmes Lokal aufsuchen und uns dort in Ruhe unterhalten und Notizen zu dem machen, was wir unterdessen «unser Projekt» nannten und noch nicht «Roman», und wir könnten uns auch ein komplettes Menü leisten, die Firma käme dafür auf. Ständig sagte er das. Aber immer schien ich einen Abgabetermin zu haben oder was weiß ich – die Galerie mich für einen Katalog zu brauchen oder Marjorie mir eine Tierfutterkampagne aufgeschwatzt zu haben –, und außerdem hatte ich nichts Passendes anzuziehen. An dem Abend im Cork trug ich einfach meine übliche alte Jeans und ein Flanellhemd, und das war vollkommen in Ordnung, aber gehen Sie mal ins West End, da sehen alle so umwerfend aus. Haben die richtigen Frisuren, maßgeschneiderte Klamotten. Schicke Taschen. Und ja, doch, ich besitze zwar das eine oder andere Kleid, einen Rock, trage aber solche Sachen eigentlich nie, bloß Jeans und Hemden, wozu also, letztlich, vom Gewohnten abweichen?

«Treffen wir uns doch einfach hier», sagte ich demnach zu Evan und meinte damit meinen Stadtteil, meine Ecke, und er kam dann auch. Eigentlich, dachte ich, könnte ich ihm zu Hause mal was kochen, sagte es aber

---

* Der Abschnitt «Erzählalternativen» könnte bei Gelegenheit von Interesse sein, ist hier aber nicht entscheidend.

vermutlich nicht, damals am Anfang*, denn mal ehrlich, wo wir so viel zu besprechen hatten, schien aufwendiges Essen gleich welcher Art nicht angebracht, oder dachte, wir könnten irgendwo in der Nähe zu Abend essen – was hatten wir nicht alles für Ideen, Evan und ich. Aber letztlich hatten wir unser Muster längst gefunden und blieben dabei. Es gab das erwähnte Leitmotiv des Gins. Die Chips und die Nüsse. Wozu etwas anders machen, wenn wir uns doch an den Ablauf längst gewöhnt hatten. Statt also etwas Besonderes zu unternehmen, holte ich Evan einfach nach der Arbeit bei mir an der Ecke an der Underground ab, und da war er dann, löste sich seine so sehr vertraute Erscheinung aus der Menge, die mir von unten entgegenstieg, und erstrahlte sein herrliches Lächeln: «Hey!», als hätte er nie mit mir gerechnet und wäre verblüfft. Und: «Auf in den Pub!», nach dem Motto: «Was sonst?», und auch wenn dem Cork & Bottle gleich an der Ecke jeglicher Glamour abging, ebenso wie dem Elm Tree oder dem Walker's Friend, unseren späteren Anlaufstellen während der dunklen Jahreszeit, war es eben das, was wir taten, wo wir uns trafen, wer wir waren.

«Mir gefällt aber, dass mir alles wie Schicksal vorkam», sagte Evan. «Und das war es doch, Nin. Warum sonst habe ich mir nicht von der Firma eine Wohnung stellen lassen? Warum bin ich, wenn es – ‹muntere Szene›

---

* Das betrifft eine «Erzählalternative», die in den «Zugaben» zu finden ist und die sich hier auf eine denkbare Vorgeschichte bezieht, bevor Evan Caroline überhaupt kennengelernt hat, auf Spekulationen der Autorin dazu, was ihr Protagonist getrieben haben könnte.

hin oder her – nicht Schicksal war, überhaupt auf die Idee gekommen, bei einer Familie einzuziehen, als Untermieter?»

«Du warst noch nicht orientiert», sagte ich.

Ich musterte ihn nachdenklich, während er sprach. «Du hattest noch Jetlag», sagte ich, um Worte verlegen, denn mir fiel auf, dass er etwas mitgenommen, etwas blass wirkte.

«Ha! Dann wohl Dauer-Jetlag», bemerkte er. Er fischte den Zitronenschnitz vom Grund seines Glases und kaute daran wie an einem Mini-Sandwich. «Hör zu», sagte er, nachdem er einen kleinen Bissen hinuntergeschluckt hatte. «Der Schicksalsaspekt muss unbedingt rein.» Er überlegte. «Vorsehung. Schicksal eben. Ob es uns gefällt oder nicht. Was ich den Big-Bang-Effekt nenne, Nin. Es war gewaltig. Ich bin da in Richmond durch die Tür spaziert, und alles war auf einen Schlag anders ...»*

Ich holte aus meinem Glas ebenfalls den Zitronenschnitz und riss ihn entzwei. Ich dachte noch über seine Garderobe nach. Er trug einen schicken Anzug, Schlips und alles, aber er sah irgendwie welk aus, gemindert.

«Das könnten die Leute dir schlicht als Einsamkeit auslegen», sagte ich. «Dass dir das Haus in Richmond da ganz am Ende der District Line warm und einladend erschien und du schließlich erst kürzlich wieder aus –»

«Aber wie könnte ich einsam sein?», sagte Evan und nahm meine Hand, die immer noch einen halben Zitro-

---

* Hier könnte im Abschnitt «Höfische Liebe» der Eintrag «Unerfüllte Liebe als Schöpfungsakt» von Interesse sein.

nenschnitz hielt. «Wo ich doch dich habe, die ich so lange schon liebe?», meinte er.

Das konnte ich ihm erst mal nur so durchgehen lassen. Manchmal läuft das beim Schreiben so, die Worte stehen da, du kannst sie nicht «überschreiben». Wie das «Ping!» aus seinen Notizen, das mir so gefiel. Ich konnte es ihm nicht verwehren. Ich konnte es beim besten Willen nicht tilgen, und nun stand es da. Also musste ich es wohl auch mit dem «Schicksal» so halten, dem «Mythos», wie Evan auf bedenkliche Weise zu nennen begann, was zunächst ein «Projekt» gewesen war.* «Okay», sagte ich also in dem Moment und aß meinerseits von dem Zitronenschnitz; das sollte ich fortan, falls mitgeliefert, immer tun. Und so folgen hier nun weitere Notizen von ihm, die Gedanken, von denen er glaubte, wir könnten aus ihnen geradezu eine Fabel, einen «Mythos» schmieden. Denn zu mehr als diesem «Okay» war ich nach dem Gesagten nicht imstande. Brachte mehr nicht hervor und nur mit Mühe und Not meinen Zitronenschnitz herunter.

«Ich war immer kontaktfreudig, aber eben auf zurückhaltende Art», schrieb Evan. «Ich hatte Freunde, Freundinnen ... Nur langweile ich mich tendenziell recht schnell und schaffe es nicht, Beziehungen in Gang zu halten. Ich höre dummerweise im Kopf eine Art Summen, jedenfalls bei den meisten Leuten, es erinnert mich an meinen Vater. Prompt muss ich daran denken, wie er

---

* «Narrativer Aufbau» – besonders die Anmerkung zu Evans diversen und stark schwankenden Vorstellungen vom Wesen des entstehenden Texts – lohnt ebenfalls möglicherweise die Lektüre.

daheim immer summte, wenn Freunde meiner Mutter kamen, wie er rastlos durchs Haus strich und summte. Nur wenn sein bester Freund von nebenan kam, Alastair Stuart, der Historiker – die beiden lösten zusammen Kreuzworträtsel oder unterhielten sich über Geschichte und Geschichtsphilosophie, die entsprechende Literatur und was immer Alastair gerade schrieb –, war er ganz bei der Sache, bei anderen gab es meist nur das Summen. Und so wussten wir Kinder eben deswegen immer genau, dass jemand kam, der nicht Alastair war, weil unser Vater plötzlich leise, aber sehr vielsagend und absichtsvoll zu summen begann. Nun, in meinem Fall gab es bei der Begegnung mit Caroline Beresford nichts dergleichen. Keinerlei Summen.»

Caroline. «Sweet Caroline», sang ich leise vor mich hin, privat, aber das war natürlich kein Summen, oh nein, mitnichten. Es war der Song, der komplette Text. «Sweet Caroline» im Kopf, weil ich mittlerweile selbst daheim, wenn ich gar nicht mit Evan zusammen war oder seine Notizen las, mich so daran gewöhnte, ihn von der Begegnung mit einer Person namens Caroline, Caroline reden zu hören – dem Namen in dem fantastischen Song von Neil Diamond, den alle Welt bis heute liebt. Ich sang ihn damals, am Anfang, von vorn bis hinten leise durch, so ganz für mich, sogar das Crescendo mit dem «hands ... touching hands», das alle so mitreißt.

Damals, gestand ich Evan, hatte ich nach der ersten Durchsicht seines ersten Konvoluts an Notizen tatsächlich aufstehen und die CD «The Best of Neil Diamond» auflegen müssen, diesen einen Song. Ich hatte voll aufgedreht, mitgesungen und getanzt.

«War toll», sagte ich zu Evan. «Es ist so ein toller Song.»

«Wir sollten tatsächlich mal tanzen gehen», erwiderte er. «Was für eine gute Idee. Und der Refrain – der ist ideal für uns! Wir suchen uns ein Lokal mit Jukebox oder einem DJ-Veteranen, der das Stück für uns auflegt, und dann tanzen wir und singen mit ...»

«Der Song wäre aber auch als Titel denkbar, den Kids für eine Party auf der Playlist haben», sagte ich und ließ mich wunderbar von der Idee anstecken, dass Evan sich von unserer längst festen Routine lösen und tanzen gehen könnte. «Weißt du, und ihn dann auf ironisch-postmoderne Art spielen ...»

Wir sahen uns im Pub um, gleichzeitig. Dachten dasselbe: Steht hier vielleicht eine Jukebox? War aber natürlich nicht der Fall.

Der Pub, in dem wir an dem Abend saßen, The Elm Tree, war eben nicht die Art Pub. Ich hatte ihn entdeckt, als mir klar wurde, dass es im Cork & Bottle einfach zu kalt war. The Elm war mehr ein Dorfpub; als würden wir alle vorgeben, irgendwo in Oxfordshire zu hocken, denn er lag an einem Park, kaum fünf Minuten von meiner Wohnung entfernt, einem Park, der einem vorkommt wie ein ganz anderer Teil von London, weil er ein bisschen an einen Dorfanger erinnert, sozusagen, und dort Herrchen und Frauchen in Gummistiefeln und Barbours ihre Hunde mit reinbringen dürfen. Er lag nicht ganz so dicht an der Underground wie der Cork, der Elm Tree, und womöglich spielte der Weg eine Rolle. Der Blick auf den Park. Drinnen war es jedenfalls ruhig und hübsch altmodisch, und das leitete eine neue Phase in unserem Vorgehen ein, eine leichte Verschiebung der Stimmung.

«Keine Jukebox», sagten Evan und ich unisono. Und mussten lachen.

Das alles war schon wieder einige Zeit her, dachte ich mittlerweile, die vielen trotz Neil Diamond über Evans Notizen verbrachten Abende. Die frühen Gespräche. Die allerersten Gedanken. Inzwischen lag sogar der Elm Tree hinter uns und hatte uns das Schreibprojekt, Evans Niederschrift, fest im Griff. Also «Caroline», las ich – beschwor den günstigen Verlauf des Songs. Weiter im Text:

«Ich dachte sie mir sogar als ‹meine Caroline›», schrieb Evan, «obwohl an ihr gar nichts ‹mein› war.» Seine Handschrift war wirklich haarsträubend. «Sie sagte ‹Hi›, sie streckte mir die Hand entgegen. Aber für mich reichte das schon. Das war's. Dann sagte sie, da ich ja gerade erst wieder in London sei, solle ich doch zu ihnen kommen und so lange bleiben wie nötig, um Fuß zu fassen. Sie sagte: ‹Kann ich Ihnen etwas anbieten, Kaffee, Tee? Bevor wir einen kleinen Rundgang machen?› Und ich sagte Ja, und wir tranken zusammen Kaffee, standen vor den großen Verandaschiebetüren – in den USA reden sie von ‹Ranch Style› – mit Blick in den riesigen Richmonder Garten.»

Evans Beschreibungen waren klar, sie waren gut. Solche Passagen waren tadellos, sie gefielen mir.

«Das Haus war wirklich riesig», schloss er diesen ersten Teil seiner Notizen ab, «genauso, wie es Rosie und Nin gesagt hatten. Überhaupt war alles in großem Stil gehalten. Die Küche, Carolines Küche, wo sie den Kaffee gemacht hatte, wo wir standen und auf einen Rasen von den Abmessungen eines Bowlinggrüns hinausblickten, mit altem Baumbestand und Blumenbeeten und so ...

‹Absurd, nicht wahr?›, meinte Caroline. ‹Aber wir sind ja hier im Vorort, da ist das nicht ganz so verrückt.›

‹Ich finde es wunderschön›, sagte ich da zu Caroline. Eigentlich wollte ich sagen: ‹Du bist wunderschön.›»

«Aber das hast du nicht», sagte ich.

«Aber nein!», sagte Evan. «Das würde ich niemals tun.»

vier

Die Beresfords hatten Rosie zufolge zunächst eine sehr glückliche Ehe geführt. Die Hochzeitsfeier, eine richtig große, glanzvolle Sache – mehr eine Riesenparty, meinte sie, als eine Hochzeit –, hatten sie nach Thailand verlegt, zu Zeiten, da alle Welt noch richtige Ferien machte und auch zu großen Festen und Anlässen anreisen konnte, ohne ständig am Handy zu hängen und E-Mails beantworten oder wegen eines Abgabe- oder sonstigen Termins wenige Tage drauf schon wieder nach London zurückhetzen zu müssen. Die beiden hatten zu einer Zeit geheiratet, fand Rosie, da die Leute noch vergleichsweise locker drauf waren.

Caroline war damals PR-Chefin eines Unternehmens gewesen, das vor allem Rennställe und Vollblutzüchter in Irland vertrat, und obwohl selbst nicht Irin, war sie immerhin «tief in den Home Counties» mit Ponys großgeworden, meinte sie, als Evan fragte, und ritt seit ihrem dritten Lebensjahr, sodass man ihr «bei Pferden nichts vormachen» könne, so beschrieb es mir Evan, der mir Caroline unbedingt näherbringen wollte bei unseren anfänglichen Treffen, als wir noch regelmäßig den Cork & Bottle aufsuchten, den ersten Pub gleich bei mir an der Ecke. Ja, dort war das, dort hörte ich, während er uns am Tresen den dritten Gin Tonic bestellte, die «wesentlichen Eckdaten», so Evan, zu Caroline Beresfords Erziehung, Herkunft, Familie und zum gegenwärtigen Stand der Dinge mit David, ihrem feschen Ehemann, einem Anwalt, der auf bestem Wege gewesen war, in der City ein Vermögen zu verdienen, aber irgendwie eine Kehrtwendung gemacht hatte und nun nur noch die griechischen Klassiker lesen und an der University of London als Gaststudierender der Klassischen Philologie Kurse zur Übersetzung antiker Texte besuchen wollte und zu diesem Zweck sogar am Russell Square eine kleine Wohnung angemietet hatte. «Er hat Caroline mehrfach versichert, wenn es nach ihm ginge, könnten sie die Ehe gleich auflösen, dann würde er ganz von vorn anfangen», berichtete Evan. «Er würde zu gern wieder an die Uni gehen, seinen Doktor machen, hat er mehrfach beteuert – aber dann setzen er und Caroline sich noch mal hin und sprechen über die Kinder und das Haus und das Pferd, das Caroline in Berkshire stehen hat ... auch er liebt offenbar Pferde ... und dann beschließen sie, nicht alles aufzugeben, sondern doch an der Ehe festzuhalten, erst mal, und einfach zu sehen, wie's läuft. Tja ...», sagte Evan, starrte in seinen Drink und rührte mit dem Finger die Eiswürfel um, als wäre er Carolines Mann und machte sich Gedanken über die gemeinsame Ehe und die Frage, was ihn und seine Frau eigentlich noch verbinde, und nicht der fesche David mit der auf der Nase heruntergeschobenen Brille und den langen, ausgestreckten Beinen, im Schoß einen Klassiker und einen Tequila in Reichweite. «Zwischen den beiden lief alles mal bestens», sagte Evan, «aber das ist unverkennbar eine Weile her. Caroline wirkt traurig, verloren.»

Ihr einstiges PR-Unternehmen vertrat auch einige Polo-Gestüte – so hatten sie und David sich kennengelernt, über die Pferde; seine Familie besaß Land, und es gab eine Großmutter, deren Lieblingsenkel David immer gewesen war, die sich für den Pferderennsport begeisterte – und außerdem hochpreisige Marken wie Rolex und Patek Philippe und Schmuck von Theo Fennell ... Das alles hatte mir Evan dargelegt, und ich wusste, worauf er hinauswollte. Der Pferdesport ist für Agenturen und Sponsoren hochattraktiv – ich kenne das von meiner eigenen Werbearbeit –, und Caroline war zuständig, vermittelte zwischen den Beteiligten. Überdies brachte sie nicht einfach potenzielle Partner zusammen und effektvolle Publicity zustande, indem sie bestimmte Events organisierte – da zum Beispiel für eine Zuchtlinie das Testimonial des richtigen Filmstars sicherte, dort ein Rennen promotete –, sondern sie brillierte auch beim Formulieren der Werbetexte, der Einladungen zu exklusiven Polo-Partys und Steeplechases, die an die Royals, an russische Rowdys und Gangster und Gott weiß wen noch ergingen, in London wimmelt es heute von solchen Leuten. Sie verfasste wunderschöne Briefe, Caroline. Ein paar habe ich mit eigenen Augen gesehen. Evan zeigte sie mir. Ich erzählte sogar Marjorie von den eleganten Sätzen aus Carolines Feder, und selbst Marjorie mit ihrem Gespür für «den sauber formulierten Pitch», wie sie es nennt, war beeindruckt. «Caroline klingt interessant», meinte sie.

Also Pferde, Pferde, Pferde. Polo, Polo, Polo. Und ja, doch, bei einem dieser Events war sie David Beresford begegnet; so kam das – Rosie zufolge, die früher seinen jüngeren Bruder Robert kannte, als der mit einer ihrer Schulfreundinnen von der St. Martins ausging. Rosie meinte, Robert sei immer ein «richtiger Schatz» gewesen, und eher habe es an ihrer Freundin Amanda gelegen, die zu der Zeit modelte und zur «*Vogue*-Szene» gehörte, wie Rosie sich ausdrückte, dass die Beziehung den Bach runtergegangen war … Was ich damit sagen will: Bei den Beresfords gab es jedenfalls keine Veranlagung zur Unbeständigkeit. Der Vater, Jonathan Beresford, und seine Frau Diana waren glücklich verheiratet und «sind es noch», so Rosie, «ein reizendes Paar, zuvorkommend, zugewandt, klug» … Und so sei auch David Beresford, hatte sie angefügt; ich hatte das alles in meinen eigenen zusätzlichen Notizen festgehalten: höflich, verbindlich, gescheit. «Ein Bild von einem Mann außerdem», meinte Evan – immer erfreulich, mal einen Mann einem Geschlechtsgenossen diesbezüglich Komplimente machen zu hören –, «und wirklich charmant», sagte er, «im wahrsten Sinne», mit einer Karriere, von der alle geglaubt hatten, sie werde kometenhaft sein. «Na ja, so kometenhaft auch wieder nicht», meinte Rosie viel später zu mir, als ich Evans Notizen ergänzte, «denn schließlich wohnen sie an der District Line, die Beresfords, und nicht etwa in Notting Hill.»

Über diese vielen Details könnte ich mich hier weiter verbreiten, etwa den eben erwähnten, etwas grenzwertigen Kommentar Rosies oder die Beresford-Brüder in allen Facetten, in ihrer unnachahmlichen Art* – Rosie

---

* Ach, diese Beresford-Brüder! Der Effekt einer solchen Bemerkung, laut ausgesprochen, ist kaum in Worte zu fassen, reicht das Echo doch bis ganz in die Privatschultage zurück, als schon Mütter und Lehrer sich womöglich so über sie verständigt haben. «Kennen Sie die Beresford-Brüder?» oder «Ach, natürlich, die Beresford-Brüder!» etc. pp. Es gibt wohl einfach Geschwister-

war ihrerseits mal in Robert verknallt gewesen und hatte sich ihm nach der Trennung von Amanda sehr als Trösterin angedient –, denn neben dem direkten Austausch mit Rosie und Evan über dergleichen hatte mir unterdessen Evan ja sein erstes Konvolut Notizen über sich und Caroline überlassen und mich aufgefordert, mit ihm – anfangs im meistfrequentierten Cork & Bottle, dann im Elm Tree und im Walker's Friend, einem weiteren Pub im Herzen von West London, der sich dem Stil und der Klientele nach ländlich-rustikal gab – ausführliche Frage-Antwort-Runden zu veranstalten, die mir die «wesentlichen Eckdaten» zu Caroline Beresford und «unserem Verhältnis» liefern würden, wie er, etwas alarmierend, ziemlich zu Anfang der ganzen Sache schon die Interaktion zwischen ihm als Untermieter mit ihr als Vermieterin im Haus in Richmond bezeichnete.

Diese Frage-Antwort-Runden, meinte Evan, und da war er eisern, sollten das Fundament bilden für mein «Protokoll», wie er zunächst dazu sagte, dann «Liebesgeschichte», letztlich irgendwann regelrecht «Roman», den Text jedenfalls, der auf der Basis der Chronologie und Fakten* eine lebendige und fesselnde Geschichte über zwei Menschen ergeben würde, die sich zufällig begegnen und bald Liebende im Sinne der Figurenkon-

---

Konstellationen, deren Besonderheit sich in einem einzigen Satz niederschlägt. Siehe ggf. wieder «Zu den Personen».

* In *Carolines Bikini* steht immer wieder zur Debatte, worum es sich bei dem literarischen «Projekt», das die Autorin und ihr Protagonist verfolgen, tatsächlich handelt. Essay? Lebenszeugnis? Roman? Siehe dazu «Narrativer Aufbau» und «Literarischer Hintergrund und Kontext».

figuration der mittelalterlichen bzw. Frührenaissancedichtung sind.

Wir hätten gut und gerne vor einem Glas Cider sitzen können in diesen nach Stimmung und Atmosphäre so ländlich ausgerichteten Lokalen. Wir hätten gut und gerne draußen vor der Tür ein paar angeleinte schwarze Labradore haben und vorzugsweise die besagten Barbours tragen können, gewöhnlich weggehängt an einem Haken im Windfang irgendwo in der West Country oder den Highlands – aber nein, wir tranken Tanqueray und Tonic in West Kensington, einen Steinwurf entfernt nur von Oligarchen und millionenschweren Vorzeigevillen, die kaum genutzt wurden, im Besitz von chinesischen Industriellen und Mobstern, wahrscheinlich; dort, in diesem ganz anderen Stadtteil saßen wir. Doch diese «Luxusmeile», wie mein Freund Christopher sie auf wertende und zugleich eine Spur neidige, vage rechtslastige Art nennt, die ich etwas dubios finde, war eine ganz andere Welt als der Pub, in dem wir uns eingerichtet hatten, uns «Cheers» sagten und eine Tüte Nüsse teilten. Uns umgaben schließlich nur Menschen von dem Schlag, der seine Hunde frühwinters in den matschigen Park ausführt, kein einziger Scheich oder russischer Geschäftsmann in Sicht, nur wackere wind- und regengebeutelte Kneipengänger, die sich über den Dunst ihrer Pub-Lunches oder Real Ales ein «Was für ein Wetter!» zuriefen.

«Weit und breit keine Kitten Heels», notierte ich früh in einem meiner Tagebücher, um das – zugegebenermaßen inzwischen recht lustvoll – unternommene Schreibprojekt mit Kontext anzureichern. Nirgends «Degustationsmenüs», nirgends «mehrfädiger Kaschmir», hatte ich vermerkt. Nur Real Ale und ein jovial in die Runde gerufenes «Was für ein Wetter!» eben. Nur die Stimmung und Tonlage, die je nach Ziel, typisch «Elm» war, wie Evan und ich uns zu sagen angewöhnten, oder ähnlich später «Walker's» oder einfach «Friend».

Rosies Kommentar – «Schließlich wohnen sie an der District Line, die Beresfords, und nicht etwa in Notting Hill» – sah ihr wirklich nicht ähnlich, denn sie war immerhin Künstlerin und hätte daher von Geld und Wohnlage und Status eigentlich gänzlich unbeeindruckt sein müssen ... Sie hat es aber nun mal gesagt, das vom armen David Beresford und seiner Karriere, «so kometenhaft auch wieder nicht», und es blieb hängen, irgendwie. Ich merkte es mir, und jetzt, wo ich es zweimal hingeschrieben habe, scheint es gut verankert in der Geschichte; ich habe es aufgenommen, keine Frage, also hat es damit irgendetwas auf sich. Als könnte der Faktor «David», könnten die fesche Erscheinung und seine Entscheidung gegen eine Karriere oder jedenfalls dagegen, sie so zu verfolgen, wie er es hätte tun können, wegen der von Evan beschriebenen «anderweitigen Interessen», Vorstellungen von einem Abschluss in Klassischer Philologie und so fort, sodass er seine Zeit mit ganz anderen Leuten verbrachte, anderen Männern und Frauen und eben nicht Caroline, sich anderen Anliegen widmete, andere Prioritäten setzte, als könnten diese vielen Details aus dem Leben, das er gewählt hatte, etwas zu der Geschichte beitragen, die ich hier schreibe. Einen Einfluss haben, meine ich. Gewicht. Und dann gibt es ja noch die Frage einer gewissen Sympathie für den Mann – dass ich zum Beispiel eben geschrieben habe «der arme David Beresford», instinktiv geradezu, als wollte ich an ihm irgendetwas prekär finden, wie fesch und zielstrebig auch immer er war, als prekär überhaupt die Situation der Beresfords, vielleicht will ich darauf hinaus: dass es in ihrer Ehe und ihrem gemeinsamen Leben nicht ganz genug gab. Und das trotz des großen Hauses in Richmond und der Nachbarn mit ihren, wie sich herausstellen sollte, Swimmingpools und Fitnessclub-Abos und so fort; trotz eines gewissen «L.A.-Flairs», wie Evan sich ausdrückte, den sie dort draußen pflegten, in einer Londoner Gegend ohne Parkplatzprobleme und was weiß ich, mit jeder Menge Platz auch für Einliegerwohnungen; trotz des riesigen Gartens der Beresfords, praktisch so groß wie ein kleiner Privatpark, Rosie zufolge; und trotz der vielen Schlafzimmer mit jeweils eigenem Bad und so weiter im Haus, einer ganzen oberen Etage mit eigener Küche, Herrgott, ganz allein Evan überlassen. Trotz alledem ... mangelte es an etwas, wurde etwas entbehrt. Als würde bei aller Pracht, dem ausgedehnten Grundvermögen, wie es Richmond kennzeichnet, mit riesigen Flurstücken und etlichen Baudenkmälern, Attraktionen und den saisonalen Vorzügen von Parks und Grünflächen, etwas fehlen, etwas vorenthalten und verweigert werden. Als hätte Caroline im Laufe ihres Lebens bei aller Fülle nicht etwa zu einem Einverständnis mit ihrem Los, ihrem Leben, gefunden, sondern nur zu einem verzweifelten Verlangen nach einer Dreingabe. Für mein Gefühl blieb irgendetwas im Kern noch immer so notwendig, so nötig, dass immer dieses Wenige den Rest in einem kaum greifbaren Maß als unzureichend markierte, das sich eben weder in Worte noch in ihrem Herzen fassen ließ.

Oder, um hier abermals Evan zu zitieren: Caroline wirkte «verloren» ...

Und der Umstand, dass die Beresfords überhaupt Untermieter aufnahmen – will sagen, es nötig hatten ...

Suggeriert einen Mangel. Eine Lücke, eine Kluft, sagen wir ein Vakuum, ein Manko eben, das Wort passt ganz gut. Und es zeigte sich in Carolines Verhalten, ja, das wird mir allmählich klar, in ihrer Tapferkeit angesichts von Umständen, die einer nicht ganz so «kometenhaften», sondern zugunsten der Übertragung der *Ilias* oder von Hesiods *Werke und Tage**, zugunsten anderer Menschen, Forscher, Professoren, Mitstudierenden abgebrochenen Anwaltskarriere geschuldet waren; wie sie trotz alledem eine «muntere Szene» schuf und damit dieses Defizit, dieses Manko kaschierte und das Leben dort draußen an der District Line zu einem Erfolg machte, gegen das besagte, von mir fortan so empfundene «Manko», dieses Vakuum fehlender Mittel und Liebe so viel Energie und Fantasie aufbot ... Oh, Caroline, schrieb ich unwillkürlich, im Vokativ, dem Kasus, den Evan in seinen Notizen mit Vorliebe verwendete. Nicht Fülle, sondern Not erleben zu müssen, die Notwendigkeit, einen Fremden oder gar mehrere in dein Heim aufzunehmen und sie dort bei dir wohnen zu lassen, in deinem Haus, bei deinen Kindern und deinem Mann, wobei der Mann allerdings ein Gutteil der Zeit fehlt, entweder des Jobs wegen oder weil er sich Tage und Nächte für Studien im British Museum

---

* David Beresfords Liebe zur Altphilologie würde fast einen eigenen Roman verdienen; zu seinem Lebenshintergrund jedenfalls gibt es in den «Zugaben» im Abschnitt «Zu den Personen» weitere Einzelheiten – auch zu Erbsachen, Finanzen etc. pp.

und Besprechungen mit irgendeinem Dozenten aus Cambridge oder wem immer freihält ... Dass du einen Unbekannten mitten in dein forderndes häusliches Leben lassen musst ... So viel ... Not empfinden musst. Manko. Bedürftigkeit. Und doch dabei heiter bist. Das Ganze zur «munteren Szene» machst ... Ja, so eine war Caroline Beresford. Barfuß in T-Shirt und coolem Wickelrock, gertenschlank trotz so wenig Sport, vom wöchentlichen Pilates-Kurs jetzt mal abgesehen, einfach weil sie ewig hinter allen herräumte, und trotz wenig Hilfe im Haushalt – «nicht wirklich», so Rosie, geschweige denn bei Bedarf eines Putzservice – doch für ein behagliches Zuhause sorgte ... So war Caroline. Die mitten im Winter an der Tür erschien und dabei sonnengebräunt und sorglos und sommerlich wirkte – der Duft von Orangen –, sich das Haar rasch zu einem unordentlichen Pferdeschwanz hochzwirbelte, während sie vor Evan den Flur zur Küche hinabging, mit einer Hand eine Frisur zurechtzwirbelte, während sie ihm über die Schulter zurief: «Wie schön, mal jemand im selben Alter hier zu haben», und lachte. «Zuletzt hatten wir als Untermieter lauter Austauschstudenten, sehr klein und fremd und anstrengend. Man konnte nicht so richtig ...», und hier hielt sie inne, drehte sich um und schenkte Evan ein derart strahlendes Lächeln, als wäre sie just vom Rücken eines Vollbluts auf den manikürten Rasen gehüpft, «... plaudern, wissen Sie.»

So sehe ich Caroline jedenfalls. Wie Evan sie erstmals sah. Groß, schlank. Gebräunt, obwohl tiefster Winter ist. Die Reiterin schemenhaft als Persona präsent, obwohl wir eindeutig in West London sind und weit weg von der offenen grünen Landschaft der Republik, den herrlichen, scheinbar endlosen grünblauen Weiden des «Freistaats», wie eine imposante Irin, die ich neulich über Christopher kennengelernt hatte, ihr Geburtsland nannte. Oh, Caroline. Caroline. Mit dem in einer herrlich sonnigen Kaskade über ihren Rücken stürzenden dunkelblonden Beachgirl-Haar, ehe sie es so geschickt mit einer Hand hochbündelte, während sie vor Evan den Flur hinabging und ihm zwischen den beiläufigen Bemerkungen zu Untermietern über die Schulter zurief: «Kaffee? Wollen wir zusammen einen Kaffee trinken, Sie und ich? Bevor ich Ihnen das Haus zeige, meine ich?» – und Evans Herz PENG machte. Unversehens. Oder «ping!», wie er es so charmant in seinen Notizen beschreibt.

«Ja, ihr entschwindender Rücken», sagte Evan im Walker's Friend. Er war ein bisschen betrunken. Das war bei einem viel späteren Gespräch, aber es hätte ebenso gut eines der ersten sein können oder überhaupt das erste, bei dem er mir soeben einen Schwung Notizen überreicht hatte und etwas nervös war. Denn obwohl ich mittlerweile mehrere Konvolute von ihm erhalten hatte, erst im Cork & Bottle, dann im Elm und nun, als wir im Friend zusammenhockten, war die Nervosität wegen der Überlassung der Notizen geblieben. «Lass uns einfach wieder in den Friend gehen», hatte Evan gesagt, als er drei oder vier Tage nach der Übergabe des letzten Packens Material anrief, in dem es detailliert um die erste Begegnung mit Caroline ging und er auf metatextuelle, selbstreferenzielle Art festhielt, wie es war, diesen Moment einzufangen, und was das alles zu bedeuten habe. «Ja, ihr entschwindender Rücken», und so fort, in akribischen Sätzen und Absätzen. «Der Friend passt zu meiner Stimmung,

Nin», hatte er gesagt, wie um die Bedeutung dessen, was er mir ausgehändigt hatte, dieses jüngsten Packens Aufzeichnungen, herunterzuspielen. Als wäre es keine große Sache. «Du weißt doch, der Friend passt zu uns», hatte er gesagt.

Ich hatte mir, ehrlich gesagt, schon zu Beginn so meine Gedanken dazu gemacht, wie sich die Überlassung etwaiger Notizen auswirken könnte, schon bei unserem ersten Gespräch über den Prozess der gemeinsamen Erarbeitung einer Art Geschichte oder Bericht, als er mir die ersten Texte zeigte, die Anfänge dessen, was er als vorläufige Schilderung seiner Liebe zu Caroline aus der Ich-Perspektive betrachtete, einen Berg in braune Postumschläge gestopfter Blätter, die er im Cork & Bottle um die Ecke von der Underground zwischen uns auf den Tisch packte. Wie damals sagte er mir auch an diesem Abend, nachdem er mich am Handy schon gewarnt hatte, dass ihn die Vorstellung, mir weiteres Material zu überlassen, immer noch nervös mache und er daher mit mir werde «ordentlich bechern» müssen, dass er sich schwertue, seine Gefühle «in Tinte», wie er sich ausdrückte, zu schildern, ungeachtet der Tatsache, dass er den Großteil mit einem schwächelnden roten Kuli hingekritzelt hatte, der Lücken hinterließ, die mit einem Bleistift hatten ergänzt und nachgezogen werden müssen, der selbst dringend hätte gespitzt werden sollen. Dennoch war aus Evans Sicht «alles da», seine Gedanken «auf ewig zu Papier gebracht», «schwarz auf weiß». Er stürzte wie zum Beweis den Rest seines Bombay Sapphire hinunter, ohne Tonic nachzuschenken.

«Hast du schon gegessen?», hatte ich ihn zuvor am

Handy gefragt. Ich hatte seit sieben Uhr in der Früh an einer Werbekampagne für Hundefutter gefeilt und den ganzen Tag selber nichts als Kaffee und eine Tüte Fruitella zu mir genommen.

«Wir könnten doch zusammen essen», schlug ich vor. Wohl wissend, wie angespannt er bei der Übergabe des letzten Konvoluts Notizen gewesen war, wie blass und abgehärmt. «Statt einfach in den Pub zu gehen, meine ich», sagte ich. «Oder ich könnte uns was machen, Reis mit Bohnen, wenn –»

Aber nein, Evan unterbrach mich mit einem «Lass uns einfach wieder in den Friend gehen, Nin. Das ist jetzt schon Tradition. Wir müssen nicht essen, wir beide. Und ich bin ein bisschen nervös, weißt du. Jetzt, wo ich dir noch mehr von meinem Zeug überlassen habe ...» Und das war er, unübersehbar, dort im vollen Pub unter lauter Menschen mit rosigen Gesichtern und festen Schuhen und dem an die Fenster peitschenden Regen, als er mir murmelnd einen weiteren Umschlag zuschob: «Da, bitte ...», und dabei die kleine Tonic-Flasche umwarf, deren Inhalt er seinem Gin beizugeben verschmäht hatte.

Vor unseren Augen sickerte der Rest über den Tisch und auf meinen Schoß. In der Flasche war doch noch mehr drin gewesen, als ich gedacht hätte.

fünf

Aber zurück zu Evans Notizen, und zwar späteren als den bereits auf den vorausgegangenen Seiten berücksichtigten, die, wie gesagt, zu einer gewissen Spannung und schließlich dem Tonic-Malheur, einem schnell besorgten feuchten Tuch und der üblicherweise mit einer solchen Trockenlegung einhergehenden Unruhe führten, Notizen, von denen ich hier nur die erste der Seiten aufnehmen will, die er mir am besagten Abend im Friend überreichte, beschwipst – wir alle beide –, weil die Gin Tonics, Sipsmith Silver, wohlgemerkt, nur vom Feinsten, auf fast leeren Magen mehr als sonst reingehauen hatten.

Die Auszüge gehören also nicht zu den schon zitierten, die eine Art Exposé darstellten, Evans Vorstellung von der entstehenden klassischen Liebesgeschichte, eventuell einem Roman. Nein, diese Passagen entstammen anderen Notizen. Seinem ersten Eindruck von Caroline, seiner Reaktion auf ihren «entschwindenden Rücken» ... Er meinte, ich dürfe einzelne Stellen ruhig eins zu eins übernehmen, falls nötig, und das ist es. Nötig. Denn sie zeigen, finde ich, viel von dem Evan, mit dem ich es hier zu tun hatte. Sie zeigen, wie viel von ihm in den Worten steckt. Tief drin. Wie ich es ihm am besagten Abend im Friend erklärt hatte, im rustikalen Schummerlicht bei an den Fenstern herabströmendem Regen und flackerndem Gaskaminfeuer über den kleinen, jetzt vor Tonic Water klebrigen Holztisch hinweg: «Ich weiß, dass dir nicht wohl ist bei dem Gedanken, mir diese Seiten zu überlassen, aber ich finde, wir müssen deine Gefühle für Caroline bannen», und musterte ihn dabei eindringlich, «aufs Papier, in den Text, Evan», sagte ich. «Und zwar in deinen eigenen Worten.»

Was ich damit natürlich meinte, obwohl ich es nicht so direkt sagen mochte, war, dass nicht immer nur ich die Geschichte erzählen sollte. Ich fand, es reichte langsam mit meiner Sicht der Dinge. Das schien mir für unser weiteres Vorgehen entscheidend. Irgendetwas an dem erwähnten Abend, dem umgeworfenen Tonic, hatte mir eines klar gemacht: Es wäre nicht damit getan, dass ich über Caroline schrieb – ihr hochgezwirbeltes Haar und so fort, den Duft der Orangen –, es musste auch Evan sprechen. Der Mann. Er musste in dem Bericht eine Stimme haben. Er musste erkennbar sein, musste seinen Gedanken über Liebe und Hoffnung, so schmerzlich es für mich auch sein mochte, auf seine Art, in seinem eigenen Duktus und Stil Ausdruck verleihen. Denn auch wenn ich mir dabei seltsam vorkommen würde, traurig und gelegentlich einsam, in dieser Weise Zugang zu den innersten Gedanken zu erhalten, die er sonst so für sich behielt, sah ich, dass die Leser diese Einblicke brauchen würden. Evan musste in der Geschichte zu Wort kommen.

Deshalb folgen hier wie schon einmal in Auszügen einige seiner Notizen. Denn das war der Stand, da mussten wir anknüpfen. An den vorausgehenden Text:

«Alles an Caroline Beresford erscheint mir vollkommen», schreibt er. «Sie vereint in sich alles, was schön ist», fährt er fort, «im richtigen Maß. Viele der Frauen in meinem Leben – in den USA, meine ich damit wohl am ehesten, die Mädchen früher, in meiner Jugend, die, mit denen ich zusammen war – waren ‹restlos› dies oder ‹restlos› das. Restlos hübsch. Oder restlos klug. Oder restlos amazonenhaft ohne Zartgefühl. Oder restlos zartfühlend ohne Kraft. Sie waren blond und irgendwann restlos blond, restlos blond und patent und strahlend. Oder sie waren dunkel, restlos dunkel und machten ihr eigenes dunkel-hermetisches Ding. Caroline Beresford hingegen ist in gar nichts ‹restlos›. Sie ist alles, und dieses Alles mein Ein und Alles.»

Als ich beispielsweise diesen Absatz das erste Mal las, musste ich das Blatt, wie angedeutet, weglegen. Da ging es immerhin ziemlich zur Sache. Es war wie vorher das metatextuelle Zeug, nur ohne den metatextuellen Touch, mit dem ich das hatte abfedern können.* Hier war alles, um mit Evan zu sprechen, «restlos» Gefühl. Und mal ehrlich – die Frage trieb mich wirklich um, und zwar von Anfang an, seit Evan mir von seiner ersten Begegnung mit Caroline erzählt hatte: «Glaube ich dieses ‹restlos›? Dieses ‹alles›? ‹Mein Ein und Alles›?» Glaubte ich es wirklich? Dass Evan sich so gründlich, so rundweg, so ... willfährig ... in eine verliebt habe, die er kaum kannte? Und dass es so schnell passiert sein sollte, so dramatisch?

---

* Das mag etwas hochgestochen klingen; hier bieten vielleicht die Anmerkungen hinten zum «Literarischen Kontext» Abhilfe. Aus Sicht der Autorin wird einfach auf ein übergeordnetes «Konzept» hinter der Geschichte dessen verwiesen, was Tag für Tag in Richmond passiert, und das bereichert diese Story ihrem Empfinden nach – Petrarca und den ganzen Krempel miteinzubeziehen macht das Unternehmen vergnüglicher.

Glaubte ich auch das? Dass er etwas «durchdeklinierte», möchte ich fast sagen, ein ganzes Spektrum von Gefühlen nach Art eines Dante oder Petrarca oder anderer Figuren der höfischen Liebesdichtung durchdeklinierte und darüber schrieb, um sie wahr zu machen?

Nun, ich las weiter. Wir steckten schließlich schon tief genug drin, Evan und ich. Ich steckte tief drin.

«In ihr vereinen sich so viele Vorzüge, und sie alle jederzeit präsent.» Evans Notizen müssen unbedingt einfließen, sind wohlgemerkt wichtig, weil diese Sätze und Wendungen ganz allein von ihm stammen. Dies ist seine Stimme. Ist ganz Evan. «Sie hat», las ich, «so eine lässig-fitte Outdoor-Art, hockt aber ebenso gern drinnen und führt tiefschürfende Gespräche über die Gesellschaft, die Kunst und das Leben. Sie ist eine, die über die Dinge nachdenkt, Heideggers *Dasein* zum Beispiel, darüber sprachen wir mal, oder das Beten. Ihr Haar ist wunderschön, aber wild. Sie wirkt ungeschminkt, tupft sich aber irgendein rosa Zeug auf die Lippen, als trüge sie normalerweise Lippenstift, und das Zeug landet dann auf ihrer Kaffeetasse, ich habe den Rand gesehen. Und mir sagte sie, als ich sie kennenlernte, an diesem ersten Tag, als sie mir aufmachte und mich begrüßte, und dann, als wir miteinander Kaffee tranken, das erste Mal, und sie mich im Haus herumführte, wörtlich dies. Na ja, vielleicht nicht wortwörtlich, aber annähernd. Ich weiß, dass sie es annähernd so sagte, weil ich noch am selben Morgen anfing, mir Notizen zu machen, und ich glaube schon, dass sie es so gesagt hat, ziemlich genau:

«‹Es ist hier bei uns zwar ein bisschen vorstädtisch, aber dafür gibt es reichlich Platz›» – sagte Caroline

Evans Notizen zufolge. «‹Sie, Evan, hätten eine ganze Etage für sich, ein eigenes Bad. Sie können sie als separate Einliegerwohnung betrachten, es gibt eine Kochnische und alles, aber es stünde Ihnen natürlich das ganze Haus offen, als Standquartier, das soll es ja wohl sein, ehe Sie weiterziehen?›» – Sie konnte ja nicht ahnen, dass Evan nie mehr würde «weiterziehen» wollen –, «‹bis Sie sich daran gewöhnt haben, wieder hier zu sein, in London, meine ich, solange könnte es Ihr Zuhause sein. Wissen Sie, Sie können sich hier einfach zu Hause fühlen.›»

«Ein ‹Zuhause›», las ich weiter, jetzt wieder aus Evans Perspektive, «ist natürlich genau Carolines Thema.» Seine Handschrift war wirklich haarsträubend. Auch das wusste ich noch aus der Kindheit, es war mir wieder eingefallen, als ich das erste Konvolut seiner Notizen und Materialien studierte. Evan hatte mir damals ständig Briefe geschrieben und sie in selbstgebastelten Umschlägen unter der Tür durchgeschoben, und schon die waren ein wildes Tintengekritzel gewesen, diese kostbaren kleinen Briefe an mich. Selbst nach so langer Zeit sah seine Handschrift kaum besser aus, aber wissen Sie, ich war es ja nicht anders gewohnt. Es störte mich nicht. «Alles Liebe von Deinem Freund Evan Gordonston» hatte seinerzeit die Grußformel unter diesen Briefen gelautet. Versehen mit drei Küssen: xxx.

Heute stand da stattdessen in Evans gegenwärtiger, fast unveränderter Klaue: «Zu Hause sein, sich zu Hause fühlen, sich häuslich einrichten ...», las ich. «Das waren sogleich Carolines Vorschläge, sie hält eine Idee hoch», schrieb Evan. «Nicht, dass ihr das bewusst wäre», fuhr er fort. «Sie ist nicht übertrieben introspektiv. Während ich hingegen Sohn eines Vaters bin, der sein Land, sein Zuhause um des Jobs willen aufgegeben hat, und ich tue eine Generation später meinerseits genau das Gleiche und tausche einen Ort gegen den anderen ein ... Da müsste doch eher ich ins Grübeln kommen. In puncto Zuhause. Zugehörigkeit, die eigene Position. Wenn ich schon nicht weiß, was es heißt, irgendwo zu Hause zu sein», fuhr er auf diese tiefsinnige Art fort, die ich von ihm so gar nicht kannte, «könnte es nicht vielleicht sein, dass ich es jetzt erfahre, bei dieser Frau hier in Richmond an der District Line? Will sagen: Oh, Caroline. Darf ich bei dir in Richmond das Glück der Heimkehr erleben?»

«Hör mal», hatte ich Evan schon nach der Lektüre der ersten Aufzeichnungen aus den diversen braunen Umschlägen sagen müssen, die mir im Elm über den Tisch zugeschoben worden waren, und dem nachfolgenden noch überspannteren Material, das er zusammengestellt und mir im Friend zugesteckt hatte, «was du geschrieben hast, ist ja sehr poetisch, aber leider auf die falsche Art. So gesehen hattest du allen Grund», sagte ich, «bei der Übergabe der Seiten nervös zu sein. Ich verstehe ja, wie dir bei alledem zumute ist. Aber trotzdem ...»

Das war ein paar Tage später. Wir waren wieder im Elm Tree gelandet. Im Elm, unserem Treff der vorausgegangenen Wochen, den wir zwischenzeitlich um der größeren Tische im Friend willen und des neben den gängigeren Ginsorten Tanqueray, Gordon's und Bombay breiteren Angebots, zu dem eben auch Sipsmith und Portobello gehörten, aufgegeben hatten.* Im Rückblick scheint es fast so, als hätten wir eine Zäsur setzen wollen, indem wir ältere Gewohnheiten wieder aufnahmen. Denn so war es, wieder im Elm zu sitzen, der dunkler, weiter, höhlenartiger anmutete als der Friend. Als hätten wir mit der Wahl des Orts und der Gin- und Tonicsorten, deren Bandbreite mir erst im Laufe der Besuche in letzterem Pub dämmerte, ein Verfahren gebraucht, das uns durch den einen Schritt zurück zwei vor erlauben und so die Geschichte vorantreiben würde. Alles schön und gut, dachte ich, Evans Plädoyer für «meine eigenen Worte, Nin», seine Idee, die Geschichte durch mehr Tiefe weiterzubringen – aber sie durfte deshalb nicht gleich versacken. Wenn wir das Buch überhaupt jemals fertigkriegen wollten und das Leben weitergehen sollte ... wenn ich jemals «zur Sache kommen» sollte, «Herrgott», so damals meine etwas barsche Bemerkung, dann mussten wir über die «Poesie», sag ich mal, der Gefühle Evans hinaus zu einer irgendwie gearteten Handlung und dramatischen Entwicklung kommen. Die Rückkehr zu einem schnörkelloseren Gin-Sortiment schien Ausdruck dieser Stimmung – eine zweckdienliche Metonymie, die meiner Erfahrung nach bei der Abfassung von Werbetexten und sogar bei meinen Kurzgeschichten tatsächlich ganz hilfreich sein kann: dass sich erst im Rückgriff voraus eine Lösung abzeichnet. In diesem Sinne konnte ich im Elm mit Evan strenger sein. In diesem Sinne sah ich meine Aufgabe darin, dafür zu sorgen, dass das Leben für ihn «weiterging».

* Es gibt – für die Interessierten – hinten im Abschnitt «Erzählalternativen» einiges mehr zu «Gin» und «Pubs».

Denn eines stand fest, die jüngsten Notizen waren «Poesie», oder jedenfalls so gemeint, aber eben schlechte Poesie nach Art der Tagebuchgrübeleien, die langsam überhandnahmen und im Keim erstickt werden mussten.

«Wie kann Poesie schlecht sein?», entgegnete Evan. «Liebesdichtung, meine ich? Wenn sie einer besonderen Sensibilität entspringt, Nin? Wenn sie für den Verfasser wahr ist?»

«Nehmen wir einfach mal diesen Satz hier», erwiderte ich und zeigte im funzeligen Publicht darauf: «Hier diesen: ‹Oh, Caroline. Darf ich bei dir in Richmond das Glück der Heimkehr erleben?›»

«Was ist damit?»

«Das klingt nach einem Song von Gilbert O'Sullivan», sagte ich. «Zweitklassiger Folk. Ein Mann, eine Gitarre, so in der Art. Bob Dylan auf billig», ich geriet in Fahrt, «Poesie, die nicht annähernd mit Dylan zu vergleichen ist, sondern höchstens mit ‹Indie›, mit Möchtegern-Avantgarde, mit –»

Evan lachte. «Ha!» Er nahm meine Hand. «Du bist gut!», sagte er. «Ich konnte noch nie schreiben, das weißt du doch!» Er drückte meine Hand neckisch dreimal hintereinander. Die Stimmung hellte sich merklich auf. «Du bist in der Familie die Schriftstellerin, Nin», sagte er. «Du allein.»

Er lachte erneut.

«Mach dir wegen meiner Kritzeleien keinen Kopf. Das war noch nie meins», sagte er und drückte zur Bekräftigung noch einmal meine Hand.

«Aha», sagte ich. Die Stimmung war eindeutig heller.

«Nehmen wir noch einen?», fragte er und deutete auf unsere leeren Gläser.

«Warum nicht?», lautete meine Antwort.

Denn es war nicht einfach gewesen, seit er mir seine Notizen überließ und die Anspannung wuchs: siehe das verschüttete Tonic. Und jetzt ... Da saßen wir nun. Wir beide. In so vielerlei Hinsicht wie eh und je, und nun das. Diese hellere, heiterere Stimmung, unverkennbar und sehr angenehm. Mir war, als wären wir wieder neun und piesackte mich Evan, die Regeln eines unserer Spiele aufzuschreiben. Genau so. Evan mir plötzlich wieder zutiefst vertraut. Da hatte es diese eine Geschichte gegeben, weiß ich noch, stark angelehnt an die *Fünf Freunde*, die hatte ich auf sein Drängen hin mit acht oder neun erfunden, nachdem wir aus dem Tot- und Bruchholz, das mein Vater bei Gelegenheit verbrennen wollte, ein Fort gebaut hatten und die Story gleich im Erzählen und Aufschreiben Zug um Zug nachspielten. Und dann gab es noch das andere «Werk», ein Versepos, in dem es von Piraten wimmelte und Evan und ich die Helden waren, fiel mir jetzt dort im Elm wieder ein, eine Art Ballade über gemeinsame Sommerferien unserer beider Familien in Cornwall, von uns gemeinsam zusammengereimt. Bevor sie wegzogen, hatten wir nämlich oft Urlaube mit den Gordonstons verbracht, Schul- und Sommerferien. Dieses «Du bist gut!» versetzte mich zurück, beschwor unsere Unternehmungen und die früheren Jahre herauf: meinen Bruder Felix, der sich schon mit dreizehn auf einer Bootstour über die Helford-Mündung in Elisabeth verknallte; den Töpferkurs auf den Hebriden, zu dem meine Mutter und Helen uns Kinder alle schleiften und die Familie der Schwester

Helens obendrein, und wo Evans älteste Kusine wie verrückt mit ihren mehrfarbigen Glasuren angab, weil sie schon in der Unterstufe getöpfert hatte. Das alles, alles stieg bei Evans «Du bist gut!» auf herrliche Art wieder auf. Die gepackten Taschen. Die genossenen Picknicks. Die Gordonstons und die Stuarts in zwei Wagen, und die Thermoskannenpause irgendwo auf einem Parkplatz. Das «Du bist gut!» versetzte mich zurück, und wie. Die Erinnerungen machten mich atemlos. Schwerelos. Glücklich? Schon. Dazu gäbe es wirklich eine Menge zu sagen.

Aber Evan hatte noch anderes auf dem Herzen.

«Es macht nichts, wenn ich Mist schreibe.» Er hatte den Faden wieder aufgenommen. «Es kommt ja nur auf meine Gefühle an. Meine Gefühle für Caroline, Nin. Meine Reaktion auf sie nach unserer ersten Begegnung. Nur darum geht es mir ...» Er war mit zwei weiteren exklusiven Gin Tonics vom Tresen zurückgekehrt, und nun sollte offenbar alles wieder den gewohnten Gang gehen. Er setzte die Gläser auf dem Tisch ab. «Hauptsache, du kannst aus dem Zeug etwas machen», sagte er und nahm wieder mir gegenüber Platz. Er sah manchmal richtig gut aus, trotz seines etwas ungepflegten Äußeren. «Es sind nur Notizen, weißt du, eine Arbeitsgrundlage. Cheers», sagte er und trank einen Schluck. «Ich habe ja nie gesagt, dass du sie Wort für Wort übernehmen sollst, Nin. Das war deine Idee. Ich sehe das eigentlich ganz entspannt. Ich habe zwischendurch sogar was dazuerfunden, etwa, dass ich Caroline eigentlich viel früher kennengelernt hätte. In Oxford vielleicht oder so, dass ich so einen urenglischen Campus-Roman schriebe, nur wäre sie zu hübsch und hätte abgebrochen und ich sie aus den Augen verloren. Oder dass ich von ihr eine Nachricht bekommen hätte», fuhr er fort, und ich sah regelrecht, wie ihn die Geschichte packte. Er nahm wieder einen Schluck von seinem Gin Tonic; nein, wirklich, er sah auf diese gewisse schottische, leicht zauselige Art gut aus. «Genauer: einen handgeschriebenen Zettel», sagte er, «auf dem stand: ‹Du erinnerst dich doch sicher an David, nun, wir haben beschlossen zu heiraten ...› Ich dachte –»

«Halt.» Ich schnitt ihm das Wort ab. Ich kam wieder zu mir, sollte ich sagen, erwachte aus einer Art Trance. «Es hat wirklich keinen Zweck, eine Parallelgeschichte zu erfinden, Evan», sagte ich, weil ich merkte, dass er sich plötzlich auf fremdes Terrain vorwagte. «Wir haben schon mit dem alle Hände voll zu tun, was du mir jede Woche berichtest, alle paar Tage, und was ich alles aufschreiben soll ... Einmal das, und dann beziehen wir ohnehin schon deine Notizen mit ein ... Wir haben genug am Hals ...»

«Du bist wunderbar», sagte Evan da, und ich musste kurz den Blick abwenden. Das war manchmal so. «Du bist eine Riesenhilfe», fuhr er fort. «Niemand sonst würde das für mich tun», sagte er. «Niemand sonst würde überhaupt kapieren, was ich damit will, meine Erfahrungen schildern und daraus eine Liebesgeschichte bauen ... Das tun wir nämlich, Nin, wir beide. Und du, du verstehst das.» Er tätschelte meine Hand. «Du schon.»

«Mmm», machte ich. Ich trank den Rest meines Sipsmith Silver auf ex wie einer der abgewrackten Seeräuber in den Geschichten, die ich anno tuck für Evan geschrieben hatte, als wir alle Zeit der Welt und unsere Familien und Spiele zu spielen hatten. Ich hatte inzwischen mit dem ersten Teil des Buchs begonnen, Arbeitstitel «Auf die Plätze ...», aber er machte sich nicht sonderlich gut. «Ich kann bloß weiter den Inhalt der Notizen wiedergeben», antwortete ich ihm. «Der Notizen, unserer Gespräche ... einfach weiterschreiben.»

Und genau das tat ich. Schrieb weiter. Während Evans andere Texte auch Gestalt annahmen – seine eigenen Einfälle, seine separate «Indie»-Arbeit. Zu dem, was ich schrieb, kamen seine Vorschläge dazu. Unsere Treffen. Die Berge an Material, mit dem er mich versah und das ich unterbringen musste, in Bleistift verfasst oder mit dem Kugelschreiber, den er so mochte, manchmal mit einem wirklich teuren altmodischen Füller ... Was kam da an Seiten zusammen! Sie häuften sich, vollgekritzelt und -geschmiert, gestrichen, ergänzt, überarbeitet ... Manchmal wünschte ich, Evan würde sich einfach an seinen Laptop setzen und selbst eine druckbare Version des Ganzen erstellen; es hätte mir die Last genommen, seine Prosa so unmittelbar aufnehmen zu müssen, mich irgendwie weniger in die fragwürdige Qualität und seine fixen Ideen einbezogen. Ich hätte nicht alles beäugen, entschlüsseln, ja umschreiben müssen ... Auch wenn mir bei der Vorstellung graute, wäre es doch nett gewesen, überlegte ich, wenn Evan das ganze Zeug ausdrucken und wir es als Anhang oder ergänzende Lektüre vorsehen könnten, vielleicht in Form von Anmerkungen, die wir ohnehin brauchen würden, schien mir, so in der Art etwa. Denn die Zeit lief. Christopher hinterließ mir in fast schon Tory-Manier Nachrichten auf dem AB, Aufforderungen, mein Zeitmanagement mal ökonomisch zu überdenken, zuletzt: «Marjorie sagt, du bist mit dem Text zur Haustierversicherung im Verzug, Nin. Und langsam macht mir deine Budgetierung ganz allgemein Sorgen. Du weißt, dass ich Tabellenkalkulation kann. Ruf mich an.» Überhaupt waren meine Freunde der Ansicht, dass ich die lebensnotwendigen Dinge vernachlässigte. Es gehe um mehr als irgendwelche «Projekte», meinten sie alle. Es gab offenbar «Sachzwänge», etwa meine Hypothek und diverse andere finanzielle «Verpflichtungen», die ich schleifen ließe, nur wegen der vielen Zeit, die ich, und da hatten sie ja nicht unrecht, geradezu frivol auf reine Transkriptionen verwandte. Manchmal fragte ich mich selbst, ob ich mich nicht umgehend ans Telefon hängen und zur Abwechslung die Teilnahme an einer von Christophers Kundgebungen zusagen sollte – dem Baumfäll-Protest, für den er Unterstützung bei der Plakatierung brauchen könnte, wie er ein andermal auf AB bemerkt hatte. An einer Aufräumaktion. Irgendwas. Egal was. Jede Ablenkung, Aktivität oder praktische Idee, die mich zur Tat, zur bezahlten Arbeit beziehungsweise, wie Marjorie gern sagte, «finanziellen Absicherung» schreiten ließe. Egal was, eigentlich. Das fragte ich mich schon. Damit ich nicht stattdessen immer nur Sachen aufschreiben müsste wie dies:

«Weißt du noch, wie wir immer geredet haben, Nin? Wenn wir miteinander abhingen, darüber, wie es wäre, erwachsen zu sein und selbst Kinder zu haben? Nun, wenn ich Caroline mit ihren Kindern sehe, muss ich wieder daran denken.»

Inzwischen konnte ich dergleichen nur ohne jeden Eingriff buchstabengetreu wiedergeben. Aber auch wenn es weiß Gott etliche Passagen gab, ganze Seiten, die mich genau wie damals, als wir Tür an Tür wohnten, ganz direkt ansprachen, als hätte er mir gerade einen Brief geschrieben, unterschieden sie sich doch von früheren Mitteilungen von ihm, weil die fast immer Fragen enthalten hatten, auf die ich umgehend zu antworten hatte. Das hier war ganz anders als seine früheren Briefe. Ein «Sie ist wirklich eine fantastische Mutter» hatte mit mir rein gar nichts zu tun. «Sie hat mir mal gestanden», schrieb Evan, «ganz im Vertrauen natürlich, dass bei ihr nach der ersten Geburt eine Depression festgestellt worden sei. Die nächsten beiden machten es noch schlimmer, sodass sie Medikamente verschrieben bekam – sie hat mir die Tabletten gezeigt. ‹Verrückt, oder?›, meinte sie. ‹Dass ich meist high bin, auf Valium? Oder nicht high, Evan, keine Sorge, so wirkt Valium nicht, und das ist auch gar keins ...›.» Ganz anders als die früheren Briefe.

«Klar, Caroline», habe er gesagt, schrieb er. «Und dir erzähle ich das, Nin», schrieb er, «geradezu so, als könnte ich die Last mit ihr teilen, ha! Oh, Caroline, Caroline ...»

«Weiterer Indie-Folk» sagte ich dazu bloß insgeheim. Nur nicht annähernd Bob Dylan.

«Oh, Caroline, Caroline ...»

Weil das alles und wie es sich auf den Rest der Geschichte auswirkte, was es mit Aufbau und Stil anrichtete –

Einfach zu viel war.

Dieses ganze «Wie fühle ich mich bei dir zu Hause ...»

Es war bizarr, wirklich wahr.

Ich beschloss, dass ich dergleichen nur sehr dosiert einstreuen könnte. Weil es wirklich einfach zu –

Bizarr war.

War es. Für mich, das alles aufnehmen zu müssen.

Bizarr. Ein bizarres Gefühl. Auch wenn Evan «Ha!» rief und lachte. Auch wenn er nach meiner Hand griff. Er war immer ein ganz normaler Junge gewesen, als Kind. Nicht ... poetisch. Nicht gewollt. Er war eher ... kernig gewesen. Normal. Alle in der Familie eher groß und sehr fit. Strotzend vor Energie, vor Kraft, sämtliche Gordonstons, die Art Familie, die ständig auf Wanderurlaub in die Alpen fuhr oder zum Campen in die Highlands, und immer Lagerfeuer. Die Gordonstons, das waren handgestrickte Pullover, trotz Toms Geschäften in der City. Rucksäcke. Und auch wir fuhren zu gerne mit ihnen in den Urlaub. Rauf nach Schottland oder rüber nach Cornwall in ein Cottage am Meer, das Helen und meine Mutter gebucht hatten. Jetzt fiel es schwer, den Mann, der nach Jahren im Ausland, in Amerika und dann Tokio und so fort zurückgekehrt war, mit dem Jungen in Einklang zu bringen, der täglich in seinem Pfadfinder-Pulli bei uns aufkreuzte, die Abzeichen angetackert, weil Helen nie im Leben dazu kommen würde, sie ordentlich anzunähen. Schwer, diesen Jungen mit dem ernsten Mann in Deckung zu bringen, der mir im Gin Whistle bei einem «Dämmerschlückchen» – hätte Evans Granny gesagt, die mit im Haus wohnte und manchmal auf uns aufpasste – gegenüber saß und nur Liebe und Poesie im Kopf hatte.

Die Zeit lief. Ich spürte, wie der Winter sich unweigerlich dem Ende zuneigte und eine neue Jahreszeit anbrach. Wir hatten beschlossen, uns noch weiter aus meinem Viertel zu entfernen, der Erinnerung an das verschüttete Tonic zu entkommen, ein neues Umfeld zu suchen; der Gin Whistle war neu.

«Also, ich sehe das so», sagte ich zu Evan, als wir am langen Tresen aus gebürstetem Edelstahl saßen, versehen an den Enden mit Arrangements aus zerschlagenen Ginflaschen und ihren Etiketten unter Glas, und uns tatsächlich in einem vollkommen anderen Ambiente wiederfanden. «Du hast dich eben ‹auf den ersten Blick› verliebt.» Wir widmeten uns zum x-ten Mal den Umständen seiner ersten Begegnung mit Caroline, und ich hatte ihm erklärt, wie ich seine Notizen einbauen wollte. «Ich muss das so kitschig sagen, Evan», sagte ich. «Ich werde es auch so schreiben, weil es stimmt. Das ist ein bisschen heikel, denn das ist natürlich ein Klischee, aber so ist es dir nun mal ergangen. Du bist wie Dante und Petrarca und wie sie alle heißen, aber bei der Poesie hapert's. Ich sage es nur ungern, aber so ist es. Kann ja sein, dass *Das goldne Haar war hingestreut den Winden / die es zu tausend süßen Knoten flochten / und jedes Feuers Helle unterjochten / die Augen, die jetzt kaum mehr davon künden**, dass das deinen Gefühlen für Caroline entspricht und du beim Anblick ihres entschwindenden Rückens und des hochgezwirbelten Pferdeschwanzes gern sähst, dass dich *leitet von Gedanke zu Gedanken ... Amor.*** Schon klar, Evan. Das verstehe ich ja.

Weil deine Situation unmittelbar auf die spätmittel-

---

* Aus dem Sonett 90 der *Canzoniere* Francesco Petrarcas. Nach einer Interlinearübersetzung von Geraldine Gabor in deutsche Verse gebracht von Ernst-Jürgen Dreyer mit Anmerkungen zu den Gedichten von Geraldine Gabor. Stroemfeld/Roter Stern, Frankfurt/Basel, 2. Aufl. 1990. Siehe unter «Zugaben» auch «Reprise»

** *Canzoniere*, Kanzone 129

alterliche Tradition zurückgeht: vom Pfeil des Amor getroffen, niedergestreckt, krank vor Liebe ... Aber literarisch ist das in unserem Fall ... nun ... eine Herausforderung, sage ich mal», schloss ich etwas hilflos. «Wenn Leben zu Kunst werden soll, verstehst du ...» Ich verstummte.

Denn unterm Strich? Stand bislang nur eines fest. Nämlich, dass unsere Geschichte einzig und allein an dem hing, was ich den Peng-Faktor nennen würde. PENG. Oder dem «Ping». *Jedes Feuers Helle ... Und die Worte – / nicht klang es, als ob Menschenstimme spreche!* Es gab durchaus das Hochgestimmte von Mittelalter und Frührenaissance, nur waren wir leider nicht die Renaissancekünstler, die ein solches «Projekt» – schon wieder dieses Wort – erforderte. Das war die Krux. Denn was die eigentliche Geschichte anging, den Plot, den Erzählbogen ... das alles. Da hatten wir zwar ein PENG, ein «Ping», aber sonst waren wir so weit wie zuvor: Caroline an der Haustür. Sorglos. Braungebrannt. Langbeinig, mit dunkelblondem, ihr über den im Flur entschwindenden Rücken stürzendem Beachgirl-Haar. Wir drehten uns im Kreis des ewigen Präsens eines just in dem Augenblick sein Herz verlierenden Evan, da sie über die Schulter zurückruft: «Kaffee? Wollen wir zusammen einen Kaffee trinken, Sie und ich? Bevor ich Ihnen das Haus zeige, meine ich?» Und dann, ganz natürlich, so selbstverständlich, als gehörte es zu ebendem sich grandios abspulenden petrarkischen Gefühl: zwei Becher. Zwei Menschen. Gebannt, Becher und Mann und sein bildschönes weibliches Pendant an dem Frühstückstresen, gebannt auch ein Herz und des Herzens Gedanken, Worte ... zwei mühelos herbeigezauberte Becher Kaffee und dazu die Liebesgeschichte in der großen Tradition höfischer Dichtung und der frühen Lieder der Troubadoure, die in der Versdichtung und den Epen der Frührenaissance und darüber hinaus weiterklingen, während Caroline über die Nachbarschaft plaudert und wie lange sie dort bereits lebe – ihr Haar, das sich gelöst hat, erneut hochzwirbelt, hoch in den Pferdeschwanz wie beschrieben, aber alles gebändigt, gebannt, alles. Die dampfenden Becher zwischen den beiden, der Frühstückstresen, der es Caroline leicht macht, sich zu Evan vorzubeugen und zu sagen: «Ich fände es schön, wenn Sie hier bei uns wohnen wollten. Ehrlich. Ich weiß zwar noch gar nicht, ob Ihnen das Haus gefällt, aber ich fände es schön.» So einfach. Ganz einfach. «Wenn Sie hier bei uns bleiben wollten ...» zu einem Schluck Kaffee, ehe sie ihren Becher mit dem Lipglossrand vor sich abstellt. «Wollen Sie nicht», halblaut nachgeschoben, recht leise, «einfach bleiben?»

sechs

Trotz der Folk-Tendenzen, des Hin und Hers, der haarsträubenden Handschrift und so fort bekam ich inzwischen langsam ein Gefühl für Evans Geschichte, für die Attribute, die zurückverwiesen auf große epische Poeme des Liebesleids, und sah nun doch, dass ungeachtet des fehlenden «Plots» und ordentlicher, actionreicher Kapitel, die die Geschichte hätten vorantreiben können, sich eine um unsere Grundidee verdichtende Textur ergab, dass ein Hauch, eine Ahnung, ein Anflug von Romantik und Hoffnung meine Seiten durchzog.

Und es waren unbedingt «meine Seiten». Evan hatte es eingesehen und mir nach dem Tonic-Malheur im Friend in aller Form bestätigt. Denn ungeachtet seines Versuchs, das Projekt zu fiktionalisieren, etwa durch das Hinzudichten einer früheren Bekanntschaft mit Caroline während der Studienjahre, und zwar im Stil des entsprechenden englischen Romangenres, und ungeachtet der eher grenzwertigen Natur seines «Lebenszeugnisses» – «life writing» sagen heute manche – mit der etwas sehr alternativen «Indie»-Poesie, dem bereits erwähnten Hang zu eher zweitklassigem Folk, kamen schließlich die Seiten, die sich auf meinem Schreibtisch stapelten, aus meinem Computer, meinem Drucker. Evan hatte ja gesagt, er lege Wert darauf, dass ich seine Geschichte aufschriebe, das hatte er von Anfang an gesagt. Und sagte es noch.

Und bei mir, der das Projekt inzwischen auch am Herzen lag, jetzt, wo Evan mittlerweile einen guten Teil des Winters bereits als Untermieter bei den Beresfords wohnte und von einigem Kummer dort in der Familie erfahren hatte, etwa von Carolines Eingeständnis, dass sie «auf denkbar beste Weise», wie sie meinte, von Stimmungsaufhellern abhängig sei – «Stabilisatoren, Nin, nicht Aufhellern», sagte Evan, als das alles erstmals im Friend zur Sprache kam –, jetzt, wo Evan seinem Gefühl nach «tief drin» steckte im Richmonder Leben mit den vielen Dinnerpartys und geselligen Runden, der «munteren Szene», die er in seiner Einliegerwohnung unter dem Dach von fern mitverfolgte ... Nun, bei mir entwickelte sich ein Sinn für diese erzählte Welt, wie Autoren sagen; sie packte mich. Ich kniete mich rein, in Charakterzeichnung und Setting; ich erschrieb mir eine Haltung. Bei den Partys am Ende der District Line gehörte Evan beispielsweise nicht mit zu den Gästen – nicht etwa mangels entsprechender Aufforderungen, beeilte er sich mir zu sagen, sondern aus «anderen Gründen», vermutlich seinem Kodex von persönlichem Anstand wie Abstand –, und doch «hörte er mit», scherzte er etwas bemüht, was mir wie manches andere zu denken gab. Ich schilderte also, wie er am Wochenende morgens früh runterging, wenn David und die Jungen noch schliefen, Caroline hingegen am Küchentresen dabei anzutreffen war, wie sie die nächste «muntere Szene» plante – denn genau zu dieser Zeit schrieb sie gern ihre Listen: Menüs und Zutaten, Gäste und Sitzordnungen für die lange Tafel in Richmond, und bestellte Wein –, und wie sie beide, Caroline und Evan, dann bei etlichen Bechern Kaffee Zeit fanden zu reden.

«Das sind unsere längsten Gespräche», sagte Evan, über Thomas von Aquin oder eine besondere Pilzsorte für ein Risotto oder einen Film, den Caroline gerade gesehen hatte ... «alles Mögliche», meinte Evan überschwänglich. «Da kommen wir richtig zum Reden.»

Ja, bei mir entwickelte sich ein feines Sensorium für die Welt dort draußen, das kann man wohl sagen. Wenn Rosie aus ihrem Atelier in Gloucestershire anrief und fragte: «Wie macht sich Evan bei den Beresfords?», dann konnte ich tatsächlich erschöpfend Auskunft geben, weil die vielen Details vorhanden waren, mit denen Evan mich versorgte und die ich weiter ausmalen konnte – ähnlich eigentlich, wie Rosie selbst ihre Auftragsarbeiten für Freundesfreunde in Gloucestershire aufbaute, herrliche Bilder von Gärten und Hunden, hier einen Umriss andeutete, dort eine Farbschicht auftrug in ihrem umgebauten Gewächshaus, für das sie nur einen «Bruchteil» bezahle, sagte sie, einen «Bruchteil» dessen, was vergleichbare Räumlichkeiten in London gekostet hätten, wäre sie in der Stadt geblieben. «Dieser Bruder von David Beresford, hmmm», murmelte Rosie dann gern zwischen meinen Ausführungen zu Evans Lebensumständen. Und sagte zum Schluss unweigerlich: «Robert, ich hatte ihn doch erwähnt, Nin? Wo der wohl heute steckt ...».

Da schlummerte vermutlich noch einiges mehr, das zum Gesamtbild beitragen könnte, den Beresfords insgesamt, sozusagen ihre Hintergrundgeschichte. Aber im Augenblick hatte ich alle Hände voll mit Evan und Caroline zu tun, mit diesen beiden und der Frage ihres «Verhältnisses», wie Evan gern dazu sagte, weiß der Himmel, warum. Denn obwohl es, zugegebenermaßen, die vielen Gespräche gab, die laut Evan richtiges «Reden» waren, führten sie nicht einmal im Ansatz dazu, dass Evan Caroline tatsächlich seine Gefühle gestanden oder sich vorgebeugt hätte, sagen wir mal, um ihre Hand zu ergreifen. Also musste ich, ich allein, aus diesen Momenten etwas machen bzw. sie ausschmücken, die dürren Fakten, die Evan mir lieferte, zu etwas von Belang ausbauen. Caroline könnte ihm schlicht einen Kaffee eingeschenkt und – entweder dabei oder wenn er ihr den Becher abnahm – flüchtig seine Hand gestreift haben ... Ich könnte aus einer solchen winzigen Geste einen Funken schlagen, aus diesen Bruchteilen einer Sekunde dort in der geräumigen sonnigen Küche bei den Beresfords am Ende der District Line, könnte mit etwas Glück, so Evan, den Stoff zu einer großen Liebesgeschichte nach bewährter literarischer Manier ziehen.

Und so baute ich Schicht für Schicht auf. Die Story, den Plot. Es entstehe wahrhaftig ein «Bild», sagte ich Evan, auch ohne weitere Notizen von ihm. «Schicht für Schicht» baute ich während unserer vielen Pub-Treffen auf – bis zu dreimal wöchentlich, und Evan hatte unterdessen längst The Gin Whistle entdeckt, den Pub, der um einiges smarter war als die pseudo-rustikalen Kneipen mit ihrem Labrador-Ambiente und dem Regenzeug, die wir früher aufgesucht hatten; der Gin Whistle lag am Rand von Chelsea und hatte den erwähnten gebürsteten Edelstahltresen und die Scherben-Arrangements. Dort, in einer der Sitzecken des mondänen, mit jeder Menge sehr, sehr ausgewählter Ginsorten ausgestatteten Etablissements, tat ich das, worum mich Evan gebeten hatte, indem er redete und ich alles festhielt. «Amanuensis», genau, Sie erinnern sich doch? Ein herrliches Wort.

Details, Details. Immer mehr. Kleinigkeiten, die sich summierten, bis es, ohne viel dramatisches Federlesen, Ereignisse waren. Da gab es beispielsweise die Sache mit den Medikamenten, für sich genommen schon ein stilles Drama, und den Moment, da Caroline Evan davon erzählte, von der «stimmungsaufhellenden» Wirkung der ihr verschriebenen Mittel – aber nichts davon so weltbewegend, dass es im Buch ein eigenes Kapitel verdient hätte. Das Medikament war mir latte*, das Thema tickte eben als stiller, unterschwelliger Puls im Text mit und könnte jederzeit später noch aufgegriffen werden.

Außerdem hatte ich schon reichlich Notizen von Evan zur Grundierung und Ausgestaltung des Textes, an dem ich saß – einen nicht versiegenden Strom seit damals an dem besagten Abend, an dem er hatte «ordentlich bechern» wollen. Ich hatte die Seiten mit nach Hause genommen, sorgfältig geordnet, bei Bedarf immer mal einzelne Packen hervorgeholt und damit gearbeitet. An Material mangelte es also weiß Gott nicht. Und doch steckte mir Evan weiterhin seine persönlichen Tagebuch-Ergüsse zu, und bei unserem dritten Treffen im Gin Whistle überreichte er mir nach etlichen Runden Gin der Sorte, nach deren Preis du lieber gar nicht erst fragst, abermals einen braunen Umschlag. Ich trug ihn heim und zog ihn eines Abends hervor, als Evan Überstunden machen musste und deshalb aus unserer Verabredung nichts wurde.

Auf den ersten Blick unterschieden sich die Seiten nicht

---

* Im Abschnitt «Zu den Personen» findet sich einiges zu Evans «amerikanischem Zungenschlag» und zur Frage, welchen Einfluss die Arbeit als Werbetexterin eventuell auf den Stil der Autorin hat.

groß von anderen: Kleidungslisten, Ausflugsziele, Ideen für das Buch. Dann, mittendrin, etwas offenbar ganz anderes. Hier wurde ein neuer Ton angeschlagen. «Ich werde eine Unterkunft brauchen, bis ich mich sortiert habe», schrieb Evan in dem Konvolut, das sich mehr als seine sonstigen Ausführungen wie ein Tagebuch oder ein Essay las. «Es ist nämlich so», schrieb er, «dass ich nicht vorhabe, jemals wieder aus London wegzuziehen. Während meiner Zeit in Kalifornien, also nach Tokio, war etwas passiert, was mir das Gefühl gab, dass ich mich finden muss, mal an einem Ort bleiben, sesshaft werden. Es hatte mit einer Frau zu tun, mit der ich in Kalifornien zusammen war – oder vielmehr, um das gleich klarzustellen, mit mir, nicht ihr. Es liege, sagte sie mir, an meiner Unfähigkeit, ehrlich mit ihr zu sein, ‹real›, so ihr Wort dafür.» Ich hielt einen Augenblick inne – dieser neue Ton, der war ... schwer einzuordnen – und las dann zögernd weiter. Real?, dachte ich. Real? «Sie verwendete es auf ihre übliche wunderbar einfühlsame und einsichtsvolle Art», fuhr Evan fort. «Aber genau das sagte sie: ‹Du kannst einfach nicht real sein, Evan, oder? Du weißt, glaube ich, nicht mal, was das heißt?›»

Mir wurde ganz anders. Ich legte die Seiten weg. Mir hatte jemand vor langer Zeit etwas ganz Ähnliches gesagt. Im Laufe einer Beziehung, die von vornherein an Missverständnissen, endlosen Vorwürfen und anschließenden Versöhnungen krankte. Der Betreffende war selbst Autor, und eine Zeitlang schien es, als könnte das mit uns etwas werden, aber am Ende hatte er mich auf verstörend ähnliche Weise erlebt wie hier in Evans Tagebuch beschrieben.

«‹Du weißt nicht mal, was das heißt›», hatte Evan geschrieben oder vielmehr die Worte der ungenannten Kalifornierin wiedergegeben, «‹nicht dauernd was vorspielen, eine Maske tragen zu müssen. So verdammt ... geschmeidig zu sein. Das ist verlogen. Letztlich alles Fassade, Evan.› Das ging mir nach», schrieb Evan – mir schlug beim Lesen das Herz bis zum Hals –, «und ich habe es mir nach der Trennung aufgeschrieben. Als Mahnung, schätze ich, was ich für einer bin, in Wirklichkeit, bei aller scheinbaren ... ‹Geschmeidigkeit›, wie sie meinte. Und da wurde mir klar, dass ich eigentlich nie wollte, und ich meine noch nie, dass mir jemand wirklich nahekommt.»

Da konnte ich erst einmal nicht weitermachen. Ich stand vom Schreibtisch auf, wo ich Tee getrunken, an einem Haferkeks geknabbert, geblättert und gelesen hatte. Ich trat ans Fenster und blickte auf die Straße hinab. Diese Zeilen zwischen dem anderen Zeug zu finden ... als Kontext zur Hand zu haben, dieses Resümee Evans von damals ... es gab mir ein mulmiges Gefühl. Augenblicklich wollte ich zum Anfang zurück, in den Elm Tree oder den Walker's Friend oder den Cork & Bottle, in einen unserer ungefährlichen, freundlichen, fußläufig erreichbaren Eck-Pubs mit dem ländlichen Ambiente. Ich wollte den altvertrauten ... Evan. Stattdessen gab es plötzlich diese andersartigen Edelstahltresen-Infos, Gin-Whistle-Infos – wie direkt von einem der Etiketten, die doch wahrhaftig mit Haikus oder Kurzgeschichtenfragmenten versehen waren, von einer der sündteuren Chelsea-Ginsorten, die dort geführt wurden – Dark Town, Fallen Branch waren zwei Namen, die sich mir eingeprägt hatten –, sie flogen mir in Gestalt eines weiteren, scheinbar so unschuldigen braunen Umschlags zu, Seiten, aus denen anscheinend eine gänzlich andere Persona sprach. Und warum mussten wir überhaupt, fragte ich mich, eine andere Art Pub aufsuchen, in einem anderen Stadtteil – weil die vorigen nicht mehr passten? Was sollte das? Selbst wenn Evan mir versicherte, ach was, das habe nichts mit irgend so einem albernen Snobismus im Hinblick auf bestimmte Postleitzahlen oder «Kreativspirituosen», «Craft-Destillen» oder sonst was zu tun, er hätte einfach nur mal Lust auf was Neues.

Mir dämmerte, als ich dort am Fenster stand, dann durch die Wohnung strich, wieder ans Fenster trat, abermals kehrtmachte, auf und ab ging, dass im Grunde schon dort etwas faul gewesen war, dort bei der ersten Verabredung im Gin Whistle. Irgendwas sich geändert hatte; die Stimmung, zuvor noch recht munter, wenn wir über Caroline sprachen, Richmond und die Lage dort, war plötzlich gedämpft, die Gin- und Tonicsorten in der piekfeinen Bar so exklusiv, dass du dir die raffinierten Namen gar nicht merken konntest, die Drinks geizkragig bemessen und überreich an sogenannten Botanicals. Am besagten Abend hatte Evan, als er mir die Notizen brachte, einen dunkelblauen oder genauer marineblauen Pullover zu zerschlissenen alten Jeans getragen, die aussahen, als hätte er sie schon ewig. Sein Gesicht war knittrig gewesen vor Müdigkeit, seine grauen Augen traurig. «Ich weiß nicht, was ich tue, Nin», hatte er gesagt. «Hilf mir doch, bitte.»

Ich ließ ein Bad ein und widmete mich voll und ganz dem Thema Evan. Denn der Evan, den ich zum dritten Mal im Whistle, diesem Nobel-Laden, getroffen hatte, war ganz ohne Frage nicht mehr der Alte. Nach meiner Lektüre bestand da kein Zweifel. Obwohl er zuvor am Telefon noch geklungen hatte wie sonst auch und obwohl ich da noch gedacht hatte, dass ich mit dem letzten Schlenker seiner Notizen Richtung Essay oder Tagebuch zur Not klarkommen könnte, der essayistischen Weitschweifigkeit, die frühere Betrachtungen miteinbezog, merkte ich jetzt, dass mir irgendetwas an seinen Ausführungen, seiner Ausdrucksweise gegen den Strich ging; am liebsten hätte ich sämtliche Notizen in den Müll geworfen. Irgendwie kam mir plötzlich der Gedanke an mich und Evan und wie ich immer schon hatte erraten können, was er dachte, was er sagen würde, und wie das untrennbar zu unserer Freundschaft gehört hatte, unserer ... Beziehung – dieses aufgeladene Wort, wenn auch in diesem Fall mit nichts – seit den ersten Anfängen als Kinder ...

Nein, das war ein «No-Go», wie die Amerikaner sagen.
Evan.
Evan.
Evan.
Ein No-Go.
Ich gab Chanel Nr. 5 Dusch- und Badegel ins zufließende Wasser und dachte stattdessen an seinen blauen Pullover, die Jeans, daran, dass ich selbst einen Pullover vom gleichen Blau besaß und ebenso zerschlissene Jeans. Manchmal fand ich, Evan und ich könnten glatt Zwillinge sein. «Du verstehst das doch», hatte er mich an jenem Abend beschworen, müde, und das tat ich natürlich, ich verstand nur zu gut, wie es war, zu lieben, ohne dass die geliebte Person die leiseste Ahnung hatte, und sich endlose Geschichten zurechtlegen zu müssen.

Die in verstreuten Reimen ihr das Beben / hört jener Seufzer, Nahrung meinem Herzen, wie Petrarca selbst seine «endlose» Geschichte beginnt ... Oh ja, ich kannte das nur zu gut. Ich verstand in der Tat. Ich stieg in die Wanne, streckte mich aus und schloss die Augen.

Am nächsten Tag rief ich ihn an – es war ein Donnerstag –, und wir verabredeten uns.

«Wir könnten auch mal essen gehen, aber ich habe einfach keinen Hunger», sagte Evan. Mehr und mehr, fiel mir auf und hätte ich auch fast angemerkt, glich Evan in Haltung und Habitus dem berühmten florentinischen Dichter des vierzehnten Jahrhunderts, über den wir so viel gesprochen hatten. Mehr und mehr ein Fall von *das Beben / hört jener Seufzer*. Konnte nicht essen, nicht schlafen. *Zwischen vergebner Hoffnung, eitlen Schmerzen* und so fort. Irrte herum und dachte an eine geliebte Frau und an die Sprache, die diese Liebe «real» machen sollte.

«Aber es würde uns guttun; vielleicht wenigstens eine Suppe», sagte ich. «Gin Tonics in allen Ehren, aber –»

«Lass uns einfach wieder in den Whistle gehen», sagte er. «Wie neulich. Das war doch gut. Ich fand's gut.»

«Wenn du meinst» murrte ich. «Meinetwegen.»

Letzten Endes aber landeten wir ganz woanders, nämlich im Grapes of Wrath drei Türen weiter. Der gute alte Whistle war zu voll – die Scherben-Arrangements des Tresens zogen die Kreativen an –, und diesmal war zur Abwechslung ich müde. Christopher hatte mir telefonisch zugesetzt, mich wieder an meine Hypothek erinnert; wir lebten in «haarigen Zeiten», meinte er, und könnten mir nichts dir nichts wegen Nicht-Begleichung irgendeiner x-beliebigen Rechnung auf der Straße landen, wie es «grundanständigen Mitbürgern im ganzen Land» passiere, hatte er heute Morgen gesagt, denn es vergehe kein Tag, da nicht irgendeine arme Seele sein oder ihr Heim verliere, in das prompt ein Oligarch einziehe, der die ganze Nachbarschaft auf einen Schlag aufkaufe, einfach so. Das hatte dazu geführt, dass ich leicht panisch geworden war – Christopher war schon immer rhetorisch unschlagbar gewesen –, den ganzen Tag fleißig an einer Hundefutterkampagne getüftelt hatte, immer noch derselben Kampagne, nur wollte das Unternehmen inzwischen ein Gourmetfutter für «vierbeinige Feinschmecker» vermarkten. Ich hatte mich ordentlich ins Zeug gelegt – wozu also, sagte ich mir, sollte ich dicht gedrängt an einem Edelstahltresen stehen wollen, gebürstet oder nicht. Die Kampagne drehte sich um Alu-Futterschälchen, die gestylt waren wie Fertiggerichte von Marks & Spencer, nur in Miniatur. Man hatte mir Proben geschickt, damit Fließtext und Zwischentitel lebensnah ausfielen, außerdem eine Auflistung der Zutaten und Serviervorschläge: warm mit den knusprigen Küchlein aus dem Extra-Beutel als Beilage. Das Ganze war exzessiv und schrill und es anzupreisen ermüdend. Ich hatte mich immer wieder ermahnen müssen, im Text direkte Anreden zu vermeiden, also so was wie «Sie werden den köstlichen Geschmack» – echt jetzt – «nicht mehr missen wollen ...» etc. pp. Ich war wirklich müde. Gegen vier, als Marjorie mir in ihrem Werbeagenturenton eine SMS schickte, «Text morgen bis Zapfenstreich fällig», tauschte ich ein altes rotes Top gegen ein langärmeliges graues Button-down-Hemd. Ich kramte meine Baseballsneaker aus der Ecke hinter dem Wäschekorb hervor und schnappte mir vom Haken an der Haustür eine Jacke. Als ich an die frische Luft trat, merkte ich sofort, dass es wärmer geworden war. Konnte etwa Frühling sein?

Ich brauchte für den Weg zum Treffpunkt mit Evan ungefähr eine halbe Stunde. Schon von Weitem schlug mir der Lärm des Gin Whistle entgegen. Draußen standen etliche Leute mit Drinks herum, aber Evan fiel mir gleich auf, so etwas abseits und, wie auf den ersten Blick klar, in denselben schrecklichen Jeans.

«Hier ist für uns zu viel Betrieb», sagte ich. «Komm.» Ich schleppte ihn ein Stück weiter die Straße hinauf zum Grapes of Wrath, kein alter Pub, aber auch, zum Glück, kein neuer. Hier würden wir uns zu Hause fühlen können, dachte ich. Es gäbe ganz sicher einen ordentlich altmodischen, kräftigen Gin. Ich war gerade im Begriff, etwas zum Wetter zu sagen, wie warm es sei, doch Evan schnitt mir das Wort ab, denn bevor wir überhaupt Platz genommen hatten, legte er mir eine dringliche Hand auf den Arm und kniff die Augen zusammen, als litte er Schmerzen.

«Ich wollte dich fragen», begann er mit Leidensmiene. Er sah kaum älter aus als sieben. «Ob du die letzten Notizen gelesen hast und was du davon hältst? Gibt das alles nun ein Projekt her oder nicht? Neuerdings habe ich das Gefühl, dass alles bloß Vergeudung ist, von dir, von mir, von unserer Zeit.»

«Bist du hoffentlich bald fertig?», sagte ich. Mir schnürte es die Brust zu, ich kriegte kaum Luft. «Genug jetzt mit ‹dir› und ‹mir›», sagte ich in einem Ton, der in meinen Ohren fremd klang. «Zurück auf Anfang, okay?», sagte ich zu Evan. «Zurück zu Caroline.»

Fertig ...

eins

Die Natur erwachte. Zu Beginn, noch im tiefsten Winter, hatte ich Evan sagen müssen, dass es meiner Meinung nach für sein geplantes Buch kaum Abnehmer geben würde. «Evan», hatte ich damals gesagt, «eine Geschichte über deine Liebe zu einer Frau, die du kaum kennst, die du in einer Haustür in Richmond hast stehen sehen, und ‹ping!›, um dein hübsches Wort dafür zu verwenden – das war's, Liebe auf den ersten Blick –, nun ...» Ich verstummte. Es gibt diese Wendung: um Worte verlegen sein. Ich war verlegen. Aber damals war es schließlich morgens wie abends noch dunkel gewesen. Die Tage waren kurz.

Jetzt wurde es wärmer. Und die damalige Ansicht vertrat ich schon lange nicht mehr, denn inzwischen hatten wir ein handfestes Projekt. Ein erster Teil war fertig geworden, seit Evan von seiner Begegnung mit Caroline gesprochen hatte – und ganz «beiläufig» auch davon gesprochen, im Rückblick, dass er darüber eventuell etwas schreiben wolle, über die Begegnung und ihre Wirkung auf ihn, und ob ich nicht helfen könne. Dem Anschein nach beiläufig, in Wahrheit aber gar nicht. Wir hatten den einen oder anderen Gin Tonic intus gehabt, als Evan sagte: «Bitte, hilf mir damit, Nin. Allein kann ich so was nicht schreiben», und ich hatte gesagt: «Also gut, ich versuch's» – nicht wahr? Das alles kam mir lange her vor, und da saßen wir nun mit dem dicken Stapel Papier zwischen uns, und ob das jemand würde lesen wollen oder nicht ... schien nicht mehr so wichtig.

Mit Wehmut blickte ich auf die Tage zurück, als wir uns noch in den Pubs mit den schlammbespritzten Gummistiefeln an der Tür trafen. Blickte zurück. Ländliche Bilder im Kopf: an Pfosten geleinte Labradore und Terrier, Retriever, die nach einem tüchtigen Jagdtag mit hineindurften und nun vor den Kaminfeuern der Lodges und unter den Tischen der Landgasthäuser schlummerten ... Solche Vorstellungen waren von den eher rustikalen Lokalen genährt worden, die Evan und ich im Winter frequentiert hatten, als es kalt war und irgendwie tröstlich, irgendwie beruhigend, sich in der Weise nähren zu lassen. Die Vorstellung, dass wir beide weit draußen auf dem Land direkt von der Jagd oder einem Steeplechase kamen und nichts am Hut hatten mit dem Chic eines gebürsteten Edelstahltresens, zum Beispiel, oder den Ginsorten, auf die jetzt offenbar in den trendigen Teilen der Stadt alle Welt so versessen war ... Nun, es war eine schöne Vorstellung. Die Barbours an den Haken, die echten, meine ich, bevor sie albern und modisch wurden ... Ich besaß selbst noch so einen alten Barbour, Vermächtnis einer Tante, und ich hatte ihn hin und wieder an Wochenenden auf dem Land getragen, früher, als Marjorie mich gelegentlich der «Geschlechterparität» wegen einlud, aber das war, bevor wir zwei – um im Provinz- und Jagdbild zu bleiben – «in die Fänge» der Werbeaufträge gerieten, als Marjorie noch heiraten und Kinder kriegen wollte, einen ganzen «Trupp», wie sie sagte, und nach Wales oder in den Südwesten ziehen. Sie war eine ausgezeichnete Köchin und hätte locker eine Armee verpflegen können, ganz zu schweigen von einem eigenen «Trupp» – nur war ihr nie der Eine begegnet, mit dem sie ihren «Trupp» hätte kriegen können, dieser mythische Traummann, ihr Farmer –, und sie hatte stattdessen ihr ganzes Hausfrauenflair in die Einrichtung einer traumhaften Atelierwohnung in Chelsea fließen lassen. Wehmütig dachte ich an die Zeiten zurück, da ich meinen Barbour getragen hatte, nicht nur in den Tagen ausgelassener Wochenenden mit Marjorie, sondern ein paar wenige Male auch in den ersten Winterwochen mit Evan, als wir gerade erst anfingen zu schreiben und das hier ein gemeinsames «Projekt» war, wie wir sagten. Aber für wie viele von uns verläuft das Leben schon nach Plan?, lautete tendenziell mein Fazit, wenn ich das besagte Kleidungsstück, mich selbst oder Marjorie genau besah. Die Erfahrung hält an jeder Ecke Überraschungen parat.

Damals im Winter war Evan, schien mir, im Vergleich zu jetzt direkt entspannt gewesen. Er hatte mehr Farbe gehabt, als täte ihm das ländliche Ambiente der entsprechenden Pubs gut. Als Kinder hatten wir viel Zeit draußen verbracht, in zünftigen Klamotten und Gummistiefeln, und vielleicht empfanden wir die Atmosphäre im Walker's Friend und ähnlichen Pubs deshalb als tröstlich, weil sie eben so vertraut war. Jetzt steuerten wir ganz andere Treffs an. Den Edelstahltresen – gebürstet – des Gin Whistle. Den bald schon von A Tulip's Edge abgelösten Pub The Grapes of Wrath, die beide nicht etwa einfach Gin und Tonic boten, aber nein, es mussten lauter exotisch geformte Flaschen mit Etiketten sein, auf denen Haikus oder Kurzgeschichtenzitate prangten. Wir betraten eine andere Welt. Und das «Projekt» zog uns, ob es nun «Abnehmer» finden würde oder nicht, immer tiefer in seinen Bann. Evan sprach inzwischen von einem «Roman». Noch im wunderbaren Cork & Bottle hatte er seine schicksalhafte Begegnung mit Caroline bloß «schriftlich fixieren» wollen, so seine damalige Wortwahl, und er selbst würde schon wegen seiner Situation als Logiergast eine Rolle spielen müssen; seinen unerklärten Gefühlen und seinen Gedanken ihr gegenüber müsse eine Stimme verliehen werden, sagte er. «Eine schriftliche Form.» Inzwischen beschrieb er jedoch das, was geschah, immer häufiger als erstens «tolle Geschichte», und zweitens «nun ja, Roman, eigentlich, Nin». Musterte mich auf diese gewisse Art. «Darauf läuft es doch hinaus, findest du nicht?»

Damit hatte er angefangen, als ich mit ihm über Formfragen sprach und ihm klarmachte, wie viel wir beide seit Januar, seit seinem Einzug in Richmond zusammengetragen hätten, über den Aufbau und die Erzähldynamik sprach oder vielmehr deren Fehlen. Ich hatte ihn daran erinnert, dass ich die Frage nach der «Relevanz» der Aufzeichnungen für ein breiteres Publikum schließlich sehr früh gestellt hätte, und Evan konterte, es komme nicht darauf an, ob seine Gefühle für Caroline unausgesprochen blieben, er finde trotzdem, dass wir eine großartige Story hätten.

«Starke Gefühle bleiben ja meistens unausgesprochen», gab ich eines Abends in einem Lokal zu bedenken, in dem ich eigentlich ein kleines Schwarzes hätte tragen müssen. Ich entsinne mich, dass wir recht nah beieinander auf zwei sehr spindligen kleinen Stühlen saßen. Es war ein Balanceakt. Das galt für A Tulip's Edge generell. Seit Evan auf den Gin Whistle verfallen war, anlässlich der Übergabe jener persönlichen Tagebuch-Ergüsse, die mich ... irritiert hatten, gelinde gesagt, hatten wir uns angewöhnt, uns in einem der eher Chelsea-esken Viertel zu treffen. Es war ein gewagter Schritt gewesen, etwas mondän, der mir die Augen dafür öffnete, wie wir beide herumliefen, Evan und ich, abzulesen am Dekor nicht nur des Whistle, sondern auch des Grapes of Wrath, jenem Interimslokal mit der indirekt beleuchteten Barrückwand, die aus den auf dem Regal aufgereihten Ginflaschen Glühlampen machte, und jetzt an diesem tulpengestimmten Etablissement mit den «Craft»-Ginsorten und dem anstrengenden Mobiliar.

«Die intimsten Gedanken über unser Leben ... die sprechen wir selten laut aus», sagte ich auf meinem zierlichen, prekär unter mir schwankenden Stuhl. «Aber darum geht es hier nicht, Evan», fuhr ich fort. «Die Leute wollen nämlich, wenn sie lesen, etwas lesen, das Substanz hat, Gewicht, ‹Fleisch›, verstehst du.» Ich war mal wieder beim Inhalt, beim Stoff. Ich wollte weniger Introspektion und mehr Action, seit Evan mir die Seiten über seine Wahrnehmung des mit seinen Worten «Realen» zugesteckt hatte. Denn Selbstzeugnisse machten noch keine Geschichte, so sah ich das. Und ich wollte, dass auch er es sah.

«Der Leser will einen Konflikt, will Drama, Wendung, Auflösung», erklärte ich. «Du findest, das soll ein Roman werden, deine Situation in Richmond und deine Gedanken dazu, aber das bereitet mir Bauchschmerzen. ‹Geschichte› hin oder her, Evan. Oder ‹Roman›, meinetwegen ... Wir brauchen einen anständigen Plot. Das erwarten die Leute nun mal von dem Genre: dass erzählt wird. Drama und Handlung und *vielleicht* etwas Hintergrund, weißt du, etwas Vorlauf. Versteh mich nicht falsch. Ich bin dabei. Die Zweifel, ob das die Leute interessiert, werden mich, wie gesagt, vom Schreiben nicht abhalten. Ich finde das Projekt interessant, und es macht sich, wir haben den ganzen ersten Teil fertig. Aber ‹Roman›, Evan? Von einem Roman erwarten die Leser mehr. Sie erwarten mehr als deinen Eindruck von Caroline Beresford an einer Haustür in Richmond. Ein Roman verlangt mehr!»

Ich leerte mein Glas und erhob mich, um Nachschub zu besorgen. Im guten alten Cork war der Gin, wie schon erwähnt, ungekünstelt gewesen, Pub-Gin mit Pub-Tonic. Bombay. Gordon's. Wann war das Leben eigentlich so trendy geworden? Da saßen wir nun, und auch wenn es zugegebenermaßen in A Tulip's Edge keinen gebürsteten Edelstahltresen gab, sehen Sie sich den Laden doch an, das Gin-Sortiment. Links an der Wand die Pseudo-Bibliothek mit Titeln zur Tulpenmanie, rechts eine Reihe kleiner Spot-bestrahlter Nischen, jede gesäumt mit allerhand nach genau den Ecken von Amsterdam benannten Ginsorten, die zuerst vom Tulpenfieber erfasst worden waren. Es gab eine Schale geraspeltes Eis, und die Tonic Water waren mit diversen Kräutern, Botanicals eben, versetzt. Eine «Zitruszeste also?», hatte der Typ hinterm Tresen meine Bitte um Zitrone modifiziert. Was hatten Evan und ich, in unserem Aufzug, hier bloß verloren?

«Die Leute gucken heute Serien, sie lesen keine

Romane», fuhr ich fort. «Und wenn ja, wenn sie also doch lesen, meine ich, dann, glaub mir, Evan», ich fühlte mich erhitzt und hektisch, «wollen sie, dass in der Story auch Zeug aus den Zeitungen vorkommt, der Kultur, die sie umgibt. Glaubst du, Richmond ist Kultur? Bei der Lage? Endstation der dritten Underground-Trasse der District Line? Vergiss es.» Unablässig redend entfernte ich mich. Ich hatte dazu noch eine Menge zu sagen. Vielleicht waren die Kräuter im Tonic Stimulanzien. «Die Leute wollen bestimmte Schauplätze und Figuren», rief ich über die Schulter zurück. «Pädophile und Kriege, Geschlechtsumwandlungen und Reality-TV ... Das sind nur Beispiele, natürlich, ich rede hier immer noch von Stoff, und zwar jeder Menge.»

«Wenn schon. *So what*», erwiderte Evan, als ich mit neuen Drinks und einer kleinen Seidenpapiertüte Nüsse zurückkehre. Nüsse in Seidenpapier, also ehrlich!

«Ich will die Geschichte eben schriftlich fixiert sehen, Nin», fuhr er fort. «Über Caroline. Über mein Leben im Verhältnis zu ihrem. Wer weiß?», brummte er. «Wer weiß?» Er war selbst etwas überdreht. «Vielleicht zeigt sich, dass ich überhaupt kein Leben habe, dass meine unerfüllte Liebe zu Caroline genau das beweist. Dass ich eigentlich sonst nichts habe, was mich umtreibt oder wofür ich lebe. Abgesehen von dir, meine ich. Dass ich hohl bin.»

«Hm.» Ich nahm einen großen Schluck von meinem Portobello Road mit dem merkwürdig schmeckenden Tonic. Und gleich noch einen. Wäre ich Raucherin und Rauchen in Pubs noch erlaubt, hätte ich mir auf der Stelle eine angesteckt. «Abgesehen von dir»!, also wirklich.

Was fiel ihm ein? Ich hätte eine Fluppe aus der Schachtel gezogen, doch, ja, und sie mir zwischen die Lippen geklemmt. Ein Streichholz angerissen und tief inhaliert. Einfach um etwas zu tun zu haben, egal was, mit einer Zigarette hantieren, sie rauchen, um nicht diese Worte – «Abgesehen von dir, meine ich» – im Kopf herumschwirren zu haben.

Evan hatte es auf den Punkt gebracht. Das war ihm wirklich gelungen. Er hatte geschafft, was meiner Behauptung nach in Geschichten nicht passiert, oh ja, das hatte er. Mich daran erinnert, dass Wörter etwas *tun*, dass sie auf dem Blatt Wirkung entfalten und Folgen haben. «Vielleicht zeigt sich, dass ich überhaupt kein Leben habe, dass meine unerfüllte Liebe zu Caroline genau das beweist», hatte er gesagt. Das, und mehr, hatte in einem einzigen Satz demonstriert, wie effektiv Wörter die Dinge wenden und real werden lassen können. – *Sag es, keine Ideen außer in Dingen* –* Die alte Leier, Sie kennen das. Klar, man sollte meinen, dass ich viel zu genau um die Wirkung eines gelungenen Satzes wüsste, um bei einer solchen Demonstration gleich die Fassung zu verlieren – schon wegen der Werbekonzepte, die ich entwickle, der diversen Kampagnen, Stichwort: Tierfutter. Oder Versicherungen. Sportschuhe. Außerdem wegen meiner soliden Kenntnis der englischen Literatur. Man sollte meinen, mich ließe die Leichtigkeit kalt, mit der ein wohlformulierter

---

* In den Anmerkungen zum «Narrativen Aufbau» geht es nicht zuletzt um die Literatur der Moderne und das Konzept der Erneuerung («make it real»); siehe insbesondere die Ausführungen zu William Carlos Williams und der amerikanischen Avantgarde.

Satz Impulse, Taten, Entscheidungen in Gang setzen, dem Leben Bedeutung und Gestalt verleihen kann, weil Menschen Versicherungen und neue Schuhe und Katzenfutter brauchen und die Gedichte von William Carlos Williams lesen.
«Und doch ...», sagte ich, als ich mich wieder gefangen hatte. «Und doch ...»
Denn er hatte natürlich recht: Menschen, die Werbung konsumierten und um die amerikanische literarische Moderne wussten, mussten deshalb noch lange nicht unbedingt von Evan und Caroline Beresford wissen, oder? Insoweit stimmte ich mit Evan überein. So hatte ich die Dinge schließlich anfangs selber gesehen, als wir mit alledem erst anfingen. Und nun saß ich da bei meinem ältesten Freund, den ich seit meinem vierten Lebensjahr kenne, und die Seiten türmten sich, und die rustikalen Pubs lagen längst hinter uns, seit wir uns auf die mondäneren Lokale kaprizierten – Glasscherbenarrangements und was nicht alles –, und trotz meiner früheren Einwände gegen die Introspektion, jene Grübeleien zum «Realen», war jetzt, wo Evan selbst Zweifel kamen, ob die Geschichte mehr sei als nur der persönliche Bericht eines Untermieters über sich und seine Vermieterin, ich diejenige, die die Dinge allmählich anders sah. Dass das Schreiben selbst unsere eigentliche Errungenschaft wäre, die Verschmelzung einer modernistischen Ästhetik mit unserem gelebten Leben zu Text, sozusagen, zu einem literarischen Gestus. Oder nicht? Ich fand schon. Hier in einem Lokal, in dem sie einem einen Rosmarinzweig zum Umrühren ihres exklusiven Tonics gaben und Gin, der nach einer der

bekanntesten Straßen Londons benannt war. Du lieber Himmel, es sah ganz danach aus. Mir war, als steckte auch ich in unserem Gemeinschaftswerk allmählich «tief drin».

«Tiefe» war das Motto, das wir ins Spiel gebracht hatten, als ich Evan beschrieb, wie ich mit den Details umging, mit denen er mich versah, den Kaffeebechern und morgendlichen Unterhaltungen und so fort, um den Kontext anzureichern, und er hatte mich durchaus ermutigt, «tief» in die Beschreibungen und den Hintergrund des Lebens in Richmond einzusteigen. Apropos «Tiefe»; ich hatte mich auch von Gedanken an Petrarca nicht lösen können. Und Dante. Ich konnte mich von der gesamten Tradition der höfischen Liebe und meinen Überlegungen dazu, wie sie sich in unserer postromantischen Kultur äußerte, nicht lösen. In Filmen. Büchern. Im Fernsehen. Oder wie sie sich übrigens im Leben von Menschen meiner Bekanntschaft, meiner Freunde niederschlug, und in der Literatur, bei Schriftstellern wie Figuren, bei denen nicht viel passiert, die aber aus dem, was da ist, eine ganze Menge machen. Also ja, die Romankomplexität, auf die Evan offenbar hinauswollte, die er anstrebte, obwohl nichts passierte, war das, worauf wir zusteuerten. Wort ward «Fleisch», in der Tat. Darin folgte er durchaus einer Tradition, könnte man sagen. Er hatte gewissermaßen die Zeichen der Zeit erkannt. Schließlich passiert auch für Beryl in «An der Bucht» nichts dermaßen Weltbewegendes oder Romantisches, nicht wahr, dass man drum herum eine ganze dramatische Erzählung für möglich hielte? Oder bei Will Ladislaw und Dorothea in *Middlemarch*, ehrlich gesagt.* Sie hoffen und hoffen nur einfach, die Protagonisten, dass die Liebe sich einstellen, dass sie zustande kommen möge ... Und diese Hoffnung ist das Entscheidende für sie und auch für uns Leser. Darum geht es in der Geschichte und in den Worten.

Noch im Winter im Cork war ich unerbittlich gewesen, «Ich glaube einfach nicht, dass irgendwer dein Buch lesen wird», hatte ich gesagt. Ich sagte es jetzt wieder – in einem Pub, der vor Dekor strotzte, vor Schottenmustern und mit Miniaturdudelsäcken und -fiedeln beladenen Simsen –, und zwar ungeachtet meiner wachsenden Zuversicht, jetzt, da ich «tief drin» steckte, dass wir bei den vielen Seiten, die sich angesammelt hatten, dem vielen Kontext, Ansätze zu einem «Roman» hätten; ungeachtet dessen aber, meines allmählichen Umdenkens, blieb die Tatsache, dass in puncto Plot so wenig geboten wurde, nach wie vor ein Problem.

«Aber es wird ein Buch, Nin», entgegnete Evan. «Plot hin oder her. Ein Buch.»

Na gut, meinetwegen «Buch», meinetwegen «Roman». Ich würde versuchen müssen, seine Terminologie gelassener zu nehmen. Nur: Die Zeit ging ins Land, so könnte der entsprechende Zwischentitel im Film lauten, aus Winter wurde Frühling. Die Abende wurden heller, wärmer. Ich rief Evan am ersten Donnerstag im März auf der Arbeit an, weil ich inzwischen eine, sagen wir, «Rohfassung» des ersten Teils fertig hatte, und obwohl erst eine Woche verstrichen war seit unserem letzten

---

* Es gibt hinten im Abschnitt «Erzählalternativen» einige Überlegungen zu Romanformen.

Treffen, kam es mir viel länger vor. Das letzte Mal waren wir in A Tulip's Edge gewesen, weil der trendige Grapes of Wrath, den wir an dem Abend entdeckt hatten, als der Whistle zu voll bzw. Evan zufolge «brechend» war, ebenfalls überlaufen schien. Es lag in der Natur dieser schicken Chelsea-esken Lokale mit ihrem «Mikro»- und «Craft»-Gehabe, dass sie sich des Zulaufs nicht erwehrten, sondern ihn ganz im Gegenteil begrüßten; wir würden nie und nimmer am Tresen einen Platz ergattern. Und auch A Tulip's Edge, hatte ich gewarnt, wäre an einem Donnerstagabend im Frühjahr viel zu voll für eine echte Unterhaltung und das Hin und Her von Frage und Antwort, auf das Evan so erpicht schien.

Also hatte ich am Telefon einen Ausweich-Pub nur drei Türen weiter vorgeschlagen, der mehr Ruhe versprach.

«Wollen wir in den Kilted Pig gehen?», hatte ich ihn gefragt. «Die haben diesen Manufakturen-Gin mit Heide-Note, der dir im Whistle so gefallen hat, nur wird er in winzigen roten Flaschen mit Tartan-Etikett serviert, und es ist ruhig dort. Es wird nicht das Gedränge geben, das im Tulip so genervt hat. Ich habe den Pub online gefunden. Sie haben Chips aus Rote Bete und Rüben ...», fuhr ich fort. «Es gibt –»

«Yeah», sagte Evan, ohne dass ich ihn weiter bereden musste. Und: «Hast du auch meine letzten Notizen gelesen?»

«Darüber reden wir dann», antwortete ich.

Lang war mir die Zeit seit unserem letzten Treffen gerade wegen dieser Lektüre vorgekommen. Denn ich hatte nicht nur den kompletten ersten Teil seines Berichts abgeschlossen, sondern auch viel von seinen Füller-Passagen gelesen, darunter weitere persönliche Rückblenden, die indirekt mit den verstörenden Bemerkungen zum «Realen» zu tun hatten, außerdem eine ganze Mappe von Aufzeichnungen, die haarklein von der Zeit seines Einzugs in Richmond erzählten. Also ja, die Zeit war mir *sehr* lang vorgekommen. Evan hatte «allerhand» vorgelegt, würde ich ihm, wenn wir uns trafen, sagen, wortwörtlich. «Deine Aufzeichnungen sind allerhand», würde ich sagen, denn das waren sie.

«Wäre da nicht Caroline ...», lautete der erste Satz aus der zweiten Mappe. Unerschrocken. Entschieden. «Wäre da nicht Caroline», und dann folgten viele, viele Seiten, alle in ebendiesem Sinne «allerhand», alle im Ton bedeutungsschwer, «Wäre sie nicht ...» Aber ich hatte nun mal angefangen und wusste, ich würde es durchziehen müssen. So war diese gemeinsame Sache schließlich gedacht, dass ich alles «zu Papier bringen» würde. So ausladend und ungezügelt Evans Handschrift auch war und so viel davon auch vorlag, auf meinem Schoß stapelten sich ganze Packen zusammengetackerter Seiten, und das alles musste ich sichten, mir zu allem Notizen machen und jede Menge Abschriften. «Wäre da nicht Caroline ... ich wüsste nicht, was es heißt, Angst zu haben», las ich zum Beispiel. «Um mich selbst, meine ich, in jemandes Gegenwart tausend Ängste auszustehen, so sehr in ihrer Nähe sein zu wollen, dass alles andere wie Sterben wäre, wie Tod. – Da war ich nun plötzlich», hatte ich weitergelesen, «wieder in London, in einem Teil von London unweit der Gegend, in der ich selbst gewohnt hatte, als meine ganze Familie noch hier war, aber es war eine ganz andere Welt, unbekannt, nie gesehen, fremd – ein Londoner

Vorort, Endstation der Underground, *for chrissake*, wie sie in den USA sagen würden, Herrgott. Wo bin ich da bloß gelandet?», hieß es, «Wer bin ich? In Richmond ist es im Grunde ein bisschen wie in den Staaten.»

Seitenlang ging es so in diesen persönlichen Ergüssen, zugleich Ergründung und Erklärung. «Als wäre man in Connecticut oder so», schrieb er. «Wirklich, bei meinem ersten Besuch musste ich an Connecticut denken. Es gibt Parallelen, irgendwie, wegen der Randlage im Einzugsgebiet einer Großstadt, angebunden nur durch den Nahverkehr und die Haltestellen, viele kleine Bahnhöfe, an denen du womöglich Blumenkübel siehst und P+R-Plätze für Pendler, auch an der Strecke raus zu Caroline, Haltepunkte, an denen wie in einer Kurzgeschichte von John Cheever lauter beschickerte Anzugtypen aussteigen; sie nehmen an Sommerabenden nach einer Bürofeier oder nach einem schnellen Pint im City-Pub den 19:22 und werden von ihren Frauen abgeholt, als wäre 1963. Mann ...», hatte Evan geschrieben, «ich hatte jahrzehntelang nicht mehr in England gelebt, war gar nicht mehr hier gewesen. Und plötzlich war ich Fremder im eigenen Land.»

Da hatte ich ein Fragezeichen an den Rand setzen müssen. Evan schuf hier eine Persona, keine Frage, beeinflusst vielleicht von Figuren der erwähnten Kurzgeschichten von John Cheever, geprägt von seinen Jahren im Ausland und irgendwie amerikanisch im Ton, weil er dort aufgewachsen war und lange gelebt hatte. Die Krux dabei war nur, dass ich Evan trotzdem nicht hörte, als Stimme, als Erzähler. Dieser ganze Cheever-Kram, Satzbau und Wendungen, «beschickert», der fiktionale Einschub der

Blumenkübel und so fort ... Das klang nicht nach ihm. Nicht so, wie selbst in den zuvor gelesenen seltsamen Passagen zu seiner gescheiterten Beziehung. Sein «Mann ... ich hatte jahrzehntelang» etc. pp. passte einfach nicht zu dem Jungen von damals, dem Menschen, den ich kannte. Ich hatte fest vor, bei unserem Treffen im Kilted Pig mit ihm darüber zu reden. Doch kaum sah ich ihn wieder, in einem zerlöcherten Pullover, den er ebenso gut aus dem Lumpensack gezogen haben konnte, hielt ich es für besser, mich etwas zu zügeln.

«Wie geht es dir?», fragte ich stattdessen.

Seit ein paar Wochen machte ich mir um Evan zunehmend Sorgen. Zwar war er immer eher schmal gewesen, aber jetzt fiel er definitiv vom Fleisch. Sonst unterhaltsam und schalkhaft, schien er nun permanent tiefernst und wollte immer nur über Caroline reden. Meine Vorschläge zu möglichen Unternehmungen als Ausgleich für die ewige Pubhockerei – irgendwo Pasta essen, im Café ein Sandwich – lösten sich in nichts auf, zu Luft zerschlissen wie die Löcher im Pullover vor meinen Augen. Evan verfiel zusehends.

«Weißt du», sagte er gerade, als läse er meine Gedanken, «in den USA war ich die ganzen Jahre so gut verankert. Ich habe mich nie als Expat gesehen.» Er hatte schon bestellt, die Drinks standen vor uns auf dem Tisch, zwei winzige Tumbler und das Tonic Water für uns beide in einer Karaffe mit Kristallglasstopfen. Ich hatte ihm die Angaben zum Kilted Pig getextet, weil er den Pub nicht kannte, obwohl er ganz in der Nähe vom Whistle lag, genau genommen bloß drei Türen weiter, also wirklich sehr nah. Doch hätte er die moderne Fassade leicht übersehen können, wenn ich ihn lediglich zum Whistle geschickt und sich hätte selbst zurechtfinden lassen. Das Moderne und Geschleckte hat auf Evan noch nie sonderlich Eindruck gemacht. Entsprechend saß er mir, trotz meiner Hinweise – bei denen mal wieder von «Manufaktur» die Rede gewesen war –, in einem uralten Pullover gegenüber, als hockten wir noch immer im Friend. Ungeachtet seiner jüngsten Notizen und der Auslassungen zu Connecticut, an New York erinnernde Blumenkübel und so fort, wirkte er durch und durch britisch.

«Immer, wenn ich mit Londoner Kollegen zusammenkam, die wegen einer Tagung oder sonst was in New York waren – hatten wir uns gar nichts zu sagen», erzählte er gerade. «Weder übers Wetter noch was weiß ich, Cricket ... Mir fielen keine Fragen ein, einfach gar nichts. Erst jetzt weiß ich, dass ich für sie alle die eine Frage gehabt hätte: Kennen Sie zufällig diese Frau, ungefähr in unserem Alter? Mit einem Anwalt verheiratet, bei Lloyds, glaube ich, oder der Citibank? Beresford heißt er. David. Der hat doch für eines dieser Unternehmen einen großen Deal in Hongkong eingefädelt, oder? Sie kennen Caroline Beresford nicht? Ich dachte ... Sie könnten ihr vielleicht begegnet sein. Das wüssten Sie. Ich dachte bloß.»

Ich war verwirrt. Evan machte etwas, womit er in einigen seiner Notizen schon mal gespielt hatte, malte sich aus, er hätte Caroline weit länger gekannt, als es tatsächlich der Fall war, hätte vielleicht zusammen mit ihr studiert oder so, nur um sich womöglich in der Geschichte einen aktiveren Part zu sichern, mehr zu tun und zu sagen zu geben. Das auf dem Papier zu tun war allerdings das eine, aber hier erzählte er mir dasselbe jetzt im wahren

Leben, manipulierte die Zeit, veränderte sie. Gab sich im Gespräch mit mir den Anschein, von den Beresfords schon während seiner New Yorker Zeit gewusst zu haben, das heißt Caroline bereits damals, schon lange, gekannt zu haben. Es war merkwürdig.

Es schriftlich mit der Wahrheit nicht ganz so genau zu nehmen ... war seltsam genug. Aber mir so etwas ins Gesicht zu sagen, einer, die ihn wirklich in dieser ganzen Zeit gekannt hatte, schon vor seiner Übersiedlung nach Amerika und seinem Job in New York, die ihn seit seinem fünften Lebensjahr kannte, also wirklich kannte, will sagen, ihr vorzumachen, er hätte dieses andere, davon ganz verschiedene Leben geführt mit anderen Menschen ... nun, das war mehr als seltsam. An der eigenen Biografie herumzudoktern, hier eine Kleinigkeit dazuzuerfinden, dort einen Fakt zu verdrehen. Und das Einzige, was sich bei alledem nicht änderte? Caroline. Alles im Wandel, im Fluss, in Bewegung, selbst die todsicheren Sachen über ihn, die ich in- und auswendig kannte, alles stand plötzlich zur Disposition, abgesehen von dieser einen Frau, Caroline. Caroline blieb. Sie blieb die Konstante, unveränderlich, dem Namen und dem Wesen nach real. Caroline. In der Flut der Wörter, der Absätze, der Sätze war sie ... allgegenwärtig. Mittendrin. Kennen Sie die Zeilen Petrarcas? *So suche ich, seit mich der Zauber rührte / Herrin, soweit es möglich ist, in andern / stets die ersehnte Form, die Eure, echte?* Das trifft es ziemlich genau, das, was Evan hier tat. Denn trotz der Zeitmanipulation und der abstrusen Idee von einer Persona, die zugleich Evan war, der Caroline in einem früheren Leben eines gemeinsamen Studiums gekannt haben wollte ... trotz des Verwischens der Grenzen zwischen real und irreal, dank dessen Evan zu jemandem wurde, der seine Londoner Bankerkollegen an der Wall Street hätte fragen können, ob sie eine Frau kannten, der er in Wirklichkeit noch gar nicht begegnet war, indem er eine komplett andere Realität erschuf, in der er diese Leute gefragt haben könnte, um es dann mir, seiner ältesten Freundin zu erzählen ... war Caroline da. Die Lage wurde wahrlich verzwickt, denn Evan veränderte mit dem, was er schrieb und sagte, die Struktur unserer Erzählung, die Regeln, gewissermaßen. Ich war zu Recht verwirrt. Erwartete er wirklich, dass ich die Fakten für die Fiktion hielt und umgekehrt?, fragte ich mich. Gehörte das alles vielleicht zu seinem neuen Glauben an einen «Roman»? Wollte er mich glauben machen, beide Versionen seien real? Oder spielte es sowieso keine große Rolle, weil ich ja nicht Teil der Geschichte war? Ich nahm einen kleinen Schluck von dem kunstgebrannten maritimen Seetang-Gin des Pig. War meine Lesart von Fakten und Fiktion belanglos geworden? Ich nicht mehr Teil von Evans Leben, sozusagen? Eine Randfigur? Schließlich legten seine diversen Kommentare und Notizen nahe, dass ich, nur weil ich die Aufgabe übernommen hatte, Evans Liebesgeschichte zu Papier zu bringen, darin noch lange nicht einen Platz hätte. Wo dachte ich hin?

Nach diesem Treffen im Schlagschatten der Dudelsack-überladenen Simse und der sich quasi noch in meinem Kopf drehenden Drinks ging ich mit dem Vorsatz heim, ein weiteres Notizbuch zu diesem «Roman» anzulegen. Denn wenn ich es jetzt ernstlich mit Literatur zu tun kriegen sollte, dachte ich am Morgen, bei Licht besehen, jetzt, wo Evans Einlassungen die eher gradlinige Dokumentation der Ereignisse in etwas anderes verkehrten und komplizierten, dann würde ich weit mehr über Struktur und Form wissen müssen, als ich derzeit abrufen konnte. Ich würde, weil ich kaum mehr als Kurzgeschichten «draufhatte», wie man heute sagt, den gelegentlichen Anthologiebeitrag und daneben meine Werbetexterei, lernen müssen, einen Ton und eine Schreibhaltung zu finden, wie sie zum täglich Brot epischen Erzählens gehörten, für mich als Texterin mit einer mageren literarischen Publikationsliste aber ein harter Brocken wären. Und überhaupt: War das wirklich nötig? Dieses Abdriften ins Imaginäre? Wäre das wirklich von Interesse?

«Selbstverliebt», war mein erschreckendes Wort dafür gewesen. Wir hatten eine ganze Menge getrunken, und zwar wie üblich auf nüchternen Magen, weil Evan keine Lust gehabt hatte, das Lokal zu wechseln und was essen zu gehen oder mit zu mir nach Hause, wo ich meine Standardplatte Oatcakes mit Käse hätte servieren können.

«Ich muss nach Richmond zurück», hatte er immerzu wiederholt und prompt die nächste Runde bestellt.

«Wenn du dem Projekt nicht etwas mehr Luft lässt», hatte ich ihn ermahnt, «und erst recht für etwas Action, etwas Substanz sorgst, wenn du rings um deine Gefühle für Caroline nicht etwas Raum schaffst, dann wird das Ganze einfach ...», und da hatte ich das Wort «selbstverliebt» verwendet. Und wiederholte es noch mal, leichtsinnigerweise, als wir uns draußen vorm Pub verabschiedeten.

«Ich weiß ja», sagte Evan dort. «Du hast ja recht», sagte Evan. Er überlegte, und über unseren Köpfen schaukelte dazu das Schild mit dem Schwein in voller Highland-Montur. «Du hast immer recht.» Er schlug mir rechts und links die Hände auf die Schultern. «Wo wäre ich nur ohne dich, Nin?», sagte er. «Mal ehrlich?» Und dann, statt noch zu überlegen oder mit mir weiter über die Gefahr allzu großer Selbstbezogenheit in unserem gemeinsamen Buch zu reden, umhalste er mich einfach Ginselig und zupfte mich am Ohr, als wäre ich ein Haustier. «Gott ...», murmelte er und stierte in die Nacht hinaus. Wir hatten in der Tat ungefähr ... wie viel? sechs ... dieser merkwürdig seetang-heide-würzigen Gins gehabt? Jeder fünf? Auf leeren Magen? Oder doch sechs? «Wo wäre ich nur ohne dich?», wiederholte er. Und mit einem «Bis morgen», stapfte er davon.

Es war inzwischen Frühling, wie gesagt, richtig Frühling, und warm genug, keine Jacke zu brauchen. Der Himmel war dunkel, aber licht-dunkel, wenn man das so sagen kann, klar und herrlich, der Verkehr wunderlich gedämpft, sodass ich mir einen Augenblick vorkam wie zeitlos schwebend, weder hier noch da, Land noch Stadt, London noch New York noch Hongkong noch sonstwo ... nur ich, die Bäume, Blütenduft, ein milder, dämmriger Himmel. Ich hatte den Kopf voll und doch wieder nicht. «Wo wäre ich nur ohne dich, Nin?» Ich hing dazwischen. Mitten in meinem Leben, aber zwischen Momenten, zugleich da und nicht da, mittendrin und zugleich Zaungast.

«Im gegenwärtigen Augenblick», spürte ich trunken murmelnd Virginia Woolfs Lesart einer Literatur nach, die mehr von einem Augenblick zum anderen erzählt als in Form einer großen «Geschichte», sauber gerahmt wie von Kutschenlampen, sagt sie. Im selben Moment, da ich es aussprach und den Worten nachsann, wusste ich eindeutig, dass ich, ob das nun fiktional war oder nicht, Wahrheit oder Erfindung, ob ich Evans jüngste Ausführungen in den Gesamttext einbauen sollte oder nicht, ganz und gar mit von der Partie sein würde bei seinem Roman, in welcher Gestalt auch immer, der Geschichte eines Lebens und Liebens. Ja, ich ging heim und schnurstracks ins Bett, während um mich die Nacht niedersank, ich aber noch im Wegdämmern beschloss, dass mit von der Partie zu sein die Geschichte auch zu meiner machte, nicht nur Evans.

zwei

Inzwischen tat sich durchaus etwas. Die Geschichte kam voran, keine Frage, das belegten die sich bei mir anhäufenden Seiten, aber zugeben muss ich auch, dass unser Vorgehen viel von dem Erreichten wieder aufzuheben schien, als würde ein Strickstück aufgeribbelt. Ich machte mir schon seit einiger Zeit Sorgen um Evan, fand, der Gang der Dinge bekomme ihm nicht, das viele Gerede vernebele ihn. Die Pullover waren da noch harmlos. Seit ich ihn wiedergesehen hatte, selbst das erste Mal, als er gerade erst aus den Staaten zurückgekehrt war, und obwohl er, natürlich, bei Weitem nicht mehr der Junge von damals vor so vielen Jahren sein konnte, hatte er auf mich dennoch gleich zu Beginn etwas verhalten gewirkt, zweifelnd, unsicher. Musste er gar so ... verhalten sein?, hatte ich bei mir gedacht. So wenig offen für neue Möglichkeiten, Optionen. Er war als Junge zwar still gewesen, aber nicht «verhalten», das nicht. Das Wort wäre mir zu Evan nicht eingefallen. Und doch war es, das zeigte sich schon zu Beginn, als sei er über die Jahre in der Fremde ... vorsichtig geworden, ja wachsam. Der Eindruck machte mir Sorgen. Und im Laufe der Wochen sorgte ich mich weiter.

Die Bedenken waren zweierlei Art. Da gab es zum einen die Sorge um Evans tatsächliche Verfassung, ob er vernünftig aß, genug an die Luft kam, Leute traf und sich verabredete etc. – zu einem Kinobesuch oder was weiß ich, Partys vielleicht, geselligen Runden, Essen mit

Kollegen oder Freunden, Theatervorführungen ... Das, was unsereins ganz selbstverständlich unternimmt und demnach anderen genauso gefallen muss, selbst wenn andere, die dergleichen unternehmen, genau besehen eben nicht Evan sind.

Und dann gab es zum anderen den Zustand der Geschichte. Unseres «Romans», wie Evan betonte. Mittlerweile hatte ich mehrere Notizbücher mit allen möglichen Ideen und Motiven zum Roman gefüllt, dem «Fleisch», hatte ich dazu mal gesagt. Ich hatte mir eine Reihe von Fragen notiert, die ich Evan irgendwann im Laufe der Textarbeit stellen wollte, zu seinem Leben und dazu, wie er zu bestimmten Entscheidungen gekommen war – etwa nach seinem Schulabschluss in den USA zu bleiben, warum er beschlossen hatte, nicht nach London zurückzukehren und in England zu studieren, sondern lieber Amerikaner zu werden, wie das den Leuten offenbar so leicht passiert, wenn sie länger dort sind. So war es immerhin bei seinen wunderbaren Eltern und auch seinen Schwestern gewesen. Meine eigene Familie konnte sich immer noch nicht recht damit abfinden, dass unsere geliebten Nachbarn fortgegangen und -geblieben waren, dass die Geschichts-Rätselabende meines Vaters mit Tom ebenso wie meine zusammen mit den Töchtern erledigten Hausaufgaben oder die gemeinsam mit Helen unternommenen Malkurse meiner Mutter und ihre endlosen Gespräche alle der Vergangenheit angehörten. Wir hatten unsererseits immer geglaubt, die Gordonstons würden bloß eine gewisse Zeit in New York verbringen und dann heimkehren. Nie hätten wir gedacht, dass ihre Art, alles offenzulassen, sie vielmehr zu Menschen machen könnte, die weniger eine bewusste Entscheidung trafen als sich einfach nicht bewegten. Und wenn man heute mit ihnen spricht, merkt man, dass sie angefangen haben, «schätze schon» zu sagen statt «Man kann sich des Eindrucks nicht erwehren», «Gib mir mal eben» statt «Sei so gut und reiche mir doch ...» oder «Dürfte ich wohl» und so fort. Was immer. Das alles. Habitus. Ausdrucksweise. Dass ihr Akzent sich leicht verschoben hat und sie anfangen, manche Konsonanten weicher zu sprechen, sodass beispielsweise «City» zu «Ciddy» wird. Obwohl Evan, muss ich sagen, was das anging, ziemlich so sprach wie schon immer, seine Sätze unvollständig, kurz, etwas nuschelig. Mir sehr, sehr vertraut, sodass ich in ihm doch bei allen Bedenken hinsichtlich der Garderobe und Erscheinung und neuerdings Wachsamkeit im Kern schlicht denselben Evan sah, den ich von jeher kannte.

Dennoch, ungeachtet der vielen Einschübe und Reflexionen, war das Buch in keinem «Zustand». So sehr ich mich bemühte, die Lücken zwischen den Gordonstons damals und heute zu füllen, mit Erinnerungen an die Korrespondenz und die Telefonate zwischen den beiden Familien in den ersten Jahren, einmal sogar einem Besuch meiner Mutter, als sie zwei Wochen allein drüben war und mit einem ganzen Schwung recht alternativ aussehender Kleidungsstücke und dergleichen mehr zurückkehrte, weil eben der Einfluss Helen Gordonstons auf sie derart stark war. Dennoch, ungeachtet dieser Versuche, der Listen, der Nachfragen, der zusammengetragenen Fakten, ungeachtet meiner Skizzen und sich füllender Notizbücher, ungeachtet der enorm vielen im Anschluss an unsere Überlegungen bei den diversen Treffen in Pubs und Lokalen in – mittlerweile – Chelsea und South Kensington oder gleich dort an Ort und Stelle geschriebenen Seiten ... kamen wir nicht weiter, oder? Es gab eine Fülle von ergänzenden Details, aber auch die mangelnde «Substanz», wie ein gewisser Lektorentyp wohl sagen würde, ein Gefühl insgesamt von: Na und? Und fast könnte man meinen, ich hätte irgendwie Probleme mit Evans Zeit in Amerika – was nicht stimmt –, als hätte die überhaupt viel mit der Geschichte zu tun – was eigentlich nicht der Fall ist –, ich habe nämlich, zum Beispiel gerade jetzt wieder, so ausgiebig über sein Fortsein geschrieben, als wäre er gar nie nach England zurückgekehrt, dabei hatte er doch den Absprung geschafft. Seine Eltern, ja die waren in letzter Konsequenz geblieben, hatten die amerikanische Staatsbürgerschaft angenommen und sein Vater einen Lehrstuhl in Yale, also hatten wir, meine Eltern, mein Bruder und ich, die wir so an den Gordonstons hingen, sie an jenes ferne Land verloren ... Aber Evan war heimgekehrt. Er war wieder bei mir. Und nichts davon, eigentlich, hätte für die Mitglieder meiner Familie überraschend sein dürfen, nichts am Verbleib der Gordonstons drüben*, gar nichts, denn davon war schon eine ganze Weile die Rede gewesen, hatte meine Mutter berichtet, als sie damals von ihrem Besuch zurückkehrte,

---

* Und geblieben waren sie, wie gesagt. Das hatten wir bereits: wie die Gordonstons aus London aufbrachen, als die Autorin und der Protagonist noch klein waren, und blieben. Mehr dazu, wie die beiden Familien ihre Trennung bewältigten, wo sie doch so eng befreundet sind, findet sich in dem Abschnitt «Zu den Personen» bzw. «Familie».

dem Abstecher nach Cape Cod nämlich, lang her, in den ersten Jahren nach der Übersiedlung, damals also schon und auch in den folgenden Jahren in den vielen Gesprächen mit Helen Gordonston über ihre jeweiligen Leben und Familien war bestätigt worden ... wie sehr es den Gordonstons dort gefiel. Meine Mutter kehrte seinerzeit in einem knallbunten Malerkittel heim, den sie mit Helen in Provincetown gekauft hatte, und erklärte schon bei ihrer Ankunft in Heathrow: «Die Gordonstons werden nicht wiederkommen. Das habe ich im Gefühl. Ich habe ja gesehen, wie sie dort leben. Glaubt mir, die kommen nicht wieder.» Das war meiner Mutter, sagt sie bis heute, an einem Sommermorgen klargeworden, in Truro ihrer Erinnerung nach, als sie unter dem endlos weiten blauen Himmel von Cape Cod am Frühstückstisch saß und Helen zu jemandem, Tom oder einem der Kinder oder gar ihr selbst, sagte: «Gib mir mal von dem Bacon, ja? Der sieht super aus.» Da hatte meine Mutter gedacht: Sie sind jetzt Amerikaner, die Gordonstons. Es lag an Helens Form der Anrede. Diesem «Gib mir mal ...»

«Sie kommen nicht wieder», sagte meine Mutter.

Längst waren die Zeichen, wenn ich hier meinerseits einen leicht amerikanischen Ton anschlagen darf, «an der Wand» erschienen, wie es heißt und wie hier auf der Seite zu lesen, ich glaube, ich habe es weiter oben schon mal geschrieben, um zu sagen, so wie Amerika die Menschen schnell vereinnahmt, waren auch unsere wunderbaren Freunde vereinnahmt worden, weshalb es durchaus überraschte, ja doch, überraschte – damit hatte ich so gar nicht gerechnet –, dass Evan zurückkehren sollte. «Ich habe mich entschieden, zurückzukommen, Nin», genauso hatte er es gesagt. Und mein Gefühl, als er es sagte, meine Reaktion? Kann ich nicht beschreiben. Wo ich doch gedacht hatte, das hatte ich wirklich, dass er für immer fort sei, fortbleiben werde. Und warum eigentlich, das frage ich mich schon, ist er zurückgekehrt, im Gegensatz zu seinen Eltern, seinen Schwestern? Ich kam immer wieder auf diese Frage zurück. Während ich emsig an dem Buch schrieb, dem mir übertragenen Werk, trieb mich die Frage weiter um, und manchmal richtete ich sie auch an ihn, aber er gab darauf nie wirklich eine Antwort. Mal hieß es, «Karrierechancen», mal «Neuorientierung». Aber die Gründe, die er anführte, ergaben keinen Sinn, blieben schleierhaft. Für «unsere» Geschichte waren sie kaum verwertbar. Nur dieses eine Wort: «warum?», es ließ mir keine Ruhe, während sich zwischen uns auf den Pubtischen die Seiten häuften und wir uns weiterhin trafen. Warum bist du wieder da, Evan, sag mir, warum? Wie in einem Song, nur nicht annähernd Neil Diamond. Wieder daheim, nach so langer Zeit, warum? Wo sich doch seine Eltern mit den Jahren ganz eingelebt hatten und in New York bleiben wollten, Felicity nach ihrem Studienabschluss in Manhattan arbeitete und mein Bruder mit Elisabeth nicht mehr telefonierte, auch keine E-Mails mehr tauschte, Evan und ich uns schon lange nicht mehr schrieben … Wo sämtliche Menschen, mit denen er mal aufgewachsen war, abgesehen von mir ihren eigenen Weg gegangen waren und ihn ziemlich vergessen hatten, eigentlich, ihr «Ding machten», sagen sie drüben gern, glaube ich … Während er dagegen, mein liebster, ältester Freund, aus der Fremde zurückgekehrt war und … Warum, Evan? Wollte ich immerzu wissen und, als aus

Wochen Monate wurden, anderes mehr. Beim Anblick seines schäbigen alten Pullovers, seiner Hände, die mit den winzigen, tulpenförmigen Tonic-Flaschen auf dem Tisch in A Tulip's Edge spielten oder den kantigen Tumblern mit dem gleichen Manufaktur-Gin, der auch unter der Silberkuppel des Whistle serviert wurde, beim Anblick seines lieben, vertrauten Gesichts ... Immerzu sagte ich: Warum, Evan?, aber nur zu mir selbst, sprach es nicht laut aus in der dunklen, dabei aber zunehmend frühlingsfiebernden Pub-Atmosphäre. Warum? Wo es doch überhaupt keinen Grund gab, oder? Wo es für dich doch keinerlei Grund gab, heimzukehren?

Und diese Aspekte der Geschichte trugen zu der allgemein wachsenden Sorge um Evans «Verfassung» bei. Sein Aufzug, seine Erscheinung. Ebenso der Zustand von «Caroline», dem Manuskript, wie ich die Sache inzwischen sah. Weil es auf diese Art nirgendwohin führte und doch unübersehbar seinen Tribut forderte. So, wie man etwas eher am Rande nur registriert und doch auf Anlass zur Sorge abklopft, ging es mir nach dem etwas antagonistischen Gespräch im Edge, wie wir den Pub späterhin nannten, als ich angemerkt hatte, dass starke Gefühle meist unausgesprochen blieben, und damit seine Notizen zu einer nie erklärten Liebe meinte, zu tiefen Gefühlen, die nicht erwidert werden, und Zweifel geäußert hatte, ob es in Zeiten des «Film-Streamings» und der «TV-Formate», der Serienpädophilie, Sexkapaden und Celebrity-Dramen für dergleichen überhaupt Leser gäbe ... Als ich mit meinen Ansichten dazu – nach wie vielen Gin Tonics? vielen! – nicht hinterm Berg gehalten hatte. So hatte ich in meiner Sorge um Evan am Rande eine zunehmende

Zurückhaltung, eine Distanz registriert, die mich beunruhigten. Nach dem etwas kopflosen Frühlingsabend war zwischen dem Sichten der zusammengetackerten Notizen mit dem zusätzlichen Tagebuchmaterial und dem nächsten Treffen im Kilted Pig – gefühlt – eine lange Zeit vergangen, Zeit, die ich damit zugebracht hatte, die restlichen Aufzeichnungen durchzulesen und zu erstellen, was ich als ersten Teil «unseres Romans» betrachtete, eine lange Zeit, mehrere Tage.

Ehrlich gesagt habe ich sie gezählt, die «mehreren Tage». Ich kam auf eine volle Woche. Der Abend im Tulip's Edge, an dem er mir den braunen Umschlag rübergeschoben hatte, bevor ich überhaupt wusste, dass es drei Türen weiter ein Lokal gab, in dem wir bei unserer nächsten Verabredung landen würden, war ein Donnerstag gewesen, und dann waren volle sieben Tage verstrichen, und kein Piep. Und das war ungewöhnlich, war es wirklich, dass eine so lange Zeit verging, jedenfalls für mich und Evan. Und inzwischen, wie bereits erwähnt, im Laufe dieser sieben Tage, war Frühling geworden, richtig Frühling.

Ich hatte daheim, für mich, immerhin den besagten ersten Teil zu Papier gebracht, für das Buch eine Art Bauplan skizziert. Ich hatte beschlossen, dass die erste Hälfte hauptsächlich aus dem bestehen sollte, was Evan selbst über den Einzug bei den Beresfords festgehalten hatte – wie das war: Caroline und David und die Jungen kennenzulernen, die Namen, die Freunde, das Haus, die Gegend, diese ersten Eindrücke –, obwohl davon im Einzelnen gar nicht so viel in das eingeflossen war, was ich bisher zusammengestellt hatte. Aber vorgehabt hatte ich – und das mit Evan besprochen –, den «Plotverlauf» in diesem

Sinne festzulegen: Evan geht nach Richmond, Evan lebt sich ein, Evan lernt Caroline besser kennen – die endlosen Becher Kaffee! Es war alles da, als Rohfassung, als Entwurf. Ich wollte auch die Gelegenheiten einbauen, da Caroline sich just, wenn er von der Arbeit kam, zufällig in der Diele aufhielt und sie beide noch lange herumstanden und sich, so Caroline, «brieften», wie auch die Male, da Caroline, sofern sie nicht verabredet war und David bis auf Weiteres nicht erwartet wurde, ihnen einen Drink mixte. Und ich wollte auch hier und da einfügen, wie Evan sich plötzlich mit ihr und den Jungen am Küchentisch vor einem «Kinderteller» wiederfand, wie Caroline sagte, obwohl die Kinder längst Teenager waren und selbst kaum zu Hause ... So weit der «Bauplan». Solche Momentaufnahmen von Evan und Caroline ergäben lose den Rahmen der Geschichte, obwohl mir klar war, dass Caroline nach erzählter Zeit bzw. der Zeit, die Evan überhaupt in Richmond verbrachte, meist gar nicht da war.

Ihre Begegnungen, könnte ich schreiben, hatte es in meinem Entwurf ja schon getan, würden sich dennoch häufen, verdichten – auf den Seiten, in Absätzen, im Detail. Sie würden trotz meiner «Roman»-Bedenken unaufhaltsam wachsen. Es würde zudem, und auch das wollte ich aufnehmen, Gespräche geben, wie Evan und Caroline sie bei ihren «Briefings» führten, zu Ideen und Plänen. Und dann, so meine weitere Überlegung, wenn das alles fixiert wäre, sagte ich, als wir längst unsere regelmäßigen Treffen wiederaufgenommen hatten, mittags bei einem «Ploughman's Lunch» energisch zu Evan – ja, selbst in noblen Ecken wie Chelsea und South Kensington boten Pubs wie The Kilted Pig ihren Gästen neben den nach diversen Highland-Tänzen, «Schottischer» oder «Dashing White Sergeant» und so fort, benannten Ginsorten gelegentlich einen «Ploughman's», diese beliebte Kombi aus einem Halfpint zum Käsesandwich mit Pickles, die allen vertraut ist, die das sogenannte «alte London» noch kannten*, allerdings hatten Evan und ich lieber einen Dalreavoch Waltz mit Thymian-Tonic bestellt und dazu Chips –, wenn das alles also erst «sitze», fuhr ich fort, hätten wir, wir zwei, eine solide Grundlage, auf der wir die Geschichte im Ganzen aufbauen könnten. Den Erzählstrang «Evan», meiner Vorstellung nach, denn die Details würden, wenn sie saßen, gewissermaßen das Fundament für weitere Erkundungen liefern, dergestalt, dass ich mich ihm mehr lebensphilosophisch und psychologisch nähern, etwas Seelenforschung betreiben könnte, was für den Roman neue Möglichkeiten eröffnen und Evan als glaubwürdige, plastische Figur etablieren würde, die das Geschehen auch dann noch tragen könnte, wenn wir uns tatsächlich darauf einstellen müssten, dass die Liebe unerfüllt blieb.

So weit der glorreiche Plan! Ein Plan! So schön ausgedacht! Tja, in Wirklichkeit aber …? Hybris, seien wir doch ehrlich. Prätentiös, eigentlich. Zu glauben, nur weil ich Werbetexte schreiben konnte, aus dem Ärmel schütteln für jedes x-beliebige Versicherungsunternehmen, nur weil ich mit ein paar Strichen eine komplette Kampagne für Hundefutter hinwerfen konnte … würde ich das Gleiche für Evans Projekt tun können. Für wen hielt ich

---

* Ausführungen zum «alten London» finden sich im Abschnitt «Zu den Personen» und unter «Pubs».

mich denn? Ja, glaubte ich denn, dass mein Hirnschmalz, meine Überlegungen und Ideen zur Erzählstruktur sich eins zu eins auf dem Papier abbilden ließen ... nur weil ich es so vorsah? Dass mein Arrangement Evan so real werden lassen würde, ich mehr und mehr von ihm zeigen, ihn erschreiben könnte, er für die Leser ebender Mann werden würde, den ich so gut kannte, ein Mann, den sie ebenso kennen und lieben lernen würden? Die Anmaßung – ha! – anzunehmen, dergleichen könnte ich so einfach bewerkstelligen. Genau *den* Evan Gordonston kreieren. Eben die Person. Ihn. Mit seinem zerzausten braunen Haar und dem bei meinem Anblick wie verdutzten Gesicht – Ach, *hallo*, Nin!», als hätte er mit allem gerechnet, nur nicht mit mir, aber dennoch lachend: «Ach, *hallo*!» – genau den Evan. Den mit den schlimmen Pullovern. Den eben. «Prätentiös», in der Tat. Zu glauben, ich könnte ihn schreibend zu einem machen, den die Leser ebenso gut kannten wie ich. Heute blicke ich auf diejenige mit dieser Idee ... diesem «Plan» ... zurück und muss lachen. Zu glauben, dass ich, wie es mir vorschwebte, jemanden porträtieren könnte, der so verletzlich war und sich so nach dieser einen Frau verzehrte, dieser Caroline, dass ich in ebendiesem Verlangen aufscheinen lassen könnte, was an dieser einen speziellen Frau war, dass er sich so nach ihr verzehrte, was an ihr war, das ihm das Gefühl entrang, keine sonst könne je diese Stelle einnehmen, keine derer, die er gekannt hatte – die besagten Tagebuch-Passagen nagten weiter an mir –, auch nicht eine, die er jetzt kannte, sehr gut kannte und immer schon gekannt hatte, zu glauben, ich könnte schreibend ergründen, was an dieser anderen war, die ihn so in Bann schlug, ihm solche Gedanken und Träume und Liebesvisionen eingab, dass ihr nichts Geringeres als ein Roman gerecht werden konnte ... Nein, so einfach war es natürlich nicht. Oder? Sobald ich mich hinsetzte, um das alles zu schreiben, um über den «Bauplan» hinauszugelangen. Sobald ich zu Papier zu bringen versuchte, was an dieser anderen Frau war, dass er die Welt um sich herum vergaß, den Appetit verlor, immer dünner und abgerissener und hohlwangiger aussah, obwohl Frühling war und es wärmer, heller wurde ... Nein, es war natürlich alles andere als einfach.

Aber ich hielt die Hoffnung hoch. Dass ich im Schreiben meinen teuren Freund und seine große Liebe doch noch fassen könnte. Die Antwort zu gewissen Fragen über Evan – jenem «Warum»? – und noch viel mehr finden würde in einer Charakterstudie und Schilderung seiner Verbindung, seiner Berührungen mit der Angebeteten in Richmond, dem Zusammenspiel von Vermieterin und Untermieter. Dass ich in Gestalt dieses Mannes das Wesen «reiner» Gefühle im petrarkischen Sinne begreifen würde*, dieses engen, engen Freundes und Kindheitsgefährten, der mir so vertraut war, wir uns gegenseitig, dass wir ein, zwei Stunden einfach dasitzen konnten, ohne zu reden, ganz zufrieden, einfach beieinander zu sitzen, vielleicht aus dem Fenster zu schauen oder auch mal beiläufig etwas von uns zu geben, im Gin Whistle anfangs,

---

* Ohne den Bogen gleich überspannen zu wollen: Die «Zugaben» hinten bieten noch einiges mehr zu Petrarca und Laura, Kreativität, Verlangen und dem *Canzoniere* – ziemlich interessant, aber als weiterführende Literatur wirklich nur ein Angebot. Eben zum Thema unerfüllter Liebe.

im Vorfrühling, dann kurz im Grapes of Wrath, ehe wir uns dauerhafter auf A Tulip's Edge, The Kilted Pig und neuerdings, noch immer im Frühjahr, auf den geräumigen und entspannten Swan & Seed konzentrierten, wo es haufenweise Tische draußen gab, auch wenn wir dort selten Platz nahmen.

Also blieb ich am Ball. Schrieb weiter. Das, was geläufig, bekannt, grundlegend war. Ohne andere Wahl, fand ich, als weiterzumachen. Und Evan würde, so schreibe ich es und so glaubte ich es, im Zuge unserer gemeinsamen spannungsfreien Stunden bei Gin Tonics, Chips und Nüssen die Annehmlichkeiten einer im Verborgenen blühenden Liebe einsehen und akzeptieren müssen. Sich dem Wohlgefühl hingeben. Ganz hingeben, und auch das müsste ich irgendwie festhalten. Sein «Hm?», oft, wenn ich ihm vorschlug: «Wollen wir einen Spaziergang machen?» oder «Es regnet, nehmen wir noch einen Gin?» Oder wie er mit einem «Bitte?» aus Tagträumen hochschreckte, wenn ich kurz seinen Arm berührte und fragte: «Hast du Hunger? Wir könnten uns ja mal zu einem späten Frühstück treffen oder noch mal das Café am Rande von Richmond aufsuchen, in dem wir damals waren, du weißt doch, dir war so daran gelegen, dass ich hinkomme? Wir müssen nicht immer im Pub hocken, Evan», worauf er nur traurig verneinend den Kopf schüttelte, als hätte er mich kaum gehört.

Denn so war Evan jetzt, das musste ich hinnehmen. Zunehmend vage. Und allmählich wirklich dünn. Zwar nach wie vor imstande, mal einen Witz zu reißen und mich zum Lachen zu bringen – etwa «Ich war noch nie ein Verfechter des Drei-Gänge-Menüs» nach sechs Tüten handgesalzener guatemaltekischer Nüsse im Edge –, wie auch gelegentlich zu beiläufigen halblauten Bemerkungen, die mich aufhorchen ließen – «Achill, einer meiner Kindheitshelden, wie du weißt, ist eine Figur, der ich nach wie vor großes Interesse entgegenbringe», zum Beispiel, spätabends vor dem Hintergrund gedämpften *Piobaireachds* im Kilted Pig oder, ebenfalls dort: «Ein Schmetterling lebt mehr als lang genug» –, was ich jeweils mit einem «Sicher doch» quittierte.

Dürre Sätze und Worte dieser Art beschreiben unser zweisames Leben. Während meine armen Gedanken wie die besagten Schmetterlinge tanzten, schwirrten, entschwanden ... da und dort auf einer Erinnerung aufsetzten, einer Idee. Weil ich im Innersten wusste, dass die «im Verborgenen blühende Liebe» für Evan wie für mich selbst mehr als eine Metapher war. Dass vielmehr seine kuriosen Bemerkungen, die ich so liebte, zusammen mit unserem Schweigen, unserem zufriedenen Verharren, während im Edge der Regen an die Bleiglasfenster mit den roten Glasjuwelen klatschte oder die Sonne uns in den vornehmen Räumen des Swan & Seed auf die Köpfe fiel, dann, während wir im Laufe der Wochen ganz gelegentlich nur draußen an der warmen Luft saßen, manchmal Jacken und Pullover neben uns über die Stühle warfen ... Dass all dies, Kleidung und Gin und Witterung, Tüten diverser geteilter gerösteter und geräucherter Nüsse, manchmal exotisch verpackt ... Dass das alles womöglich nichts gälte. Verglichen mit der Welt in Evans Kopf, seinen Grübeleien, seinen Vorstellungen und Fantasien, die belegten, fand ich, finde ich, dass er so sehr in seiner Verborgenheit und Liebe versank, dass ich ihn vielleicht nie mehr zu Gesicht bekommen würde.

«Lass uns reingehen», sagte er unweigerlich in jenen frühen Frühlingstagen, selbst wenn weiter die Sonne schien und alle anderen Gäste des Swan & Seed draußen das schöne Wetter genossen. «Wir sitzen hier schon lange genug. Wir sind drinnen besser aufgehoben.»

drei

Es gab also Gründe, übergreifende, petrarkische, die vielen «Frage-Antwort-Runden» abzuhalten, wie Evan sie nannte und zu denen er mich drängte, damit wir aktualisieren und das, worum es im Kern ging in unserem Buch, verlebendigen könnten. Und mich selbst drängte es nicht minder. Denn wie sonst, fragte ich mich langsam, und zwar immer häufiger, sollte ich Evan zu sehen kriegen, wenn nicht, indem ich ihn zur Situation mit Caroline löcherte? Die Frage trieb mich wirklich um. Warum sonst sollte er sich hinaus in die Welt begeben, wenn nicht, um dafür zu sorgen, dass die Liebesgeschichte Gestalt annahm – «zu Papier gebracht» wurde, wie Evan schlicht sagte; würde ich ihn anders überhaupt zu sehen bekommen? Vorschläge meinerseits wie «Lass uns doch auf einen Sipsmith & Fever Tree irgendwohin gehen» – quasi nach amerikanischer Art, ihm angepasst, vermutlich, weil man drüben, etwa in New York, seine Drinks eben nach Destillateur bestellte, nicht bloß nach dem enthaltenen Alkohol, also «Tanqueray», also «Hendrick's» etc. –, dienten allein dazu, Evan alles ganz easy erscheinen zu lassen, als wäre easy, easy, easy die einzige Chance, so gefangen, so verzückt schien er von dem Leben am Ende der District Line. Manchmal fragte ich mich schon, ob mich Evan, wäre ich nicht so gewitzt gewesen, dergleichen vorzuschlagen, oder hätte er nicht unbedingt etwas zu Caroline loswerden wollen, überhaupt angerufen oder hätte sprechen wollen. Daher meine stets so locker auf seine Mailbox gesprochenen Worte: «Wollen wir uns vielleicht nachher treffen?», während doch in Wahrheit mein Herz so heftig schlug, dass ich glaubte, das bescheidene baseballgroße Organ springt mir gleich aus der Brust.

Und dabei wurde Evan im Laufe der Wochen blasser und ungepflegter. Seine alten Jeans und Pullover … sie wurden immer verwetzter, fadenscheiniger und schmuddeliger. Selbst wenn er direkt nach der Arbeit zu einem Treffen kam und noch einen Anzug trug, brachte er es fertig, nach alten Jeans und Pullover auszusehen, mit zerzaustem Haar, durch das er sich mit den Händen fuhr, als wäre er gerade aufgewacht; insgesamt, überhaupt also ein ziemlich desolater Zustand.

Inzwischen war es stets noch hell, wenn wir uns trafen. Der Frühling entfaltete seine ganze Pracht, besagte Blumen und Blüten an allen Ecken und in allen Parks, es waren also Treffen bei Tage, die uns nun zusammenführten, könnte ich ebenso gut sagen. Die Uhren waren vorgestellt, das Dunkel vertrieben. Umso besser konnte ich im Frühlingslicht Evans Fasson bis ins Kleinste studieren, hatte an den längeren, taghellen Abenden seine vertrauten Züge und Eigenarten unmittelbar vor Augen. Wir bemühten uns, nicht wieder wie an jenem Abend im Pig zu lange zu tagen, und oft verlegten wir uns auf seine Mittagspause oder einen Vormittag, an dem er nicht zu viele Meetings hatte, doch nie wieder war ein Café im Spiel wie damals vor Monaten bei der Verabredung am Rand von Richmond um des «Kontexts» willen, wo wir letztlich aber nur über unsere Vergangenheit gesprochen hatten, die Kindheit und unsere unmittelbare Nachbarschaft in Twickenham, einem Stadtteil, der übrigens unweit unseres Richmonder Cafés lag.

«Yeah», sagte Evan nun zu den diversen von mir als Treffpunkt vorgeschlagenen Pubs, oder «Okay, also dann». Und «Yeah» sagte wiederum ich, wenn er meinte, es gebe da etwas über Caroline, das ich unbedingt aufschreiben müsse. Yeah, yeah und abermals yeah. Yeah zu A Tulip's Edge oder mittlerweile eher zu The Swan & Seed. Yeah, yeah, nach wie vor zum Gin Whistle oder: «Lass uns doch mal wieder in den Pig gehen.» Denn von den bevorzugten Lokalen wichen wir, wie gesagt, nicht groß ab, mit zu mir kam er auch kein einziges Mal, und obwohl er mich mehrfach aufforderte, zu ihm nach Richmond rauszufahren, zu einem Essen oder einem schlichten Küchensnack, weil Caroline mich liebend gern kennenlernen würde, sagte er, als langjährige Freundin immerhin ... Yeah, yeah, dachte ich bei mir, als könnte ich mir das durchaus, wie er es offenbar gern wollte, vorstellen ... wusste aber im Grunde, dass ich es nie tun würde. Es gab in diesem Frühjahr zudem die seltenen Abende, da ich «Yeah» auch zu seinem Vorschlag sagte, ihn unweit seiner Firma zu treffen, in einem der Pubs in Mayfair, die Namen hatten wie The Cask oder The Vault oder The Chambers und an einem lauen Frühlingsabend zur Happy Hour recht quirlig waren, die Gehwege voll, alle mit Drinks und Zigaretten draußen wie in den Achtzigern. Aber es war immer bloß ein «Yeah», mehr nicht, eine unwesentliche Abweichung von unserer Gepflogenheit, und wir unternahmen im Anschluss nach dem einen oder anderen Gin sonst nichts mehr.

«Hi», sagte ich bei diesen Gelegenheiten. Wenn ich ihn längst zwischen den anderen entdeckt hatte. Wo er abseits, ohne Smartphone in der Hand, einfach dastand, genauso wie er als Junge immer herumgestanden und auf die nächste Aktion gewartet hatte. Wie er eben jetzt dastand und auf mein «Hi» wartete, eigentlich genauso wie eh und je.

«Hi», sagte ich dann, und wir bestellten, Gin dies, Gin das, Mayfair hatte es nicht so mit «Manufaktur»-Sorten, was zur Abwechslung mal ganz wohltuend war, und Evan berichtete vom Stand der Dinge mit Caroline, wie weit sie in der letzten Woche gekommen waren – sie hatten sich angelächelt, sich kurz und beiderseits keineswegs unbemerkt am Arm gestreift, oder ein Wort erlauscht: zum Beispiel «Liebe», in einem auf die Frage «Magst du vielleicht einen Kaffee?» geäußerten «Liebend gern» –, das alles bei ihren flüchtigen Begegnungen in der Küche in Richmond oder wenn Evan abends das Haus betrat. Oder er hatte mir weiteres Material zu ihren Unterhaltungen zu übergeben, zu den Themen, die er und Caroline etwa am Wochenende beim zweiten Frühstück flüchtig berührt hatten, und dann folgten Diskussionen darüber, ob zwischen ihm und Caroline «etwas war», wie Evan sich ausdrückte, ob diese oder jene Begegnung mehr bedeute.

«Tja», sagte ich dann zum Beispiel inmitten des Lärmens und Lachens vor dem Cask, wegen des Gedränges an seine Brust gedrückt. «Tja ...», wiederholte ich wie in Gedanken, als wollte ich mehr sagen, was gar nicht stimmte. Und dann sprach Evan weiter, beschrieb einzelne Gespräche mit Caroline, die Anlass zu allerhand emsigen, zwanghaften Überlegungen boten und ihn ganz in Anspruch nahmen, während ich vielleicht noch mal «Tja» sagte, zur Ermunterung, mich aber eigentlich fragte, ob wir nicht drinnen einen Tisch ergattern könnten, wo wir es bequemer hätten, mehr für uns wären und dort draußen weg?

Ich schreibe «mit zu mir kam er auch kein einziges Mal» – abgesehen von dem einen, als alles erst anfing, kurz nach seiner Rückkehr nach London –, weil es stimmt. Weil die Tatsache, dass bei dem einen Besuch, als diese Geschichte noch nicht einmal ihren Anfang genommen hatte, etwas geschah, das für den Plot, das «Narrativ»*, keine Rolle spielt, und demnach keinerlei Grund besteht, darauf jetzt näher einzugehen, vielleicht überhaupt nie in diesem Bericht. Schließlich fällt mir beim Schreiben der dienende Part zu – die Töchter Miltons, schon vergessen? In ebender Weise hatte ich zu «dienen» – und zwar Evans Vorstellungen und Intentionen hinsichtlich des Erzählstoffs wie übrigens auch der Form der Erzählung. Es bestand nicht der geringste Grund, hier frühere Geschehnisse zu berücksichtigen, die nichts mit der Geschichte der Liebe Evans zu Caroline zu tun hatten. Was sollte das bringen? Dies ist seine Geschichte, nicht meine, die seiner Liebe, seiner Gefühle für Caroline und was daraus werden sollte, und, wie berichtet, seiner Reaktion auf etwas undiplomatische Bemerkungen meinerseits über die Natur seiner eigenen Aufzeichnungen, die zu einer Unterbrechung, einem Bruch in der Kommunikation geführt

---

* Hinten in den «Zugaben» finden sich die «Erzählalternativen» – Beispiele für eine evtl. hinter dieser Geschichte liegenden Geschichte; Vorstellungen dazu, was erzählt werden kann und was nicht etc.

hatten, den langen Tagen ohne ein Wort von ihm, keine SMS, kein Anruf. Wo ohnehin schon so viel lief, mehr sogar, warum sollte ich jetzt über einen Abend schreiben, der nicht einmal im ersten Teil des Buchs enthalten ist, mich auf etwas beziehen, das noch vor dem Beginn des Ganzen geschah, bevor er nach Richmond zog, bevor er Caroline kennenlernte? Wollte ich von einem gewissen Abend noch im Winter schreiben, im tiefsten Dunkel der dunklen Zeit – nun, dann würde ich diesen Teil hier nie zu Ende bringen. Ich würde dorthin zurückkehren, würde es wollen, würde dort mit Evan sein wollen und nie wieder auftauchen. Würde dort bleiben.

Eben deshalb werde ich also «die Szene, die sich abspielte» – so bezeichnet in einem frühen Notizbuch, das ich seither nicht mehr verwendete –, beiseite lassen. «Szene», denn einer «Szene» glich das Geschehen wahrhaftig, als wäre das, was an jenem Abend geschah, Theater. Als wäre es nicht real. Und dies ist ganz sicher nicht der Ort für Szenen, wie sie Henry James in seinem bekannten Essay über das Theater und das Romanschreiben als «ewiges Prinzip des Szenario» beschrieb ... Nein. Auch wenn Evan unser Buch gelegentlich mit einem Theaterstück vergleicht oder vielmehr einem Monolog, bei dem eine große, schlanke, blonde Frau hinten auf der Bühne gestikuliert und nur zwischendurch zu längeren Reden an die Rampe tritt, während ein Mann ihr antwortet, aber keiner von beiden den anderen hört ... Dennoch, so bühnenhaft die Konfiguration erscheinen mag, die spezielle «Szene», die ich meine, passt schlecht zum eigentlichen Drama, das von Evan und Caroline handelt, und hat rein gar nichts zu tun mit dem, was sich bei mir im Wohnzimmer zutrug, bevor es mit dieser Geschichte überhaupt losging. Lieber sollte ich hier eine andere Begegnung von größerer Relevanz erwähnen, zu der es kam, als die Uhren schon vorgestellt und die Abende viel länger hell waren. Ja. Genau. «Vor» sagen wir, benennen die Richtung, in der wir die Zeiger bewegen müssen, um eine ganze Stunde vor nämlich, und so den Tag verändern. Ich schreibe also flugs weg von der Wintersonnenwende damals, als ich beim Schein einer Tischlampe spätabends zu Hause im Wohnzimmer saß und es an der Tür klingelte, als wär's ein Weckruf, obwohl ich doch mit Besuch rechnete, schreibe flugs vor in eine Zeit, da auf uns alle ein viel größeres Licht zu fallen schien – und zwar auf Caroline und Marjorie, meine Eltern und Felix und alle sonst in dieser Geschichte erwähnten Personen –, da wir alle urplötzlich an einem Frühlingstag in einer anderen Welt lebten.

Inzwischen hatte ich mich voll und ganz Evans Konzept eines «Romans» verschrieben, wie ich unser Vorhaben zu seiner Freude nun nannte, obwohl daran nur wenig erfunden war – abgesehen von vereinzelten «Einschüben», als die ich manche Seiten betrachtete, etwa wenn Evan seiner Erzählung etwas magischen Realismus beimischen und mich sie in den Bericht aufnehmen sehen wollte oder wenn ich selbst mich dabei ertappte, dass ich Details ergänzte, die ich persönlich nicht kennen konnte, wenn ich Einzelheiten der Garderobe und Frisur Carolines aus Evans eher groben Skizzen eine Spur ausschmückte, die Einrichtung der Küche mit dem breiten Frühstückstresen und Blick auf den großen grünen Garten mit seinen Rabatten, alten Eichen und Ahornbäumen. Auch

Rosenspalieren, finde ich. Und so fort. Über dergleichen ließ ich mich absatz- und seitenweise recht unbekümmert aus, modifizierte nach Evans jüngsten Lageberichten aus Richmond oder meinen eigenen Vermutungen.

Evan verließ in den späten Frühlingstagen, wie wir sie jetzt hatten, tatsächlich kaum noch sein Logis, außer um zur Arbeit zu gehen oder mich recht früh zu treffen und über Caroline zu sprechen. Wir waren ewig, ewig nicht mehr spät weggewesen. Denn irgendetwas an späten Stunden hätte uns einfach nervös gemacht, lastete auf uns beiden, glaube ich, seit dem einen Mal, da ich mich sehr unverblümt zu den Aussichten geäußert hatte, für seine Geschichte Leser zu gewinnen, und wir zu viel getrunken hatten ... Irgendetwas an jenem Abend jedenfalls ließ uns auf der Hut sein vor dem Frühlingswetter, der Milde, den lauen Nächten. Wir beschränkten unsere Verabredungen aufs Tageslicht.

Aber nun rief er plötzlich eines Abends Ende März weit nach neun Uhr an – oder schickte vielmehr eine SMS – und fragte, ob wir uns im Child o' Mine treffen könnten, einem Lokal unweit des Seed, das wir bislang ausschließlich nachmittags aufgesucht hatten.

Natürlich sagte ich: «Yeah.» Wie erwähnt wirkte Evan zunehmend angeschlagen. Bei unserem letzten Treffen, am Tag zuvor, hatte er einen alten bordeauxroten Pullover mit Flecken auf der Brust angehabt, hartnäckigen, in die Wolle eingezogenen Flecken, aber das war ihm offenbar vollkommen egal. Jetzt sah er noch schlimmer aus. Seine Sachen waren von der Brust bis über die Hosenbeine bekleckert. Sein Pullover hatte nicht nur Flecken, sondern war an Bündchen und Ausschnitt ausgefranst –

die Säume lösten sich regelrecht auf, der ganze Pullover fiel auseinander. Bei näherem Hinsehen entdeckte ich sogar ein Loch, ein großes, unter der Achsel, und überhaupt eine ... an Hemd und Jeans ... unübersehbare Fadenscheinigkeit.

Es war ein deutlicher «Schwund» festzustellen an Evan. Kräfteschwund. Schwund auch im Sinne einer «Auflösung», so wie ein Bündchen sich auflöst, ein Saum sich löst. Die ganze Caroline-Affäre, wenn ich das überhaupt «Affäre» nennen soll, ihre «Plaudereien», die flüchtigen Berührungen, einer Hand, eines Fingers, eines Arms ... forderten ihren Tribut. Am Vortag erst hatte ich diesen Mann, meinen ältesten Freund überhaupt, ziemlich schäbige Strickware tragen sehen, aber das war nichts, gar nichts, gegen das, was er an diesem Abend anhatte. Ich bezweifelte sogar, dass das frisch bekleckerte, sich in Wohlgefallen auflösende Teil überhaupt aus Wolle war.

Damit nicht genug. Denn als er den Pullover ablegte, diese äußerste Schicht seiner Garderobe, wenn von einer solchen überhaupt die Rede sein konnte – das Child o' Mine ähnelte insofern dem Swan & Seed, als es drinnen schnell stickig wurde –, kam ein nicht minder unappetitliches T-Shirt zum Vorschein. Noch dazu zu einer Jogginghose – Sweatpants in den USA – und Turnschuhen.

«Großer Gott, Evan», sagte ich ihm da. «So was hast du früher nie getragen.»

«Du meinst diese alten Sweatpants?», antwortete er, sah aber kaum hoch, sondern schenkte Tonic Water in die großen Tumbler mit dem schon bestellten, offenbar «regionalen» sogenannten *Terroir*-Gin.

«Allerdings», sagte ich. Der Zusatz «ungläubig» wäre angebracht. «Sweatpants», wiederholte ich. «Vielmehr Hosen, die überhaupt so heißen können, Evan. Ein solcher Aufzug wäre bei dir früher undenkbar gewesen. Was ist nur aus dir geworden, mein Freund?»

«Wir haben keine Zitrone», meinte Evan, als hätte ich kein Wort gesagt. Er trank einen Schluck. «Schmeckt trotzdem okay.» Er sah aus, als träumte er mit offenen Augen. Unkenntliche Klamotten, und er selbst kaum wiederzuerkennen. Die «Sweatpants» hätten ohne Weiteres einem Obdachlosen vom Leib geschält worden sein können; ich könnte mich endlos über sie auslassen. Auch sie waren fleckig – obwohl die Flecken hier überwiegend alt waren. Und ich meine: alt. Viel älter als das verkrustete Zeug auf Evans Brust, das er zur Schau trug wie ein Abzeichen, ein tapfer an die bordeauxrote Brust geheftetes Ehrenabzeichen.

«Hi», sagte Evan, als hätte ich eben erst Platz genommen.

«Selber hi», erwiderte ich und hätte noch einiges mehr zu sagen gehabt, über seine Schuhe und nicht zuletzt seine «Pants», aber er hinderte mich, indem er mir eine Hand auf den Arm legte.

«Ich muss dir was sagen», sagte er. «Danke, dass du so spät noch gekommen bist.»

Er wirkte verhärmt und blass, das habe ich weiter oben schon geschrieben. Krank, eigentlich, obwohl er bei einem vorigen Treffen versichert hatte, ihm fehle nichts; sagen wir also verhärmt. Er schien wirklich stark abgenommen zu haben. Überall mager, trifft es wohl, die Arme wie der Oberkörper insgesamt; sein Haar stand wie immer und, wie ebenfalls schon beschrieben, wild ab wie bei einem kleinen Jungen, als wäre er gerade aufgewacht. Er sah furchtbar aus.

«Gott, Evan», sagte ich. «Schieß los.»

Ich dachte mir erst einmal nicht viel dabei, trotz des Augenscheins, der Theatralik, der späten Stunde. Schließlich kündigte Evan dauernd an, er habe mir «etwas zu sagen»; meist etwas «Wichtiges», aber wenn ich es dann zu Papier brachte, stellte es sich als bei Weitem nicht so weltbewegend heraus.

Dennoch: «Schieß los», drängte ich ihn erneut und nippte an meinem Gin. *Terroir*, also? Was sollte das? Und es fehlte die Zitrone, da hatte er recht. Auch Eis gab es keines. Was hatten diese Pubs nur alle mit ihrem Gin? Evan schien es egal. Sein Haar sah aus wie nach einem Schock – und Evan hatte übrigens, unter uns gesagt, mal abgesehen davon, dass es gegenwärtig wild nach allen Seiten abstand, immer tolles Haar gehabt als Junge. Helen schnitt es selbst, und zwar so, dass sich auf lässige Art durchaus eine Frisur ergab. Rückblickend könnte man sogar meinen, die Familie hätte bereits Jahre vor dem tatsächlichen Umzug das Amerikanische vorweggenommen. Evans Frisur war der Beleg. Weil er das Haar länger trug als die anderen Jungen, weil er immer in Jeans und T-Shirt herumlief – selbst im Winter. Ständig warf er das Haar aus den Augen zurück, wenn er mit mir sprach, wenn wir spielten, und wenn ich zurückdenke, sah er schon damals vor langer Zeit, und weit bevor seine Familie fortzog, aus wie ein kleiner Amerikaner. Das fiel mir jetzt wieder ein, wo er kerzengerade vor mir an dem kleinen Tisch saß.

«Was los?», sagte ich jetzt, als wären wir beide noch neun. Er warf den Kopf, als wäre sein Haar so lang wie damals, und Evans ganzer alter Charme erwachte wieder – trotz seiner grottigen Aufmachung. Durchzuckte mich.

«Schön, dich zu sehen, Nin», sagte er dann, und ich hielt es kaum aus.

Übrigens war es nicht nur Evan, alle Gordonstons hatten tolles Haar. Helen, die hatte herrlich langes Haar, dunkel schimmerndes Haar, das sie schlicht zu einem Pferdeschwanz zurückband, mit einem Stückchen Schnur von einem Einmachglas, scheinbar, aber herrlich, herrlich. Und Elisabeth hatte tolles Haar. Felicity auch. Wir verglichen oft in der Schule – die Farbnuancen in ihrem Haar! Toffee und Blond und Melasse und Honig … die ganze Palette –, während meins einfach braun war, sonst nichts … fand ich.

«Warum ist mein Haar nicht *so* braun wie Felicitys?», fragte ich immerzu meine Mutter.

«Aus dem gleichen Grund, aus dem meins nicht dunkel ist wie Helens», antwortete dann meine Mutter. «Das sind die Gene, Emily. Die Gordonstons haben Glück.»

Das alles durchzuckte mich. Erinnerungen. Evan. Ich merkte, dass ich zitterte.

«Helen ist wunderschön», sagte meine Mutter stets, besonders nach ihren Besuchen nebenan bei den Gordonstons, wenn sie bei Helen in deren erstaunlicher Küche gesessen hatte, die voller Licht und Fenster und Blumen war. Helen dort in ihrer Küche, inmitten irgendwelcher Töpferarbeiten oder Siebdruckprojekte, das Spülbecken voller Farbschlieren – Scharlachrot und Orange, Smaragdgrün und Gelb.

«Sie ist eine umwerfend schöne Frau», sagte meine Mutter.

Da saß ich nun im Bann dieser einstigen Eindrücke vor Evan. Der Gordonstons. Unserer befreundeten Familien. Ich fühlte mich zurückversetzt, während ich zugleich sehr an die Gegenwart gebunden war, in Gestalt und in unmittelbarer Nähe Evans dort vor mir, dessen Präsenz mich sozusagen durchströmte wie Wasser. Ich musste einen tiefen Zug von dem eis- und zitronenlosen *Terroir* nehmen, um standfest zu bleiben. Immer mit der Ruhe, Evan, dachte ich. Obwohl «umwerfend», könnte ich klarstellen, um nicht schwach zu werden, und ich schreibe es jetzt noch mal – «umwerfend», wie es meine Mutter von Helen Gordonston vor so vielen Jahren bemerkte –, ließ sich von Evan im Augenblick nicht ohne Weiteres sagen. Trotz des zurückgeworfenen Haars, des Blicks, der meinen suchte. Nein, nein, Evan, dachte ich. Nicht schon wieder, nein. Weder an diesem Aprilabend. Noch neulich, im März, als wir zu spät unterwegs gewesen waren, zu spät. Nicht jetzt, nicht neulich. Nein, nein, Evan. Ich will nicht in der Weise zurückversetzt werden in die Vergangenheit. Sieh mich bitte nicht an, such nicht meinen Blick. Nicht jetzt, nicht neulich. Wo ich hier vor dir sitze, so nah, so nah, und beide Male ein Mittwoch – wie mir in dem Moment aufging –, ich weiß, dass es ein Mittwoch war, wie ich es jetzt so und noch dazu so hastig hinschreibe, weil ich am Mittwochnachmittag regelmäßig zum Yoga gehe und Evan mich gebeten hatte, mich anschließend, nach dem Kurs, noch im Hellen mit ihm zu treffen. Also, Evan. Also. Summ nicht so, wenn du meinen Arm berührst, such nicht meinen Blick. Ich schreibe hier lediglich von einem Yogakurs mittwochs, weiter nichts, und es ist ja nichts passiert, nicht wahr. Nicht neulich, nicht jetzt.

Ich nahm noch einen Schluck von meinem *Terroir*-Gin.

«Schön, dich zu sehen», sagte er erneut und zog seine Hand zurück. Er sah weg, runter auf den Tisch zwischen uns. Er habe mir etwas zu sagen, fuhr er schließlich fort, das große Auswirkungen haben würde. Es würde erzählerisch für das Buch, das wir «zusammen» schrieben, von enormem Gewicht sein, es werde viel ausmachen, werde einiges verändern, sagte er, in unserem Buch; inzwischen hieß es bei ihm immer: «unser Buch». «Unser Roman». Nun könnte ich einwenden, dass für mein Empfinden nichts von alledem «unser» war, keinerlei «unser» in einer Geschichte, die sich um ihn und Caroline drehte, nichts daran «unser», sondern alles Caroline. Alles Caroline und er. Alles ihr «Roman», ihrer und Evans, seiner – ohne Bezug zu mir, abgesehen vom Schreiben, dem Part der «Amanuensis».

Also, Evan. Also.

Denn er blickte kein einziges Mal mehr hoch beim Reden, hielt durchweg den Kopf über den Tisch gesenkt, als suchte er dort Spuren. «Unser», immer dieses «unser» – Schluss mit dir und mir, mit «zusammen», dachte ich. Schluss mit dem «Unser» hätte ich sagen können. Obwohl er direkt vor mir saß, seine Gegenwart und Vergangenheit zum Greifen nah ... Dennoch. «Amanuensis», nicht wahr? Ich bin hier nur die, die alles «zu Papier bringt», und fertig. Amanuensis, ich wiederhole es, Schreiberin der Geschichte. Von wegen «unser» – und außerdem, Evan, war es schließlich bloß ein Yoga-Mittwoch, sagte ich mir streng, ermahnte ich mich, um standfest zu bleiben. Nur weil es spät war und auch neulich abends vor einer Woche spät gewesen war, was hieß das schon, eigentlich gar nichts, und dass wir hier saßen und unsere Vergangenheit und Gegenwart so übermächtig ... Das alles hieß gar nichts.

«Was los?», sagte ich. Den Kurs besuche ich schließlich seit fünfzehn Jahren, fünfzehn; Rosie hatte mich seinerzeit darauf gebracht. Wenn unsere Ashtanga-Stunde vorbei ist, gehen wir oft alle zusammen, der ganze Kurs, in eine Pizzeria um die Ecke, und dann texte ich Rosie, schicke ihr nach Gloucestershire eine Kurznachricht, um sie wissen zu lassen, wie sehr mir fehlt, sie dabei zu haben und bei einem Bier mit ihr eine Quattro Stagioni zu teilen.

«Was los?», wollte ich erneut ansetzen, um zwischen uns Worte ins Spiel zu bringen, zwischen uns beide, etwas in Gang zu bringen, einen Dialog, um Evans Präsenz, die mich noch immer so durchströmte, dass ich es kaum aushielt, es mich kaum dort hielt, abzufedern. «Was los?», wollte ich soeben sagen, beherrschte mich aber und ließ es.

Weil ich, als er den Kopf hob und mich wieder ansah, erkannte – warum fiel mir das jetzt erst auf? –, dass er geweint hatte.

vier

Mittlerweile wohnte Evan fast drei Monate bei Caroline. Fast drei Monate, in denen er kaum geschlafen, kaum gegessen, sich verliebt hatte. Fast ein Vierteljahr seit jenem ersten Tag, da er an der Tür eines Hauses in Richmond geklingelt und Caroline ihm aufgemacht hatte und vor ihm den Flur hinabgegangen war, ihr herrlich wildes blondes Haar zu einem losen Knäuel gebündelt, und dabei über die Schulter zurückgerufen hatte: «Kaffee?» Fast drei Monate. Drei. In denen Evan mich anrief, sich Notizen machte. In denen ich mir Notizen machte zu dem, was er sagte, und sie aus seinen Mappen ergänzte. Ich musste mir zunehmend eingestehen, dass die einzige Möglichkeit, ihn zu Gesicht zu bekommen, darin bestand, bei diesem Schreibprojekt mitzumachen, das wir uns vorgenommen hatten; unsere sämtlichen Treffen, zuerst in den rustikalen Pubs in West London, wo die Gäste Gummistiefel trugen und wohlerzogene schwarze Labradore zu ihren Füßen sitzen oder schlafend unter den Tischen liegen hatten, und dann allmählich in Etablissements, die – obwohl sie einen «Ploughman's Lunch» anboten – kaum als Pubs gelten konnten, waren einzig und allein dem Buch, unserem «Work-in-Progress» zu verdanken. Die Zeit lief.

«Mann, Evan», sagte ich. Und zwar am Tag nach dem jüngsten Treffen spätabends an dem besagten Yoga-Mittwoch, und es war noch viel später geworden. Nachdem ich ... mich gefangen hatte. «Der Frühling ist da. Er ist wirklich da.»

Wir hatten uns am Abend zuvor darauf geeinigt, dass die Gefühlsintensität, die Krise, Evans Tränen vermutlich an der Jahreszeit lagen. Frühling, eben. Der hat immer viel mit dem Verhalten der Menschen zu tun, unweigerlich, nicht nur bei Evan, nicht nur bei mir. «Anderes Wetter, Evan», sagte ich. «Andere Zeiten. Das Jahr schreitet fort. Und wo stehen wir? Mit dieser Geschichte, unserem ‹Roman›? Ich finde, es muss allmählich was passieren», sagte ich. Denn wir mussten die gestrige Krise überwinden und wieder zur Sache kommen. «Die Bäume schlagen aus», fuhr ich fort, «neue Triebe, zart, hellgrün, unübersehbar, Evan. Ich habe vor Wochen schon die ersten Narzissen gesehen. Die Vögel legen los, ich höre sie zwitschern, sie bauen Nester. Ich glaube also, weißt du», sagte ich, ich sprach entschieden, seltsam feierlich, «dass du irgendwie mit Caroline reden solltest, ihr klarmachen ...», und fügte hinzu: «Was weiß ich. Irgendwas. Was andeuten, meine ich. Von dem, was du für sie empfindest. Ihr einen Wink geben, dich offenbaren. Was sagen ... du weißt schon ... Du musst etwas unternehmen, eure Beziehung irgendwie ... konkreter machen. Realer.»

Es war, wie gesagt, erst der Tag nach dem vorausgegangenen Mittwochabend, aber die Zeit dazwischen war mir unheimlich lang vorgekommen. Der Abstand zwischen gestern und jetzt als wahrhaftig längste Pause zwischen all unseren Treffen – länger sogar als die Funkstille oder was immer damals Ende des Winters, Anfang des Frühjahrs nach dem Streit über Evans Schreibweise, den so persönlichen Tenor seiner Aufzeichnungen –, die gefühlt längste Frist an getrennt verbrachten Minuten, diese letzten vierundzwanzig Stunden, auf jeden Fall. Ich sagte noch mal, was ich schon am Abend ausgesprochen hatte, vielleicht weniger nüchtern – denn wir waren lange weg gewesen, waren nach Evans später SMS überhaupt erst um halb zehn im Child zusammengekommen –, aber faktisch hätte ich das, was ich gestern gesagt hatte und jetzt pointierter wiederholte, jederzeit schon eine Woche nach Evans erster Begegnung mit Caroline und dem Coup de foudre ansprechen können. Denn wir hatten schlicht und ergreifend ein Problem mit dem Plot. Dem Mangel daran. Wir müssten einsehen, hatte ich gesagt und alles Übrige beiseite gewischt, Evans stumme Tränen, mein stolperndes Herz, dass es der ganzen Geschichte seit jeher an einer Handlung, an Dynamik fehle. Klar sei natürlich, dass Evan gleich zu Beginn der Geschichte von der Liebe ergriffen worden war – siehe das herrliche «Ping» –, aber dann? Nichts mehr. Meines Erachtens hätte Evan direkt nach jener ersten Begegnung in Richmond irgendwie «nachfassen» müssen, so meine Formulierung am Abend zuvor, ziemlich eindringlich, als Ansporn quasi.

Immerhin, ermahnte ich ihn, hätte ich ein Buch zu schreiben. Das sei mein Auftrag, er, Evan, habe mir aufgetragen zu erzählen. Wobei mittlerweile im Text ja häufig von «Roman» die Rede sei; das verpflichte. Dazu hätte ich Evans Aussagen und Sätze zu transkribieren, sein Kreisen um Caroline. Und dann alles, von den Notizen bis zu den kleinsten Begebenheiten, irgendwie zu etwas mit Substanz und «Zug» zu machen, zu einer Liebesgeschichte, wie wir sie vielleicht alle würden lesen wollen. Also –

«Willst du denn nicht allmählich mal etwas unternehmen?», fragte ich Evan jetzt. Wir saßen wieder im Child. Hieß es nicht, man müsse nach einem Sturz gleich wieder aufs Pferd steigen? So auch wir.

«Wo doch die Blätter sprießen und das alles?», sagte ich. «Und längst die ersten Narzissen? Willst du nicht mal –»

«Bring du einfach zu Papier, was bisher war, Nin», unterbrach er mich. Er leerte mit grimmigem Gesicht sein Glas. «Ich besorge uns Nachschub.»

Ich sage es hier noch mal, es war ein einziger Tag nur vergangen, aber die Zwischenzeit war mir viel, viel länger vorgekommen. Ohne den kleinsten Piep von ihm in der ganzen Zeit. Und nicht etwa eine Woche der Funkstille, dachte ich, die quasi mit den vergossenen Tränen begonnen hatte ... Eben deshalb hatte ich spätabends einiges so nachdrücklich angesprochen, will sagen mit einigem «Druck». Denn es hatte sich in der Tat etwas ereignet, was «Druck» machte, es war, möchte ich sagen, etwas passiert. Tatsächlich passiert. Ein Vorfall, nicht viel vielleicht, aber immerhin ein Vorfall – den manche durchaus für bedeutsam halten würden, Auftakt zu einer dramatischen Wendung, das, was eine Geschichte vorantreibt.

Caroline war tatsächlich, faktisch, zu Evan hochgekommen.

Das war der Fakt, und entsprechend bekommt er einen eigenen Absatz. Dass sie sich an Evans Tür gezeigt hatte, Caroline selbst, sie war die Treppe heraufgekommen. Er hatte es mir erst Minuten vor der Schließung im Child erzählt. Sie hatte dagestanden, spätabends, sie hatte bei Evan geklopft. Also, Evan. Dachte ich. Höchste

Zeit, «nachzufassen». Und hatte es auch gleich so gesagt, während man im Pub das Licht ein paarmal ein- und ausschaltete und unsere Gläser abräumte. Denn es war etwas gewagt worden. Zwar auf leicht benommene, von Sekt und Wein befeuerte Art, aber gewagt trotz alledem, auf denkbar charmante Weise, fand ich, von einer Frau spätabends nach einer Dinnerparty, noch ganz unter dem Eindruck des Zigarettenqualms und des weißen Burgunders und der Konversation, die Süße eines raffinierten Desserts noch auf den Lippen. Und das bedeutete, es konnte was werden mit der Geschichte. Es konnte etwas losgehen zwischen den beiden.

Und die Bäume trugen das erste Laub! Die besagten ersten Narzissen waren längst erblüht! Selbstverständlich wollte ich Evan «Druck» machen! Deshalb hatte ich das Wort ja gewählt, deshalb verwenden es Schreiber und Amanuenses generell. Weil die, denen sie zuarbeiten, die saftigen Details gelegentlich nur unter «Druck» liefern. Und es handelte sich hier schließlich um einen Roman, etwa nicht? Evans Vorstellung nach? Nun, dann brauchte es diese Details. Brauchte ich sie. Und was war der Dank? Ein schnödes «Bring du einfach zu Papier, was bisher war». Und: «Ich besorge uns Nachschub.»

«Aber keinen doppelten», sagte ich. Mir war leicht schwummerig. Wie sich herausstellte, wurde im Child, wo wir zum zweiten Mal hintereinander gelandet waren, wieder ein anderes Tonic Water geführt, das so eigen und streng schmeckte wie der kuriose dazugehörige *Terroir*-Gin. Evan hatte meine Hand mit seiner bedeckt und strich mir, während er von Caroline sprach, zerstreut mit dem Daumen über den Handrücken.

«Du nimmst wie ich einen doppelten», entschied er gerade und lachte irgendwie keck. «Gott, Nin.» Plötzlich schien er ganz der Alte. «Wir beide kennen uns nun schon so lange ...»

Ich sah ihn zum Tresen stapfen und die leeren Gläser in Cowboy-Manier hinknallen. Keine Spur mehr von den verweinten Augen des gestrigen Abends. «Bring du einfach zu Papier, was bisher passiert ist», rief er vom Tresen laut über die Schulter zurück, als wären wir auf einer Party und wollten tanzen – aber nicht etwa zu «Sweet Caroline» von Neil Diamond, nein, viel eher den Offbeats von Funk. «Schreib's einfach. Du schreibst doch super», rief er lauthals. «Ein Buch schreibst du doch locker, mit links.»

So viel zum Seed, dachte ich. Und ähnlichen Pubs. Dieser Child o' Mine, Schauplatz ungewohnter Offenbarungen, war eindeutig, an diesem Abend, eine ganz andere Szene.

Ehrlich gesagt waren nämlich die vierundzwanzig Stunden zwischen unserem gestrigen und dem jetzigen Besuch mit ihren heftigen Begleiterscheinungen nervenaufreibend gewesen. Für mich jedenfalls; wie es Evan ging, weiß ich nicht. Zwar hatte es bei ihm, muss ich sagen, deutliche Anzeichen für eine Krise gegeben – den Kummer, den wie zum Gebet über den Tisch gebeugten Kopf, alles doch sicherlich Nachwirkungen des Vorfalls? –, jetzt aber war es, als bedeute Carolines Erscheinen bei ihm oben eigentlich nicht viel und würde der Vorfall – aus Sicht seiner Amanuensis ein unerhörter – den Protagonisten mitnichten veranlassen, «nachzufassen». Er schien es zufrieden, die Sache auf sich beruhen zu lassen – sehen Sie ihn sich doch an dort am Tresen, wie er quietschfidel weiteren nichthandelsüblichen Tonic bestellt, übermütig von dem bereits konsumierten und den stimulierenden Rhythmen der Musik. Nichts von der gestrigen Krise wirkte in seinem Verhalten oder Gebaren erkennbar nach, als wäre, im Grunde, nichts weiter geschehen. War es demnach mein Schriftstellerherz, grübelte ich, während ich auf seine Rückkehr mit den Drinks wartete, das Action verlangte? Dem es widerstrebte, über einen Vorfall wie den von ihm enthüllten einfach hinwegzugehen? Weil mich in meiner Fantasie das dramatische Potenzial, literarisch gesehen, so beschäftigte, dass ich darauf aufbauen, daraus etwas machen wollte? War es das? Denn Evan hatte mir am gestrigen Abend im letzten Moment erst erzählt, was vorgefallen war, und dann, als wir den Pub verließen und getrennte Wege gingen, kein Wort mehr darüber verloren. Kein Piep, keine SMS oder Nachricht auf der Mailbox ... Ich hatte von ihm bis zu dem Anruf an diesem Abend und dem vorgeschlagenen Treffen, wieder mal recht spät, nichts mehr gehört. Dazwischen malte ich mir aus, was für einen Roman wir vielleicht doch in der Mache hätten, malte mir alles Mögliche aus.

Es hatte echte Tränen gegeben, nicht zu vergessen. Auch wenn Evan die nicht erklärt hatte. Anzeichen einer Krise, als er hochsah, bevor er drauf und dran schien, mir zu erzählen, was oben in seiner Einliegerwohnung geschehen war ... Was konnte sich daraus nicht alles ergeben? Ja, gewiss, ich hatte Evan in der Zwischenzeit getextet, ihm auf Band gesprochen – aber nichts von ihm gehört. Mir war fast, als herrschte zwischen uns seit dem Aufbruch aus dem Child frühmorgens bis zum Erhalt seiner SMS jetzt am Abend Streit oder eine Art Stillhalteabkommen, was nicht der Fall war. In unserer ganzen langjährigen Freundschaft hatte es zwischen Evan Gordonston und mir nie Stunk oder Ärger gegeben. Dass es zu einer solchen Sendepause kam, einer so aufwühlenden ... Nun, kein Wunder vielleicht, dass mir, dass uns heute Abend wie schon gestern danach war, noch spät loszuziehen. Kein Wunder, fand ich, dass uns danach war, ordentlich zu bechern.

Und was war nun wirklich passiert? Das war schwer zu sagen. Ich könnte damit beginnen, hatte es getan, hatte mir bereits ausführlich Notizen gemacht, gleich nach meiner Heimkehr gestern, damit das, was er mir erzählt hatte, mich nicht überwältigte und es mir unmöglich machte, überhaupt weiter zu schreiben, hatte gleich losgelegt und auch am Morgen weitergeschrieben und dann den ganzen Tag, als Evans Schweigen so laut wurde, dass mir fast übel war. Ich hatte einen ganzen Teil dem besagten Vorfall gewidmet, mir die näheren Umstände ausgemalt. Das war wichtig. Ich musste schreiben. Ich musste es «zu Papier bringen», sagte ich mir.

Evans Quartier lag unter dem Dach. Das erwähnte ich, glaube ich, bereits? Wie groß das Haus in Richmond war? Wie es natürlich viele Häuser da draußen am Ende der District Line sind, denn Richmond ist ein alter, gewachsener Bezirk und Grundbesitz dort in entscheidendem Maß Erbsache – also große, unverschandelte Häuser, weitläufige Gärten, Platz, zwei oder drei Wagen abzustellen ... von der Größenordnung. Und dieses spezielle Haus ein herausragendes Beispiel der Art – hieß es nicht, David Beresford habe es von seiner Großmutter mütterlicherseits geschenkt bekommen? Ich glaube, so war es, Rosie zufolge – denn alte Sofas und ausgesuchte Möbel und so fort, eine herrlich breite Treppe sorgten für ein wunderbar angestammt-behagliches Ambiente. Was bedeutete, dass Evans Quartier, sein Logis ... aus mehr als nur einem großen Zimmer bestand, sagte er. Eher handelte es sich um eine Atelierwohnung, seiner Beschreibung nach, nicht bloß ein Schlafzimmer. Keineswegs. In New York würden sie dergleichen wohl «Apartment» nennen.* Ein eigenes Badezimmer – «selbstverständlich», sollte Evan mir zwei Wochen nach seinem Einzug erklären, als lebte er schon sein ganzes Leben in Richmond – «mit Dusche *und* Badewanne».

So groß sind, wie gesagt, diese Häuser. Weshalb es die Menschen dorthin zieht, nach Richmond, selbst wenn sie nicht geerbt haben, sie ziehen an den äußersten Rand von West London, quasi an eine der Endstationen der District Line, und bleiben. Weshalb sogar Familien wie die Beresfords, die man eher in Notting Hill oder Chelsea vermuten würde ... weshalb man sie da draußen in Richmond findet, wo die Gärten endlos erscheinen und es, neuerdings, Terrassen mit fest gemauerten Grills und auch Swimmingpools gibt, ja, es gibt Swimmingpools in Richmond.

«Glaub mir, Nin», sagte mir Evan gleich am Anfang nach seinem Einzug, «das Haus ist riesig.» Damals hockten wir noch im Elm Tree. Ich erstellte eine Liste der «Fakten und Umstände», wie ich sie nannte. «Die Akte

---

* Hinten im Buch finden sich Anmerkungen zu den Dimensionen und der Attraktivität von Richmond im Allgemeinen und im Abschnitt «Erzählalternativen» zu «Evans Wohnsituation» im Besonderen.

Caroline», sagte Evan. «Nein», entgegnete ich. «Ich brauche Fakten, Kontext. Hintergrundinformationen, Evan», sagte ich, denn wir waren zwar das eine Mal in dem Richmonder Café gewesen, aber das lag nicht in der Nähe des Hauses, nicht annähernd. Ich hatte keine Vorstellung, wie die Beresfords die Räume einteilten, nutzten, eingerichtet hatten, gar nichts. Wir hatten also erst einmal all diese Einzelheiten klären müssen – und kamen so auf die großzügigen Dimensionen seiner Atelierwohnung unter dem Dach.

«Eine eigene Suite», sagte mir Evan damals abends im Elm. Das fiel mir im Child o' Mine wieder ein, als ich auf seine Rückkehr mit den hochprozentigen Drinks wartete, die mir Lust machten zu tanzen. Sie benebelten mir auch in den langen Stunden nach seinem Bekenntnis, dass Caroline hochgekommen war, das Hirn, als ich mich so abgeschnitten fühlte, weit, weit weg. «Es klopfte spät an der Tür, Nin, und da stand Caroline ...», hatte er kurz vor Schließung des Child gesagt. «Sie stand dort auf dem Treppenabsatz vor meiner Tür, und ich sagte einfach nur: «Bitte, komm rein.»

Yeah, na ja. Geschichten. Romane. Fiktion eben. «Kurz vor knapp», hätte ich schreiben können. Wenigstens das hätte ich schreiben, wenigstens das festhalten können – mitsamt dem «Bitte, komm rein». Aber wie sich herausstellte, kriegte die Geschichte deshalb keineswegs Zug oder nahm merklich Fahrt auf, obwohl man es hätte erwarten können. Selbst bei einer erschöpften Caroline, verwirrt und benommen von irgendwelchen Mitteln, die sich mit den Drinks auf der Dinnerparty nicht vertrugen, den Spirituosen und dem Wein ... kam es nicht etwa ...

«Bitte, komm rein», hatte er gesagt.
Zu etwas, oder?
Oder?
Denn –
«Lass gut sein», hatte Evan gesagt, als wir uns verabschiedeten und er in die Nacht aufbrach, als ich ihn fragte, was das zu bedeuten habe, ihr Erscheinen, und was möglicherweise folgte.
«Gute Nacht, Nin», bekam ich bloß zu hören.
Und dann waren lange Stunden vergangen. Ich hatte mich so allein gefühlt.
Nun. Der Child o' Mine war, wie unlängst bemerkt, ein Pub der Extreme. Evans «Bring's zu Papier», tanzbeschwingt vorgebracht, während zuvor alle Zeichen auf Introspektion und Versenkung standen. Und davor, zu Carolines Klopfen und seinem offenbarten «Bitte, komm rein», sein «Mach bloß keine große Geschichte draus».
Der Child war eben so ein Ort, sage ich doch.
Wir hatten den Pub zusammen entdeckt; es hatte ihn vorher nicht gegeben. Damit meine ich, dass dort früher etwas anderes als ein Pub gewesen war. Ein Elektroladen, vielleicht? Ein Schuster? Wir hatten den Pub zusammen gesehen, Evan und ich, im Winter, als es noch ziemlich kalt war, und fanden, er wäre wie der Swan & Seed was für später, wenn es wärmer wurde, wenn man in Urlaubslaune war sozusagen – Evan ebenso eine Auszeit von seinem Turbojob in der City und seinen Sorgen um die Sache mit Caroline brauchte wie ich von den Strapazen des Lebens als alleinstehende freiberufliche Werbetexterin, die insgeheim von einem dicken, gut recherchierten historischen

Roman der Sorte träumt, die sich gut verkauft, aber weiß, dass sie das nie hinkriegen wird. Es war ein wirklich netter Pub. Von mir aus zu Fuß bloß vierzig Minuten, und es wäre ja denkbar gewesen, dass wir hinterher, vielleicht, noch zu mir gehen und ich uns Pasta kochen könnte oder ein Reisgericht, dass wir nach vielen Stunden des Rumhockens und Redens im Pub rüberspazieren würden ... Aber das sollte, wie gesagt, nicht Teil der Geschichte werden, die sich abspielte, ihrer Entfaltung überwiegend in Pubs überall in West London – ob nun an Tischen draußen oder drinnen. Außerdem waren andere Unternehmungen überflüssig, denn im Child herrschte, nicht zu vergessen – wie übrigens auch im Seed –, eine Art Urlaubsstimmung weit entfernt von dem urbanen Chic der Bars in Chelsea und South Kensington, und fern lagen auch Gedanken an Häuslichkeit. Pasta und Reis konnte ich vergessen. Der Pub hatte große Zweiertische. Ideal also für die Bearbeitung einer Liste der «Umstände», und genau die hatte ich mitgebracht, um Evan etwas Feuer unterm Hintern zu machen – «Druck» fällt einem wieder ein –, und ihm mehr von der Geschichte zu entlocken, jetzt, wo wir wieder vereint waren und der Graben zwischen uns, meine Einsamkeit, seine vergossenen Tränen, zugeschüttet und eingeebnet. Ich konnte meine Seiten auf einem Tisch ausbreiten, der zum Schreiben und für Notizen ideal war. Zwar kam es an diesem Abend nicht mehr dazu – «Lass uns tanzen!» –, aber immerhin hätte ich die Notizen für das nächste Treffen. Ich hatte sie mitgebracht, sie waren überschrieben «Evans Unterkunft».

«Erzähl mir doch mal», drängte ich ihn, als wir uns ein paar Tage später an einem sonnigen Nachmittag wieder dort trafen, «alles, was du über das Haus weißt; ich schreibe einfach mit.»

«Alles? Haarklein?»

«Na ja, soweit von Bedeutung», sagte ich. «Soweit nötig.»

«Also gut», begann Evan meiner Erinnerung nach. Ich hatte bereits den einen oder anderen einleitenden Absatz verfasst, darauf konnten wir aufbauen. Ich legte mit seinen ersten Worten los:

«Caroline wohnt in einem großen mehrstöckigen Haus in Richmond, und ganz oben unterm Dach gibt es eine abgeschlossene Einliegerwohnung, aber das weißt du doch, Nin, das alles weißt du ...»

«Weiter», sagte ich.

«Das ist meine Unterkunft da oben», fuhr er fort. «Soll ich so weitermachen?» Ich nickte. «Dort wohne ich jetzt also, unterm Dach. Die übrigen Zimmer im Haus sind groß und luftig. Der Garten geht nach Süden raus und ist riesig. Wie alle Gärten in Richmond. Die Nachbarn im letzten Haus in der Straße ... die haben einen Swimmingpool, und vorstellbar wäre, dass wir, wenn die Abende länger werden, wärmer, draußen im Garten sitzen, Caroline und ich, an einem Sommerabend, und von weiter hinten die Kinder sich im Pool tummeln hören. Die Caxton Taylors. Caroline kennt sie –»

«Aber –», unterbrach ich ihn.

«Ja genau, aber», stimmte Evan mir zu, und zwar «kleinlaut», ich nahm das Wort in meine Notizen auf, kleinlaut deshalb, weil –

«Yeah, die Fantasie geht mit mir durch», sagte Evan. «Ich träume ...»

«Weiter», drängte ich, machte erneut Druck.

«Das Haus ist schön dekoriert», fuhr er also fort. «Caroline hat da viel gemacht ...»

«Dekoriert?», hakte ich nach. «Also renoviert?»

«Yeah, wahrscheinlich. Neu gestrichen und so, weißt du? Die Wände, die Holztäfelung. Die Vorhänge, die Sofas, selbst die älteren Sachen ... Alles im Haus sieht so frisch aus.»

«Klingt gediegen», sagte ich und schrieb «Vorzeigehaus. Große Räume. Devise *Elle Decoration* oder *House and Garden*. Frische Blumen in großen Vasen. Caroline selbst trägt Elfenbein und Beige und Grau, entsprechend ist die Farbpalette im Haus.» Ich ergänzte: «Ihr blondes Haar. Instand gesetzte Fußböden, frisch abgezogen und versiegelt. Caroline geht selbst bei kaltem Wetter barfuß. Ihr Teint ist von einem warmen, sommerlichen Honigton.»

«Als ich das erste Mal da war, als wir damals morgens an ihrem Frühstückstresen Kaffee getrunken haben», sagte Evan, «dachte ich gleich – Wow. Vornehm hier.»

«Caroline ist ja auch vornehm», sagte ich.

«Aber das ist es gerade, Nin», sagte Evan, und jetzt, da ich es hinschreibe, fällt mir ein, dass er wie zum Nachdruck seinen Gin Tonic absetzte. «Ist sie gar nicht. Sie ist wie wir. Dabei anmutig, wunderbar souverän ... Und dann steht sie da auf einmal vor meiner Tür.»

«Und du hast gesagt –», ich hielt noch den Stift in der Hand.

«Bitte, komm rein.» Evan sah mich an, sah mir tief in die Augen, nur waren meine Augen für ihn Carolines Augen.

«Bitte, komm rein.» Ich brachte es endlich zu Papier, dieses Ereignis, diesen entscheidenden Moment im Text. Da Evan es aussprach, dachte, noch einmal durchlebte ...
«Alles in Ordnung?», sagte Evan zu mir, meinte aber Caroline.

In den Stunden, die auf den Abend gefolgt waren, an dem er mir zuerst von alledem erzählte, hatte ich eine sehr ungefähre Skizze erstellt, angefangen in den langen Stunden, die bevorstanden, ehe ich Evan wiedersehen würde, und während derer ich nichts anderes tun konnte als schreiben, schreiben ... Viele, viele Seiten hatte ich gefüllt, mit Ideen ... Wie Caroline seine Dachwohnung betrat und ihm alles von sich erzählte. Den Tabletten, dem Alkohol. Ich hatte es mir alles ausgemalt. Wie sie über ihre Ehe sprach, wie einsam sie sei, wie angsterfüllt. Sie hatte Evan alles erzählt, was ich in der Geschichte, ehrlich gesagt, längst hatte kommen sehen, ein Blinder hätte das, etwa dass sie eine Affäre gehabt habe oder ihr Mann. Dass es, ja, doch, mit David den grundlegenden Konflikt wegen seiner Begeisterung für die Klassische Philologie gebe, seiner vielen Kurse an der UCL, seines Vorhabens, zu promovieren, der ihr gemeinsames häusliches Leben überschatte. Es gebe das zu diesem Zweck in Bloomsbury angemietete Zimmer, in der Nähe vom Russell Square, und die vielen dort verbrachten Abende und Nächte. Aber für ihre Kinder tue sie, Caroline, alles, natürlich, alles, das halte die Familie zusammen, nicht wahr, aber die Kinder würden ja langsam erwachsen, die Jungen, nicht wahr, und brauchten sie längst nicht mehr so wie früher, keiner brauche sie.

«Was mache ich eigentlich, Evan? Aus meinem Leben?», hatte sie an jenem Abend bei ihm oben gesagt, zu ihm hochgesehen – inzwischen saß sie auf seinem Bett, sie hielt von der Dinnerparty noch ein Glas Wein in der Hand und trank immer mal einen Schluck, während sie ihm alles haarklein erzählte, als hätte sie alle Zeit der Welt. «Entschuldige, dass ich dir jetzt damit komme», sagte sie immerzu, «entschuldige, dass ich dich so überfalle mit dem ganzen ... Mist.»

Nichts davon war im Grunde sonderlich überraschend. Noch waren es Evans Beteuerungen, das sei schon in Ordnung, er verstehe.

«Schon gut», hatte Evan gesagt, das Zimmer durchquert und sich neben sie aufs Bett gesetzt, wo sie hockte, wo sie sich schließlich, nachdem Evan gesagt hatte «Bitte, komm rein», niedergelassen hatte, sich gleich das Bett ausgesucht, und dort saß sie nun. Also hatte er sich neben sie gesetzt und ihre Hand genommen, wie er es bei mir oft tat.

«Wenn ich doch nur etwas für dich tun könnte», hatte er gesagt.

«Das tust du doch», hatte sie erwidert und seine umklammerte Hand energisch auf und ab bewegt, als wollte sie ihnen beiden Mut machen. «Du glaubst ja gar nicht, was du mir für eine Hilfe bist», hatte sie gesagt, seine Hand gedrückt und auf und ab bewegt. «Schon dadurch, dass du da bist. Dass ich weiß, du bist da, hier im Haus. Hier oben in deinem Logis unterm Dach ... Allein das zu wissen ...»

Und an der Stelle – nachdem ich das alles hingeschrieben hatte – sagte mir Evan, er habe in dem Moment, in der Sekunde, da sie das Wort «Logis» aussprach, gewusst, dass er ihr nichts sagen durfte. Von seiner Liebe. Von der ganzen Geschichte. Von seinen Gefühlen.

«Mein Logiergast», hatte Caroline gesagt.

«Gastfreund», so wiederum Evan.

Mir sagte er im Seed wiederum etliche Tage später, ihm sei kein anderes Wort eingefallen. Um die Situation zu entschärfen, die verschränkten Hände zu rechtfertigen, die Tatsache, dass eine verheiratete Frau weinend auf seinem Bett saß ... Das alles zu rechtfertigen, weil er sich ihr sonst zu Füßen hätte werfen müssen, wie es sich Petrarca bei seiner Laura ersehnte, wie Dante davon träumte, vor seiner Beatrice niederzuknien und gestehen zu können: «Siehst du nicht, dass ich dein bin, dass ich dich liebe?» Ganz im Sinne der höfischen Liebe*: «Weißt du nicht, dass ich nur noch an dich denken kann? Von dir träumen kann? Tag und Nacht dein Gesicht sehe, dich höre? Beim Einschlafen, beim Aufwachen ... Nichts sonst mehr tun, mehr denken kann ... Weil überall du bist, alles, was ich bin, du, wo ich auch hingehe, wen ich auch treffe, immer nur sehe ich ...» Das alles. Das ganze Zeug. Petrarca pur, Dante. Nur längst nicht so gut geschrieben.

Dabei hatte Evan mich, das weiß ich noch, unverwandt angesehen, während er sprach, mich, aber in Wirklichkeit Caroline gesehen.

«Da wusste ich», hatte Evan mir gesagt, als ich bedächtig Tonic Water in mein Glas gab, damit ich selbst

---

* Die sich, wie wir längst wissen, als Motiv durch das gesamte Buch zieht: Petrarcas *Canzoniere* als Großmetapher und Inspiration für *Carolines Bikini* und so fort. Gehört zu den «Zugaben».

wegsehen, mich seinem falschen Blick entziehen konnte, «dass ich kein Wort sagen durfte.»

Meine Hand zitterte.

«Aber ich beschloss, es trotzdem zu tun, Nin. Unbedingt. Das beschloss ich da und dort: Ich würde Caroline meine Gefühle gestehen – nicht gleich, nicht, wo sie so neben der Kappe war und so aufgewühlt, nicht dort in der unglücklichen Position des ‹Gastfreunds›, wie ich so geistreich gemeint hatte, dort, wo ich mich jeder Möglichkeit begab, dass sie mich küssen würde – nein. Aber ich nahm es mir doch fest vor. Dem ‹Druck› entsprechend, den du mir machst, ihr alles zu sagen, alles, was du bisher festgehalten hast, was in meinem Buch steht, Nin. Und zwar noch bevor die Woche rum ist.»

fünf

Aber die Woche war um, und nicht nur sie, und was war passiert? Gar nichts. Es hatte den heiklen Abend gegeben, den Evan und ich spät im Child o' Mine erlebt hatten, aber das war eine halbe Ewigkeit her, und wir steckten noch immer mitten in diesem «Garnichts». Und meinem Eindruck nach ging es Evan, der am Tresen des Seed unsere starken, als «natürlich rein» und «handgefertigt» gepriesenen Drinks mit der – ja, was eigentlich? Grapefruitzeste? Kandierten Tamarinde? – bestellte, gar nicht mal so schlecht mit dem «Garnichts». Ging es uns beiden womöglich so, dass «gar nichts», für den Moment jedenfalls, fast genügte?

Dieser Pub, der Seed, lag, wie wenige Seiten zuvor erwähnt und wie andere Lokale, die wir im Laufe des Frühjahrs aufsuchten, etwas weiter von meiner Wohnung entfernt und war ideal für Nachmittagstreffen, aber auch gegen Abend, nicht zu spät, angenehm. Er bot viel Platz und war ruhig, sodass Evan und ich leicht reden konnten und – wie jetzt, wozu ich wie üblich Schreibmaterial mitgebracht hatte – im Detail «zu Papier» bringen, was sich neu ergab. Die Tische waren groß, ich konnte locker die Notizen ausbreiten, die ich jeweils angeschleppt hatte, damit Evan sie sah, sah, wie sie sich ansammelten und wie etwas Gestalt annahm, jede Menge Stoff immerhin, wenn auch kein Plot.

«Allerhand», meinte er beim Anblick der Mappen.

Ich hatte, wie gesagt, hier und da ergänzt, und als wir uns trafen und bevor die «natürlich reinen» Drinks sich zu sehr bemerkbar machten und mir klar wurde, dass Evan Caroline gegenüber den abendlichen Besuch in seinem Quartier nicht erwähnen würde, schlug ich vor, den Seed zu unserem neuen Stammpub zu machen. Es war eine Riesenerleichterung, Evan nach den Tränen vor ein paar Wochen und der mehr als zwölf Stunden andauernden Funkstille danach wieder obenauf zu sehen, und es fühlte sich gut an, einen Plan zu haben. Also beschlossen wir, als steckten wir erstmals überhaupt den Kurs für unser gemeinsames Projekt ab, dass er mir weitere Aufzeichnungen liefern würde, seine bekritzelten Seiten, verfasst in der Mittagspause oder spätabends in seinem Logis, wenn unter ihm die blonde Caroline im Dunkeln durchs Haus wanderte.

Ja, wir mochten den Swan & Seed. Er hatte hohe Fenster und breite, einladende und im italienischen Stil angeordnete Sofas – womit ich meine, dass sie in den Ecken Sitzgruppen bildeten, wie einst so beliebt in den Patrizierhäusern der Republik Venedig oder Florenz. In der Weise beieinander zu sitzen ist zugleich zwanglos und förmlich, also eine fantastisch gute Möglichkeit bei jemandem zu sein, den du liebst, der davon so gut wie nichts weiß bzw. glaubt, deine Liebe wäre einfach die zwischen guten alten Freunden, zwei Menschen, die einander so vertraut sind, dass sie Bruder und Schwester sein könnten, so lange kennen sie sich, praktisch ihr ganzes Leben.

Auf diesen Ecksofas saßen wir also, Evan und ich, während der Monat verging, während durch die hohen Fenster das Frühjahrslicht unsere Köpfe beschien und uns an schönen Tagen schläfrig machte, während die Zeit verstrich und die Knospen an den Bäumen aufbrachen und die Äste dicht mit Grün belaubten, die bunten Frühlingsblumen sich öffneten und blühten.

Mittlerweile war sehr spätes Frühjahr, der Sommer rückte immer näher, die Freizeit- und Spaßsaison. In der Sonne liegen. Baden. Wir aber, Evan und ich, lümmelten nicht. Wir hatten ein Ecksofa, das schon, aber zwischen uns hatte ich einen schicken quadratischen Tisch geschoben, auf dem wir bestimmte Seiten ausbreiten und bei Bedarf annotieren konnten. Wie hätten wir herumlümmeln sollen, wo es so viel zu tun gab? Ende Mai, und wir beide tief in die üblichen Gespräche verstrickt – wer was wann getan hatte. Wie Caroline klang, wenn sie bestimmte Sätze sprach. Wie Evan auf ein bestimmtes Schweigen reagierte. Und ich gab nun doch, messbar an provisorischen Kapitelüberschriften und -abschnitten, wie es Evan von Anfang an verlangt hatte, eine «Geschichte» wieder.

Wir waren im Seed also nicht untätig. Wir arbeiteten weiter. Die Gefühlsaufwallungen damals im Child, die Tränen, die Lust zu tanzen, die Sorge und dann Erleichterung ... das alles ließen wir beiseite, denn vor uns hatten wir schließlich seinen Lebensbericht, mein Buch. Seine Darstellung, meine Worte. «Unseren Roman.» Der lag vor, da zwischen uns, das war nach der schweren Zeit, den besagten «Gefühlen» dankenswert klar und sicher, das Manuskript, «Roman» gar, eine brauchbare Umschreibung unseres Projekts jetzt im späten Frühjahr. Denn für mich verlieh das, was zwischen Caroline und Evan geschah, von der ersten Begegnung an und dann zugespitzt, herauskristallisiert an dem Abend, da Caroline zu Evan hochkam, dem Ganzen durchaus, wie es Kritiker gern sagen, «romanhafte Züge», episodenhafte gar, mit Figuren und einem Plot, die, wenn ich dranbliebe, den Anforderungen des Genres genügen könnten. Der nächtliche Besuch als Wendepunkt, zusammen mit dem, was sich in der Beresford-Familie abzeichnete, der zunehmenden Distanz zwischen Caroline und David, je näher die Prüfungen zu *Ilias* und *Odyssee* rückten und ihm endlose Übersetzungsbemühungen abverlangten und lange Abende in Bloomsbury, die ihn weit von Richmond fortführten, und wie sich das aufs Familienleben auswirkte, diese Abwesenheit, auf Caroline und die Jungen ... All das verdichtete sich und machte, was wir zusammen schrieben, zur richtiggehenden Erzählung, trotz der fragwürdigen Anfänge doch noch zu etwas, was – um noch mal auf eine sehr viel frühere und eher provokative Bemerkung meinerseits zurückzukommen – die «Leute vielleicht würden lesen wollen».

Klar war aber auch, dass ich das «Garnichts» irgendwann würde angehen müssen, das nach wie vor wie ein kleines Neonherz im Zentrum unserer Geschichte blinkte: das «Garnichts», das am Abend passierte, als Caroline «hochkam». Das war mir klar. Ich war mir dessen sehr wohl bewusst. Als Schreibende trug ich den Lesern, dem Verlag, der Kritik, dem Buchhandel gegenüber Verantwortung, fand ich ... bürgte für das, was aus diesem Garnichts entstünde, denn beim gegenwärtigen Stand der Dinge konnte es nicht bleiben, das bisherige Material, wie fesselnd auch immer, durfte nicht weiter ausufern. Irgendwann, keine Frage, würde Evan sich entscheiden müssen, worauf das alles hinauslaufen sollte, was er tun wollte. Die Zeit, da wir gewissermaßen im Dunkeln tappten, da er sagte und nicht sagte, zeigte und nicht zeigte, was er empfand, war abgelaufen. Monate waren seit jenem Tag mitten im Winter vergangen, da Evan an der Tür geklopft und Caroline zum ersten Mal gesehen hatte, aus Winter war Frühling und jetzt beinahe Sommer geworden, ja. Der Sommer der Badefreuden und -sachen kündigte sich an.

«Du kannst mit deinen Gefühlen nicht ewig hinter dem Berg halten», sagte ich zu ihm, zwischen uns der hilfreiche quadratische Tisch. «Du musst dich erklären. Es Caroline sagen. Zumal einige Zeit vergangen ist, seit sie zu dir hochgekommen ist ...»

Ich wurde still. Ich sah aus dem Fenster. Italiener und alte katholische Familien verstehen sich auf zuträgliche Möbelarrangements. Die Position des Sofas erlaubte mir, Evan beim Sprechen nicht ansehen zu müssen. Ich konnte seinen Blick meiden und doch vertraulich sein, konnte frei sprechen und doch die Form wahren, seine Amanuensis sein, dank der Anordnung des Pubmobiliars leiden und doch Anteil nehmen.

«Du liebst sie, und das musst du ihr sagen», brachte ich schließlich hervor, wandte mich ihm wieder zu und bedachte ihn mit dem, was in den einschlägigen Romanen als «tapferes» Lächeln bezeichnet würde.

Jetzt war Evan derjenige, der wegsah. Das klingt auch wie aus einem Roman: «Jetzt war es an Evan etc. pp.» Als wäre alles einstudiert, von vornherein ein abgekartetes Spiel. Was er mal als «Szene» bezeichnet hatte – mit allen damit verbundenen Assoziationen von Künstlichkeit –, ist wohl das, was ich meine, ein nach bestimmten

beispielsweise tanzen zu gehen oder dergleichen überhaupt vorzuschlagen.

Die Tage wurden heller, und umso mehr fiel sie mir auf, diese Veränderung, eine Art – angesichts der Jahreszeit die reinste Ironie – Eintrübung. Selbst wenn ich ihn direkt nach der Arbeit traf, war an ihm etwas verkehrt, als säße sein Anzug schief, leicht verdreht, wären die Knöpfe des Jacketts falsch geknöpft oder hingen die Ärmel- und Hosensäume herunter. Ein solcher Aufzug war nicht «nichts», bestimmt nicht. So herumzulaufen, bei seinem Job ... Evans Äußeres sagte alles, zeugte von einer Ergriffenheit, gegen die auch eine Karriere in der Hochfinanz nicht ankam. Er war in Caroline verliebt, so ging die Geschichte, seine Geschichte, die ganze Geschichte. Daran war nichts «gar nichts».* Er musste immerzu an sie denken**, sie an seine Seite fantasieren, über sie schreiben, jedes kleinste Detail festhalten.*** «Heute stürzte ihr das offene Haar über den Rücken wie ein Wasserfall», lautete ein Satz in seinen Notizen, den ich als dringend änderungsbedürftig unterstrichen hatte; «Heute trug sie einen dunklen Lippenstift, wie Pflaumen» ein weiterer. Also ja, nichts war «gar nichts». Keinesfalls. Es summierte sich alles zu einem dicken fetten Etwas. Und zu diesem Etwas kam ja auch – das durfte ich nicht vergessen –, dass Caroline bereits zu ihm hochgegangen war, in meinem Kopf und in der Realität,

---

* Siehe hinten die Anmerkungen zu «Höfische Liebe» und «Reprise»/»Petrarca».

** Siehe auch hier den Zusatz: «Reprise».

*** Abermals «Reprise», für die, die mehr wissen wollen.

sie war zu ihm hochgegangen, unaufgefordert, von sich aus.

«Das», sagte ich zu Evan, «ist hier der springende Punkt.» Wir saßen erneut im Seed. Seit die Tage so viel wärmer geworden waren, zog es uns immer wieder hin. Wir hatten begriffen, wie viel Raum der Pub innen bot, daran lag es zum Teil, und außer uns schien niemand scharf drauf, sich dort aufzuhalten, weil alle lieber draußen saßen. Es lief keine Musik, gab keinerlei Ablenkung. Das ganze Leben spielte sich draußen ab, und je wärmer es wurde, desto tiefer wurden die Schatten in den Ecken des Seed, was uns entgegenkam, Evan und mir, die wir ungestört sein wollten von anderen und vom Licht.

«Dass sie zu dir hochkam», sagte ich, «ist der Punkt. Dass sie unglücklich war und es dir sagte. Dass sie von den Belastungen in ihrer Ehe sprach, von ihren Tabletten. Und dass sie auf deinem Bett saß.»

Evan nickte. Er starrte in sein leeres Glas. Die Gläser im Seed waren winzig. Er schien kaum imstande, eine weitere Runde vorzuschlagen, Nüsse, eine Zitronenscheibe zum Zerbeißen. Mir gegenüber saß ein Freund, mein ältester Freund, verloren und aufgelöst, und alles einer Frau wegen, die er liebte und die zu ihm hochgekommen war und ihn in die Bredouille gebracht hatte, die ihm, wie beschrieben, so nah gekommen war, so nah.

«Wenn man bedenkt, was sich alles tut», sagte ich mit fester Stimme, denn fest musste ich sein, mir brach das Herz, «und das meine ich jetzt keineswegs ironisch, Evan», sagte ich, «weil sich viel tut ...» – ich zeigte mit dem Finger – «... in diesen Bergen Papier hier ...» – zeigte auf einzelne Stapel, einen als «Carolines Beichte» betitelten zum Beispiel und weitere zu Evans Alltag in Richmond, Davids wachsendem Interesse an rhetorischen Grundlagen, den Hausaufgaben der drei Jungen, Aufzählungen von Freunden, Carolines Friseurterminen, einem neu angeschafften Sofa, den ersetzten Küchenarbeitsflächen etc. pp. ... «Das alles beweist, dass sich sehr viel tut», sagte ich. «Aber der Besuch oben bei dir ...», ich stockte, «an den können wir anknüpfen.» Ich wollte einen Schluck Gin Tonic nehmen, aber auch mein Glas war leer. «Der macht das Ganze zum Roman, ihr ‹Überfall›, macht daraus etwas, was Leser reinziehen könnte, weil es Action gibt und Drama und so. Den Alkohol. Die Tabletten. Carolines plötzliches Erscheinen ...», sagte ich. Meine Stimme blieb fest, aber ich bildete mir ein, sie beben zu hören.

Und doch sprach ich weiter. Das musste ich. Um unseres Projekts willen musste ich es, so schwer es mir fiel, «Druck» zu machen. Ich musste einfach. Druck machen. «Was sie dir gebeichtet, was sie dir anvertraut hat ... macht es zur Liebesgeschichte», sagte ich. «Einem Roman darüber, wie ihr zwei zusammenkommt, bei dir oben, eine Geschichte über dich und Caroline und was sie dir ist und sein könnte ...»

Evan saß da, er schwieg. Sein Schlips hing ihm vom Hals wie ein Henkersknoten.

«Evan?», sagte ich. «Evan?» Er schien mich gar nicht gehört zu haben. Meine bebende Stimme, die Sätze, die Phrasen, die ich von mir geben zu müssen glaubte ...

«Hörst du mir überhaupt zu?»

Später, abends, als ich daheim alles aufschrieb – was ich gesagt hatte, was Evan nicht gesagt hatte – unter dem

Einfluss von vier oder fünf Dundee-Gins aus dem unerschöpflichen Sortiment des Seed, und das auf leeren Magen ... warf der Stand der Dinge im Buch für mich sehr wohl Fragen auf. Zum einen, wie gehabt, wo das hinführen sollte. Aber auch, wo *uns* das hinführen sollte. Uns beide. Wohin. Ob wir das eigentlich aushalten würden. Der Evan Gordonston und die Emily Stuart zu sein, die in einem inzwischen vertrauten Pub saßen, in einer Weise saßen, die wir uns inzwischen antrainiert hatten, auf italienische Art, zugleich sehr nah, sehr, sehr nah, und so fern.

«Evan.»

Evan Gordonston.

Beieinander saßen nach guter alter katholischer Art unter hohen Fenstern.

«Hörst du mir zu?»

Sagte es.

«Evan?»

So oft beieinander saßen, Evan und ich, auf besagte förmliche Art, beieinander, und so nah ...

Aber auch meilenweit voneinander entfernt.

Saßen, miteinander sprachen oder es versuchten, und manchmal auch ohne ein Wort zu sagen, weil es nicht nötig war, zwei alte, alte Freunde, die sich von Kindesbeinen an kannten ...

Also unnötig bei so viel gemeinsamer Vergangenheit, zu reden, Worte zu finden. Gelegentlich wechselten wir einfach einen Blick und lächelten.

«Enden», hat mal jemand gesagt, ein Romancier vielleicht?, «sind für Waschlappen ...»

Also Swan & Seed. Ein Stammplatz inzwischen, dieser großzügige Pubraum mit den hohen Fenstern und breiten Sofas, den heraldischen Schwänen der Wandbehänge. So vergingen Wochen. Wurde eine Liebesaffäre beredet, seziert. Wurden zwischen Daunenkissen Fragen gestellt. Listen angelegt. Dort im Swan & Seed, genauso wie wir im Child o' Mine Listen und Textpassagen verfasst hatten, im Tulip's Edge. Und so weiter. Und so fort. Im Gin Whistle. Im Kilted Pig. Über die Zeit. Die Jahreswechsel. Es hatte den Grapes of Wrath gegeben und davor den Elm Tree und den Walker's Friend, und die Zeit lief. Unaufhaltsam. Im Cork & Bottle lief sie. Wand sich ganz bis ins Dunkel des Winters zurück, die Zeit, und wieder vor in die Fülle des späten Frühlings, Sommer verheißend, und vor uns ein starker Gin aus Suffolk mit «Granatapfelnote», dargeboten in winzigen Zinnbechern ganz ohne Eis und mit einem Tonic Water, das kaum perlte, dafür aber mit sorgsam platzierter Erbse versehen war. Wie weit hatten wir, Evan und ich, doch die schwarzen Labrador-Anfänge unserer Geschichte hinter uns gelassen. So weit, ohne jedoch ein baldiges Ende in Sicht zu haben. An einem Ort der hohen Fenster und grauen Sofas, des natürlichen Lichts und einer Sonne, die auf uns dort drinnen herabschien. Während es alle Welt hinauszog auf die Bürgersteige und dort die Musik spielte, zu der andere würden tanzen wollen, nicht wir; wir blieben dort hocken, Evan und ich, angewurzelt zwischen grauen Sofas in einem grauen Raum, egal wie strahlend die Sonne draußen, wir saßen fest in fahlen Schattierungen von Grau.

sechs

Jetzt war wirklich fast Sommer, und doch trug auch ich fahles Grau. Grau wie grau, wie Winterhimmel und kalte Regengüsse, grau wie Evan, der zwar immerhin wieder in Jeans erschien, aber mit einem gräulichen Pullover; Pulli hätten wir als Kinder gesagt und wären in identischen bunten, von meiner Mutter für uns beide gestrickten Exemplaren zu unseren Expeditionen auf den verwilderten Dorfanger am Ende der Straße gezogen, bevor dort die neuen Häuser gebaut wurden. Jetzt kamen wir zwei abermals Ton-in-Ton daher, Evan und ich, innerlich wie äußerlich so sehr in den verhuschten Nuancen der Schatten, des Grabes ... dass man hätte meinen können, wir verschwänden: ich ins Schreiben, eine, die nichts weiter tat, als die Leben anderer zu bezeugen, und Evan im Zuge seiner so schlichten wie verheerenden unerfüllten Liebe zu Caroline Beresford, einer Frau, die, obwohl sie direkt dort bei ihm in einem großen Haus in Richmond lebte, ebenso gut eine Figur aus der Dichtung des frühen vierzehnten Jahrhunderts hätte sein können, eine blutjunge Florentiner Kirchgängerin*, oder gleich funkelndes Tafelbild einer dortigen Kathedrale, goldschimmernd im Kerzenschein, während ihr Verehrer unbemerkt von

---

* Es gibt ein paar Anmerkungen zum Fall Petrarca: wie er nach einem österlichen Gottesdienst Laura verfiel; sie stehen natürlich in dem entsprechenden Abschnitt hinten.

Heiligen und Marien in einer dunklen Nische lungert ...
So sah es aus. Alles grau, grau und abermals grau. Aus
Ende Mai war Juni geworden, und bald wäre Juli, wären
Schulferien, und alle würden in Urlaub fahren; mit jedem
Tag wurde es wärmer.

Die Beresfords, sagte Evan, seien zu einer Party eingeladen.

«Party?» Ich horchte auf.

In der Tat, zu einer Party – er habe die Einladung gesehen, sagte er –, Cocktails und Strandlaken und Badekleidung, ein Richmonder Vorstadt-Event in L.A.-Manier.

«Eine Pool-Party, Nin», sagte Evan. «Stell dir vor.»

«Tja ...» Ich rührte in meinem fast leeren Glas.

«Nichts für unsereins, Evan», sagte ich.

Denn er war nicht berücksichtigt worden, natürlich
nicht. Die Einladung war an die Beresfords in der Nummer 47 ergangen, ausgesprochen von den Caxton Taylors
drüben in der Nummer 23. Der ganze Chestnut Way
werde erwartet, sagte Evan. Hauseigentümer, besser gesagt, und ihre Familien. Nicht Untermieter. Eine ganz
andere Szene.

«Hm ...», machte ich. Denn derlei schien irrelevant.
Wir selbst hatten hier zu hocken und zusammen unsere
«Geschichte» zu fabrizieren. Fabrizieren, schreiben ...
aller Verpflichtungen ledig dazusitzen wie verknöcherte
Alte in einem neuen kleinen, kuriosen Pub namens The
Pincushion (& Thistle, in Klammern; aber so sagten wir
nie), den ich abends mal auf dem Heimweg vom Child entdeckt hatte. Es war ein Lokal ohne jede Sitzmöglichkeit
draußen, vielmehr ein einziger, halbwegs großer Raum
ohne die leiseste Spur von Zesten, Nüssen und Tama-

rinde, ambitioniertem Dekor oder italienischen Sofas ... Genau der richtige Ort, könnte man sagen, für unsereins, die keine Pool-Partys in Aussicht hatten, keinen Platz an der Sonne, die sich lieber in Grau hüllten.

Dort in dem kühlen Pub machten wir weiter. Ich hatte meine Materialsammlung und Evan Flausen im Kopf. Der neu entdeckte Pub eignete sich gut für unsere Treffen. Er bot die Ruhe und die Tischflächen, die wir brauchten. Er bot ein Ambiente, in das noch nie frischer Wind gebracht worden war. Ich hatte ihn erstmals nach einem besonders aufwühlenden Abend mit Evan im Child bemerkt, den er erneut hatte aufsuchen wollen, diesen Ort der Tränen und Beichte, um dort mit mir ein paar Tagebuchauszüge durchzugehen – allesamt zu Carolines Wochenterminen nach dem Abend, an dem sie «hochgekommen» war, lauter Shopping-, Telefon- und Lunchverabredungen mit Freunden. «Tut mir leid, das gestern Abend», hatte sie tags drauf spät zu Evan gesagt, als sie sich an der Haustür begegneten, er gerade von der Arbeit zurück, sie auf dem Weg zu Drinks mit Bekannten. Sie hatte ihn gedrückt und gesagt: «Tut mir leid, das gestern war wirklich daneben, aber du wirst es mir nachsehen, oder?» In einem so leichtherzigen und heiteren Ton, hieß es in Evans Tagebuch, dass ihre Krise vom Vorabend schwer vorstellbar war, gefolgt von der Bemerkung: «Das liegt an den Tabletten, die mir der Arzt verschrieben hat» – und begleitet von einem strahlenden Lächeln. «Ehrlich, die machen mich vollkommen crazy! Man müsste mich einsperren», worauf sie lachte. In Tinte hatte Evan nach dieser Passage direkter Zitate angemerkt, er habe nicht gewusst, was er sagen solle. Ihr Duft war überall, schrieb er, irgendwas mit Orangen, frisch. Sie trug ein extrem knappes Kleid, eine Strickjacke und sehr, sehr hochhackige goldene Sandaletten, lief zur Tür hinaus und rief auf dem Weg zum Wagen über die Schulter zurück: «Die Jungs haben schon gegessen, aber es gibt noch Ofen-Pommes, wenn du willst! Wir sprechen morgen, bevor du zur Arbeit musst! Ich stehe früh auf, dann können wir zusammen Kaffee trinken!»

Wir machten also weiter. Abseits, aus der Jahreszeit gefallen, aus der Welt. Ich hatte meine Aufgabe, das Schreiben, so sah mein Leben aus. Ungeachtet dessen, dass Christopher und Marjorie, die ich sonst wohl komplett vergessen hätte, mich Woche für Woche anriefen und ermahnten, bitte mal unter die Leute zu gehen, an die Sonne, sie zu treffen, zusätzliche Werbeaufträge zu übernehmen oder was immer, war ich mittlerweile voll in das Projekt Evan abgetaucht. «Sein geplantes Buch nimmt mich ganz in Anspruch», textete ich Christopher, wenn er mir wieder seine «???» schickte, versprach Marjorie auf gleichem Wege: «Kümmere mich Juni/Juli wieder um die Hundefutter-Kampagne» und erklärte Rosie auf AB: «Er will nicht», als sie mir auf meinen gesprochen hatte, sie finde, ich solle Evan raten, Richmond zu verlassen. Ungeachtet dieser Schimpftiraden, Vorschläge, Weisungen gar meiner Freunde. «Du spinnst doch, so viel Zeit mit Evan zu verbringen», hatte Christopher mir unumwunden gesagt, als er eines Abends anrief, um mich zu einer Bürger-Aufräumaktion mit Kundgebung und Grillfest einzuladen. «Und was ist überhaupt mit der Arbeit?», fügte er an, da ging sein alter Buchführungs-Pragmatismus wieder mit ihm durch. «Ist ja nicht so, als könntest du es dir leisten, die Aufträge auszuschlagen, die Marjorie dir zuschanzt. Und wann warst du eigentlich zuletzt da in deiner linken Galerie? Man hört, du fängst mit deiner Zeit nichts an, was kostendeckend oder vernünftig wäre.» Was ja stimmte. Tat ich nicht. Ich hatte die Katalogrecherchen, die Textarbeit und die Vertretung in Hoxton komplett vergessen. Ich hatte vergessen, wann Marjorie mir zuletzt ein Präsentationsprojekt gemailt hatte. Ja, ich war mir der in meiner Eigenschaft als Autorin und Texterin vernachlässigten Arbeit bewusst, und dennoch war ich unfähig, anderes zu tun als wieder und wieder Evans endlose Seiten voller Notizen und Aufzeichnungen durchzugehen, und meine eigenen. Zu sichten, zu sieben. Christopher zu vertrösten. Zu arrangieren. Marjorie zu texten: «Bald.» Unaufhörlich zu versuchen, aus kurzen freundlichen Umarmungen, Lachen und Scherzen eine große Liebesgeschichte zu stricken, großes Drama, einen Roman, der den Lesern Aufregendes versprach, einen Mehrwert.*

Eines hatte ich allerdings, und es schien wichtig, nämlich eine Liste der Charakteristika von Evans Quartier unterm Dach. Die brauchte ich für den «Kontext». Da saßen wir also und gingen die Liste durch, an einem lauen Abend Ende Juni als einzige Gäste des Pincushion, dieses, genau besehen, eigentlich seltsamen Pubs – allein schon der Name! –, und wieso überhaupt im hintersten

---

* Ein guter Roman kann nämlich die Welt weiten und interessanter machen. Wenn Sie mögen, lesen Sie hierzu die Anmerkung weiter hinten zu «Narrativer Aufbau» mit dem Hinweis auf Katherine Anne Porter und ihre Vorstellung eines literarischen «Mehrwerts». Muss aber nicht sein.

Winkel von Acton, weit weg von Richmond und erst recht von meiner gewohnten Ecke? Diese Liste umfasste Gegenstände und Effekten ... die Evan auf den «Meine Unterkunft» betitelten Seiten inventarisiert hatte. Ein Grundriss zeigte annähernd korrekt die Abmessungen – «Schlafnische», «Erker», «Eingang» etc. –, Details, die an dem Schicksalsabend durchaus eine Rolle gespielt hatten, als Caroline, aufgewühlt, erschöpft, unter dem Einfluss sowohl von Alkohol als auch des ihr verschriebenen Medikaments, zu Evan hochgekommen war und geklopft hatte und er gesagt hatte: «Bitte, komm rein.»

Diese Details würden aus Evans Sicht den «entscheidenden Kontext» liefern.

«‹Entscheidenden Kontext›? Was meinst du damit?» Dabei hatte ich doch selbst davon gesprochen, als er vor etlichen Monaten davon angefangen hatte, als alles angefangen hatte.

Doch Evan lächelte bloß traurig und unergründlich. Als wäre «Kontext» der Weisheit letzter Schluss.

Inzwischen war, wie gesagt, an die Beresfords eine Einladung ergangen. Sie war vor rund einer Woche eingetroffen, Einladung zu einer Nachbarschafts-Party Anfang Juli. Mir war unklar, warum gerade diese Einladung so wichtig schien – schließlich wurden die Beresfords zu sehr vielen Partys, Essen, Cocktailrunden eingeladen –, aber irgendwie entzündete sich gerade an dieser Evans Fantasie. Er hatte sie mehrfach erwähnt: «Stell dir vor. Eine ‹Pool-Party›. Und das in London, Nin! Kannst du dir das vorstellen?», oder: «Hättest du dir das träumen lassen?»

Ich konnte nur den Kopf schütteln. Hätte ich nicht.

Wir saßen in einer pseudo-viktorianischen Taverne in Acton – ferner konnte man einer «Pool-Party» kaum sein. Dem Glamour. Blauem Wasser. Einer gediegenen Terrasse mit gemauertem Grill und Sitzecken. Allein der Gedanke, das besonnte nachmittägliche Bild ... Das alles gehörte woandershin, lag weit, weit jenseits meiner Vorstellungswelt. Eine solche Party hatte mit dem Schauplatz unseres Buchs aus meiner Sicht kaum etwas zu tun, der Wohngegend mit den altmodischen Gärten, den dicht belaubten Bäumen. Und doch kam Evan immer wieder auf die Sache zurück, vielleicht lag es an den häufigen Besuchen in Kalifornien, auf die er in jenen seltsamen Tagebuchpassagen angespielt hatte, der eingestandenen gescheiterten Beziehung in Palo Alto, die ihm so zu schaffen machte, den Erinnerungen an ein früheres Leben. Oder vielleicht lag es einfach an dem knalligen Effekt der Einladung selbst, dem bunten Druck auf dem satinierten Karton, dem Hinweis «Dresscode: Badekleidung» unten rechts in der Ecke. Ob so oder so, ihm ließ die Angelegenheit – diese «Pool-Party» – keine Ruhe, deren Ankündigung ihn vom Kaminsims in der Küche angelacht hatte, direkt neben der Pinnwand mit dem «Wochenplaner» der Beresfords, auf dem das Datum von Caroline umkringelt worden war.

Als ich fragte, was ihn daran so fessele, meinte er, die Party sei höchst «relevant». Evans Ansicht nach war der Abend, an dem Caroline «hochgekommen» war, wie er die Sache so geschmeidig umschrieb – Resümee ihres Erscheinens in seinem Logis auf besagte Weise am besagten Abend, derangiert und doch wie immer bezaubernd –, «der Auftakt zu etwas» gewesen. Und für ihn versprach die Pool-Party irgendwie eine Fortsetzung, gehörte dazu und war deshalb «relevant», davon war er felsenfest überzeugt. Gespräche, so fand er, fielen bei den Beresfords seit Eintreffen der Einladung eindeutig offener aus, ehrlicher. Selbst David hatte gemeint, eine Pool-Party sei eine witzige Idee, und er werde auf jeden Fall mit den Jungen hingehen, werde für alle irgendwelche Wasserspiele organisieren. Das hatte Caroline Evan erzählt, und auch anderes über ihre Ehe – Davids mangelndes Interesse am häuslichen und gesellschaftlichen Leben insgesamt, während er zunehmend seine Zeit im Büro oder in der unweit der UCL angemieteten Einzimmerwohnung verbrachte und, so er zu ihr, kurz vor einem Bachelorabschluss «mit Auszeichnung» in Altgriechisch stand, vor allem aber anderswo war, in dieser oder jener altphilologischen Bibliothek, bei Dozenten, bei Recherchen, bei Besprechungen, jedenfalls nicht bei ihr.

Diese Umstände, so Caroline zu Evan, seien «Fakt».

Und so hatte es, als sie abends zu Evan «hochkam», wenige Tage zuvor so etwas wie eine Aussprache zwischen ihr und David gegeben, bei der Caroline einiges zu sagen gehabt hatte zu dem, was «Fakt» und ihr von einer gemeinsamen Freundin zugetragen worden war; das brauche zwar nicht im Einzelnen erörtert zu werden, was David aber einsehen müsse, sei, dass seine häufige Abwesenheit, die anderswo verbrachte Zeit, Stunden für die auf und um den Bloomsbury-Campus der University of London besuchten Kurse ... nicht ohne Folgen blieben. Für ihr Familienleben. Sozialleben. Die Jungen. Dass sein Fehlen in der Ehe mittlerweile zunehmend ein Problem darstelle, ob er nun im oder außer Haus sei, weil er sich nämlich selbst zu Hause in seinem Arbeitszimmer verschanze, ein Buch auf dem Schoß und die elend langen Beine ausgestreckt, als habe er alle Zeit der Welt, dort lese, sich Notizen mache, das griechische Alphabet übe in dem kleinen Moleskin-Büchlein, das er jetzt ständig bei sich trage.

Diese «Fakten» seien wesentlich, fand Evan, ergäben den «Kontext». Und nicht, dass Caroline drei Aperitifs mehr als sonst getrunken hatte, als David ihr eröffnete, dass er, wenn überhaupt, mit Verspätung zur Dinnerparty kommen werde, zu der sie daheim eingeladen hatte, nicht, dass sie eingekauft und gekocht, wochenlang überlegt hatte, nicht, dass anderes im Beruf seine Aufmerksamkeit verlangte. Auch nicht, dass sie nach der Party, nach dem Aufbruch der Gäste und einem Telefonat mit David ganz allein noch eine weitere halbe Flasche Wein geleert hatte, trotz der zwei Ativan, die sie kurz vor Eintreffen der ersten Geladenen geschluckt hatte, nein. Wesentlich und eben im breiteren «Kontext» zu sehen sei vielmehr, dass sie im Lichte dessen, was «Fakt» war an Davids Verhalten, «hochkam». Sie, die so viel für sich behielt, in sich hineinfraß ... Evan zufolge wiederum. Dass sie «hochkam» bei so viel Kummer und welcher Reim sich darauf machen ließ ... das sei das Eigentliche.

Denn vor jenem Abend, betonte Evan in den mir zugedachten Notizen, war Caroline nie zu ihm «hochgekommen». Oder ja, doch, sie kam schon hoch, allgemein gesprochen. Die Einliegerwohnung war immer blitzsauber, weil Caroline dort persönlich noch mal «nach dem Rechten sah», wie sie sagte, wenn erst ihre wunderbare Putzhilfe Esme, die nur einmal die Woche kam, durchs ganze Haus gegangen war, von oben bis unten, einschließlich Logis. Caroline stellte dann rasch noch frische Blumen hin, wechselte die Handtücher und Seifen – ich stellte mir hübsche kleine Gästeseifen in den Schalen seines kompakten und doch geschmackvollen Bads unter dem Dach vor –, Seifen ähnlich den feinen Toilettenseifen der besseren Hotels.

«Ja, Nin», bestätigte Evan. «Es stehen immer frische Blumen da, wenn sie die Runde gemacht hat», sagte er und bestätigte damit auch Carolines Rolle quasi als Laura oder Beatrice der Geschichte.* Oder als eine der späteren Verkörperungen des Frauentyps, dem auch die sogenannten Cavalier Poets Herrick und Carew schmachtend und hingebungsvoll Blumen ausstreuen, gewissermaßen. *Zu pflücken Blumen, Sappha ging / Und heim trug blindlings ... Frühlingsschätze* heißt es bei Herrick in «The Apron of Flowers», der es in einem anderen Gedicht auf die Spitze treibt: *Gebinde gönne mir ... die Ruhestätte zu versüßen.* Doch, ja, es gab historisch in der Liebesdichtung und der höfischen Liebe Vorbilder für Frauengestalten, denen Blumenmetaphern zugeeignet wurden. Diesen Hallraum gab es durchaus.

«Caroline passt ins Schema», hatte ich viele, viele Wochen zuvor im Kilted Pig bei einem Gordon's Silver mit Limonen-Tonic und zerstoßenem Eis erklärt. «Blumen ...», hatte ich seinerzeit gesagt. «Ja, verstehe. Alles klar.»

---

* Laura und Beatrice waren viel jünger als Caroline, aber gemeinsam ist allen der Blumenaspekt. Im Abschnitt «Höfische Liebe» hinten findet sich Näheres zu der Flora-und-Fauna-Motivik bei Petrarca, s.a. «Evans Wohnsituation».

Evan hatte sich also von vornherein an die Präsenz Carolines in seinem «Quartier» gewöhnt – obgleich er selbst meist nicht da war, spürte er ihre Anwesenheit in seinem Logis, was die Lage verschärfte, wie ich im Laufe der Wochen beobachten konnte, seine Gefühle intensivierte. Die Tatsache, dass sie reingeschaut hatte, «hochgekommen» war, und zwar lange vor dem Abend, da sie tatsächlich bei ihm anklopfte. Zunehmend durchdrang die Präsenz Carolines allenthalben unsere Geschichte – darüber hatte ich in einem vorläufigen Anhang zur ersten Hälfte dieses zweiten Teils ausführlich berichtet –, ihre Allgegenwart in Evans Leben, nach seinen eigenen Worten Ende des Winters im Edge:

«Sie bringt mir regelmäßig frische Blumen.»

Wenn das kein Leonard-Cohen-Songtext ist, hätte ich damals zu Evan sagen können, hatte es aber nicht getan und würde es nie; «dann weiß ich auch nicht», murmelte ich jetzt allerdings in der gedämpften Enge des Pincushion.

«Bitte?», meinte Evan.

«Ach nichts», sagte ich. «Ich habe bloß laut gedacht ...»

Und was waren das für Blumen?, grübelte ich. Im Laufe der Monate, über die sich unsere Geschichte erstreckte, dürften sie üppige Blüten getrieben haben – in Vergleichen und Metaphern. Wahrscheinlich gab es zu Beginn erste Frühjahrsblüher, das Einzige, was mitten im dunklen Winter zu haben gewesen sein kann, als die Erzählung ihren Anfang nahm, dann den einen oder anderen Blütenzweig, Narzissen – wie lange lag doch die frohe Botschaft der ersten Narzissen zurück! –, dann Rosen.

Und noch mehr Rosen, aus Carolines Garten, Stamm-, Zwerg- und Patiorosen, kletternde, duftende, womit wir beim Mai und frühen Juni wären und, bald darauf, der Jahreszeit, da es warm wäre, das Laub voll und dicht und von einem fetten, leuchtenden Grün an allen Bäumen, da auf den Gartenmöbeln bei den Beresfords die Polster erscheinen würden, auf der Terrasse die Tuben Sonnencreme herumlägen, als wäre Richmond zu Südfrankreich oder Italien mutiert ... Nicht mehr London, sondern ferne, verträumte Gefilde.

Kein Wunder also unter den Umständen, dass die Gedanken um eine «Pool-Party» kreisten. Kein Wunder, dass auch meine darum kreisen, wo Evan sich so für dieses Ereignis interessierte und es richtig heiß wurde. Dass ich die drei Beresford-Jungen Ende des Trimesters, kurz vor der Sommerpause, nach der Schule ohne Hemd im Garten herumrennen sah. Caroline wiederum auf dem Rasen in der Sonne, ein buntes Sommerpolster im Nacken ... In der Tat schien Richmond zu dieser Saison wie ein ferner mondäner Ort, nur mitten in London – die großen Häuser mit den lässig draußen im Kies der Auffahrt geparkten drei Autos, und ja, es gab in manchen Gärten Swimmingpools, doch ja, die gab es, und einer drüben in der Nummer 23 sollte Anlass zu einer Party bieten.

«Selbst David geht hin», sagte Evan; die Sache ließ ihm keine Ruhe. Wir hingen, eingemummt in graue Wollpullis, im hinteren Eck des Pin, noch beim ersten gemeinsam bestellten, inzwischen lauwarmen Gin. «Der hat am Wochenende meist zu tun, Prüfungsvorbereitungskurse und so», fuhr er fort, «aber ausnahmsweise ...»

Er verstummte. Wie sehr die Pläne für die Party bei den Nachbarn die Gemüter bewegten, hatte er mir bereits erzählt. Es sollte eine große Party werden, die halbe Nachbarschaft wurde erwartet und ein Gutteil der Freunde der Caxton Taylors. Die seien, so Caroline zu Evan, «supergesellig», die Caxton Taylors, und die Party würde unschlagbar werden. Ob Evan auch hinwolle?

«Und, willst du?», fragte ich ihn nun, aber er schüttelte den Kopf.

«Das ist nichts für unsereins, Nin», sagte er. «Da waren wir uns doch einig.»

Und ich musste mit ihm nicken, als wären wir tatsächlich das alte Ehepaar, das wir zu geben schienen.

«Du weißt genau, dass eine ‹Pool-Party› nicht unser Fall ist», fuhr er fort, «und außerdem nicht für Untermieter gedacht, das habe ich dir doch schon gesagt.» Er leerte seinen eislosen Drink. «Noch einen?», meinte er und zeigte auf unsere leeren Gläser. «Machen wir lieber mit der Geschichte weiter.»

Na gut, also: In seiner Einliegerwohnung waren stets Blumen.

So weit waren wir in der Geschichte. So weit hatte ich alles zu Papier gebracht.

Dass an seinem Bett Wildblumen standen an dem Abend, an dem sie «hochkam». Und weiter, Evan? Weiter?

Nun, inzwischen kann ich natürlich ohne Weiteres sagen, dass Evan noch heilloser in Caroline verliebt war, noch hingebungsvoller, noch aufmerksamer geworden war. Soviel kann ich wirklich sagen. Inzwischen hatte ich meine Rolle drauf, war ganz Amenuensis und deshalb leicht imstande, dergleichen hinzuschreiben – «Evan war noch heilloser verliebt» –, nichts leichter als das. Obwohl er Caroline gegenüber den Vorfall mit keinem Wort erwähnt und obwohl sie ihrerseits in ihren hochhackigen goldenen Sandaletten auf dem Weg zur Tür nur die paar beiläufigen Bemerkungen gemacht hatte, nahm er die paar hingeworfenen Worte als Labsal, als Ermutigung; sein Geheimnis belebte, befeuerte ihn.

Wir hatten beschlossen, uns einen neuen Pub zu suchen. Irgendetwas am Pincushion (& Thistle) war ... na ja, schon okay, aber wir brauchten einen Tapetenwechsel. Vielleicht, weil Sommer in der Luft lag? Etwas in der Art.

«Und bei euren ganzen Unterhaltungen seither», sagte ich, «gab es nicht mal im Ansatz –?»

«Hör zu, Nin», unterbrach er mich. Der neue Pub hieß Ripeness Is All, lag unweit vom Pin, aber eher in Chiswick als Acton, insgesamt näher am Fluss, eine hübsche Vorstellung zu dieser Jahreszeit, da es alle Welt ans oder aufs Wasser zog, während wir immerhin in Wassernähe waren, in einer weiteren Pseudo-Taverne saßen, die glatt aus der Krimiserie *The Sweeney* hätte sein können, bar jeden Anflugs der Shakespeare-Stimmung, die der Name suggerierte, eher Siebziger und so gar nicht feudal – dort bekam man wahrscheinlich sogar einen Ploughman's Lunch, sofern Evan und mir danach wäre, was unwahrscheinlich schien.

«Hör zu», wiederholte er sich. «Diese Liebesgeschichte hebelt alle zeitgenössischen Regeln aus. Das sollte dir inzwischen klar sein. Du schreibst sie immerhin auf. Also muss dir auch klar sein, dass die Konvention, der wir hier folgen, nicht die moderne ist, sondern viel älter, ernster.

Denk nur», sagte er, «wenn du Dichterin wärst, hätten wir hier ein episches Gedicht, in Sonetten, gereimt oder in Blankversen. Aber Prosa, Nin? Ein Prosawerk? Gut möglich, dass wir etwas unternehmen, was in der heutigen Zeit noch niemand versucht hat. Meines Wissens jedenfalls.»*

Was ich zur Verskunst hätte beitragen können, wäre eher blanker Unsinn gewesen, aber nur, weil ich müde war. Seit einem Gespräch neulich mit Christopher war mir aufgegangen, wie sehr ich welt- und tagespolitisch hinterm Mond war. Als drehte sich die Welt ohne mich. Christopher hatte angerufen, um mich zu einem seiner beunruhigend martialischen Märsche einzuladen, Thema Radwege und das Überhandnehmen der Behindertenparkplätze in Central London, wozu ich nur «nein» hatte sagen können, aber mir war bei der Gelegenheit immerhin klar geworden, wie lange ich meine Freunde nicht mehr gesehen hatte. «Rosie kommt extra rein», hatte Christopher gesagt. «Sie würde dich auch gern mal wieder sehen, weißt du. Würden wir alle. Was schreibst du denn da eigentlich für einen Wälzer? Das geht jetzt schon ewig, und Marjorie sagt, die Agentur wird dich nicht mehr beauftragen, Emily, wenn du dich bei den Kampagnen nicht ranhältst. Sie hat dir so viel zugeschustert. Wie

---

* Ich habe lange überlegt, ob ich im Abschnitt «Erzählalternativen» ausführlicher auf das Verfahren bei *Carolines Bikini* eingehen oder vielleicht einen Fragebogen dazu anhängen sollte, ob der Ansatz, die literarische Legitimation, Evans Vorlagen etc. pp. eigentlich «tragen». Mir liegt eigentlich immer recht viel am Feedback der Leser, und da hätte ein Fragebogen recht ergiebig sein können.

kommst du überhaupt klar? Du brauchst die Arbeit doch, oder nicht? Wie wir alle!»

Da hatte Christopher allerdings einen Nerv getroffen. Das gelingt rechtslastigen Leuten meiner Erfahrung nach oft recht gut bei Ratschlägen für ihre finanzschwachen linken Freunde. Das liegt daran, dass sie selbst immer nur klotzen und wissen, wie schnell man Geld verliert – in ihrem Fall nicht unerhebliche Mengen – und ebenso verdient, versteht sich, und das langfristig einfach dadurch, dass man ständig dran denkt, ans Geld. Und er hatte ja recht, mit der Arbeit lief es nicht sonderlich. Und auch ich hatte Rechnungen zu bezahlen. Christopher hatte auf seine Tory-Art vollkommen recht. Am Ende würde ich, wenn ich so weitermachte und dieses Buch mich aus der Welt warf, meine Hypothek nicht mehr bedienen können, aber da war ich machtlos.

Denn in dem Maß, wie es Evan drängte, sich mit mir zu treffen, drängte es mich, ihm entgegenzukommen; in dem Maß, wie er immer mehr über die Situation mit Caroline zu sagen hatte, hatte ich mehr zu erzählen. Mein Material, die Kapitel, die einzelnen Teile ... alles wuchs an. Inzwischen kannte ich die Farbe des Teppichbelags auf der Treppe ins Obergeschoss und somit zu Evan, die Jeansmarke, die Caroline trug, wenn sie früh am Montagmorgen zu ihrem einen wöchentlichen Pilatestermin ging und sie und Evan sich gelegentlich an der Haustür begegneten.

«Hallihallo mal wieder», sagte sie dann zu Evan, kramte zugleich aber schon in der Tasche mit ihren Fitnesssachen nach dem Autoschlüssel. Rief ihm noch beim Zurücksetzen und bei heruntergekurbelter Scheibe aus dem Auto zu: «Freu mich auf später nach Feierabend! Dann nehmen wir einen Drink und schwatzen mal wieder, ja?» Wie sie aussah, wenn sie rückwärts die Auffahrt hinabrollte, kurz noch winkte – und weg war sie. Caroline. Während Evan durchs Tor gehen und zu Fuß ebender Straße folgen durfte, die sie gerade genommen hatte. Stehen bleiben und sich beruhigen musste, gegen die Wellen der Übelkeit und Panik ankämpfen, die ihn bei Carolines Worten, ihrer Nähe, ihrem Ton, einer flüchtigen Berührung, ergriffen.

Seine Liebe zu ihr wurde heilloser, so wie meine Verstrickung, Hypothek hin oder her. Alles drehte sich immer mehr im Kreis, immerzu in Bewegung und zugleich statisch, starr. Blumen wurden gewechselt, immer duftend. Als wären sie unvergänglich. Und ähnlich war Caroline vor Urzeiten zu Evan «hochgekommen», aber so, wie Evan davon sprach, so, wie ich selbst die Szene im Kopf immer wieder durchging, kam es mir vor wie gestern. Oder als hätte das alles sich, was ebenso möglich schien, im Gegenteil vor vielen, vielen Monaten zugetragen, gar vor Jahren, als hätte der Vorfall sich lediglich im Traum ereignet. Caroline redete weiter, das Reden lag ihr, sie redete und redete und redete mit Evan – trotz oder wegen ihres Besuchs oben bei ihm – über ihre Familie, ihre Ehe, die Kinder ... nichts schien zu privat. Dieser Moment zwischen ihr und dem Logiergast unter ihrem Dach, dieses intime und private Gespräch in seinem Logis war also, könnte man sagen, nichts anderes als die Blumen, die sie Woche für Woche wechselte ... Sobald der Moment geschehen und vorüber war, ließ er sich offenbar ohne Weiteres mit einer neuen, frischen Erinnerung überschreiben.

Im Grunde hätte dieser Moment, wie ich ihn als Abschluss ans Ende des zweiten Teils dieses Buchs gesetzt hatte – sie dort auf Evans Bett, auf dem Bett eines Mannes, den sie gar nicht sonderlich gut kannte –, normal erscheinen können. Als das Natürlichste von der Welt. Weil er sich ersetzen ließe, jede Geste übermalt und immer wieder frische Blumen hingestellt werden könnten. Als wäre alles, was sie tun und vergessen konnte, normal, unbeachtlich, nicht der Rede, einer Entschuldigung oder Erklärung wert. Weil alles, alles, was ich hier aufschreibe – ihrem Verhalten nach –, schlicht dem ganz natürlichen, alltäglichen, normalen Lauf der Dinge und des Lebens entsprach, Subtext der Erfahrung, der Gefühle ... In diesem Sinne ergab alles eine romanhafte Textur und Tiefe. Lebensbild und so fort. Hofften wir jedenfalls, Evan und ich. Wie auch, dass am Ende vielleicht wirklich eine Liebesgeschichte dabei herauskäme, wenn wir dranblieben. Immerhin waren die Seiten, die wir füllten, real.

Los!

eins

Und was übrigens das Wort «natürlich» hier im Herzen der Geschichte betrifft. Wer auf der weiten Welt hätte denn nicht schon eine solche Liebe erlebt? Natürlich. Normal. Unverkrampft. Eine Liebe, die schlicht, ehrlich und echt erscheint, während doch andere Formen romantischer Gefühle im Vergleich artifiziell und gewollt wirken, an zu viel Überschwang kranken. Und wie rein, wie einzigartig und beständig ist erst die unerfüllte Liebe, deren leidenschaftlich verehrtes Objekt um die Glut der Gefühle oft gar nicht weiß. Dann schlägt die Flamme nur umso höher, brennt umso heftiger. Und ja, solche Gedanken, solche Vorstellungen sind natürlich. Ebenso die Tatsache, dass es Liebe dieser Art im Leben der meisten von uns in der einen oder anderen Spielart geben mag – weniger intensiv womöglich, etwa indem wir nicht wie Evan Gordonston Untermieter geworden sein dürften, etwa indem wir nie den Wunsch gehegt haben dürften, das alles zu dokumentieren, schriftlich die Geschichte bzw. einen Bericht unseres Begehrens zu fixieren, um die Bindung real werden zu lassen – bedenkenswert in Zeiten der durch die Film- und Unterhaltungsindustrie mit endlosen Aufgüssen der immer gleichen Love Story oktroyierten und generierten Gefühle, die so austauschbar sind wie Shoppingausflüge und ähnliche Freizeitaktivitäten und Konsumgelüste. Im Vergleich ist unerklärte Liebe so natürlich wie die Luft, die wir atmen, wie das

Wetter. Ebenso dazu angetan, Leben zu verändern, wie die realisierte Variante, nur weit seltener gewürdigt ist eben das, was letztlich passiert, wenn das Herz ergriffen wird, Denkräume sich weiten. Sein stilles Geheimnis neue Welten erschließt.

Inzwischen war richtig Sommer. Das Gespräch, das Evan und ich geführt hatten, als er mir von Carolines spätem Besuch oben erzählte, bei dem sie, durch ihr Verhalten und das Gesagte, so deutlich zu erkennen gegeben hatte, wie aufgewühlt sie war, und sich ihm in einer Weise gezeigt hatte, die ihren ganzen Kummer offenbarte ... es gehörte für mein Gefühl in die Übergangszeit, den späten Frühling, eine andere Ära. Zwar hatte sich nichts geändert, Evan sich Caroline nach wie vor nicht erklären und ihr seine eigenen Gefühlen offenlegen können, trotz ihrer umfassenden Beichte, ihres Eingeständnisses, sich verloren zu fühlen, als gäbe es keine andere Zuflucht als die kleine Einliegerwohnung, könnte sie sich an niemanden sonst wenden als den Logiergast unter ihrem Dach ... Aber das alles schien dennoch lange her, und die Geschichte hatte sich Bahn gebrochen, weiterbewegt und nach ihren eigenen Maßgaben gefunden. Das zeigte sich darin, dass Evan der Mann war, der Caroline an diesem ganz bestimmten Abend hatte Trost bieten können. Wir hatten nolens volens unseren «Roman», er war, Wort für Wort, da.

Denn was stand nicht für eine Wendung an! Wie sehr sollte sich alles ändern.

Evan war müde. Schon länger hatte ich an ihm eine zunehmende Erschlaffung beobachten können. Sie bemächtigte sich, wie beschrieben, seiner Kleidung, seiner

Haltung, seiner ganzen Gestalt mir gegenüber im Pub, seiner Umarmung zum Abschied. Als würde, je länger und heller und wärmer die Tage, je rückhaltloser Türen und Fenster der Häuser der Sommerluft geöffnet wurden, von Evan Gordonston mehr und mehr zurückgenommen, im Ausdruck gedämpft, er schien verschlossener denn je, distanzierter. Die Bevorzugung der beklagten Pullover, selbst wenn es für Wolle zu warm war, und insgesamt der Zustand seiner Garderobe – fleckig, zerschlissen, durchlöchert – ließen auf ein allgemeines Unwohlsein schließen, einen Niedergang quasi, Verzweiflung, manifestiert im ungepflegten Äußeren. Es war eine Düsternis um ihn, ein frostiges Schweigen, das noch in den hintersten Winkel jedes Pubs zu dringen schien, in dem wir uns trafen, ob im Pincushion oder, immer häufiger, im Ripeness Is All. Und während wir, rückblickend, einst im Kilted Pig etwa oder im Tulip's Edge so zufrieden dagesessen und über das Leben und die Liebe und Caroline gesprochen hatten, die sonnigen Zeiten, die kommen würden, die Pläne, die zu schmieden und mit Geschenken und Urlauben und Rosenbuketts zu besiegeln wären ... schien jetzt jeder Gedanke an solche Liebesbezeigungen, an romantische Gesten dieser Art, die womöglich im Kern die Gefühle Evans für Caroline ausmachten, wie aus einer gänzlich anderen Geschichte, einem vollkommen anderen Leben.

Der schlicht «Last Stand» benannte Pub war unser jüngster Treffpunkt. Er lag fast in Ealing, als fehlte Evan allmählich die Fantasie, sich gedanklich allzu weit vom Heim der schönen Vermieterin zu entfernen, der er monatlich seinen Tribut leistete, als kennte er letztlich nur diesen einen Ort.

Und dass wir ausgerechnet den Last Stand wählten! Zu dieser Jahreszeit! Sodass wir zwei jetzt, wo es alle Welt an den Fluss zog, in die Parks oder draußen vor die vielen Bars und Restaurants und Cafés in West London, im schummrigen Licht und der tristen Atmosphäre einer herkömmlichen Kneipe hockten – Ausdruck der Verfassung des Protagonisten wie auch seiner Amanuensis. Wohl hatte es im Verlauf dieser Geschichte Zeiten gegeben, da Evan und ich uns hinausgewagt hatten – die Tage, als ich ihn noch an der Underground abholte, schon vergessen? Und mit ihm um die Ecke in mein Stammlokal ging oder in den Elm gleich hinter Brook Green. Oder auch den Abend, an dem wir uns vor dem Gin Whistle unter die Leute gemischt hatten, als machten auch wir Party und genehmigten uns wie sie unsere Drinks draußen an den Tischen ... Damit war es nun vorbei. Wir konnten nicht draußen sein. Die ganze ... im Vergleich zur jetzigen Stimmung ... man könnte sagen Ausgelassenheit ... von damals im Winter und Vorfrühling, als wir noch das Eis in unseren Gin Tonics schwenkten und dazu diese oder jene Kleinigkeit besprachen: wo Caroline am Abend zuvor gewesen war, was die Jungen, immerhin Teenager, dazu gesagt hatten, dass ihre Mutter ihnen abends wieder mal Fischstäbchen vorsetzte. Oder uns über Davids Hemden unterhielten, die Caroline ihm bei einem Traditions-Herrenausstatter in der Jermyn Street kaufte, über Davids geistreiche Kommentare zum Charakter der Karos und Streifen ... Nein, so waren wir nicht mehr. Dergleichen beredeten wir nicht mehr. Kaum jemand sonst saß im Juni, genauer Ende Juni zur Sommersonnenwende, drinnen, aber wir schon, wir beide, wir uralten Freunde.

Saßen über unsere leeren Gläser gebeugt, ohne Eis, das noch hätte schmelzen können, die Zitronenschnitze längst abgezuzelt. Da saßen wir, so ausgelutscht wie die Schalen, dem Gefühl nach, und hatten nichts mehr zu sagen zu der Geschichte, hatten alle Empfindungen in Caroline gepumpt und sie alles aufgesogen. Alles, was wir fühlten, dachten und verarbeiten mussten, jeder Gedanke, jede Empfindung ... war Caroline zugeflossen, unsere Träume und Hoffnungen, unser Wollen, alle Vorstellungskraft, die Worte, jedes Gespür für Metaphern und Vergleiche, Versinnbildlichung, Sinn und Verstand ... Alles, alles abgeflossen, bis nur Caroline blieb mit ihrem nachlässig zum Knoten hochgezwirbelten blonden Haar, in Beachwear nun, da fast Juli war, in luftigen Sommerkleidern und Sandaletten stakste sie auf langen braunen Beinen durch Evans Leben, als hätten ebendiese Beine nicht die Treppe erklommen und wären spätabends zu ihm hochgekommen, als wären ihre nackten Zehen mit dem mohnroten Nagellack dem Teppichboden fremd, mit dem die gesamte kleine Einliegerwohnung unter dem Dach ausgelegt war.

Caroline eben. Caroline. Und was blieb von Evan als nur ein Schatten seiner selbst, ein grauer Schemen ohne andere Gesellschaft als mich? Was blieb von mir?

Evan hatte inzwischen sogar beruflich Probleme. Weil sich für ihn alles um die «Lage am Ende der Green Line» drehte, wie er jetzt dazu sagte, ließ seine Leistung nach, litt sein Sachverstand, schien sein Geschäftssinn getrübt. Er hatte offenbar einen wichtigen Deal in den Sand gesetzt und obendrein nur gelacht, als der Kunde sich beschwerte, eine Rundmail mit dem Betreff «Kein Weltuntergang» und Smiley verschickt und seinen Boss in CC gesetzt. Ich fragte mich durchaus, ob Evan nicht allmählich ein bisschen «plemplem» war, wie seine Mutter Helen einst gesagt hätte, ein Ausdruck, der wahrscheinlich zusammen mit vielen anderen familientypischen Anachronismen und Wendungen nach der Übersiedlung in die USA schnell in Vergessenheit geraten war. Das kam schließlich vor, dass die Liebe die Sinne verwirrte, erratisch und unberechenbar machte, Präzedenzfälle gab es mehr als genug.* Evan hatte noch nie sonderlich gut auf sich Acht gegeben – das hatte ich noch aus der Kindheit in Erinnerung: wie er stundenlang nicht merkte, ob ihm kalt oder heiß war, er Hunger hatte oder Durst, Sonnenbrand oder klatschnasse Sachen am Körper –, und auch wenn Jahre zwischen unseren Kinderspielen und dieser bleiernen Gegenwart lagen, sah ich nach wie vor in Grundzügen den sorglosen Jungen, mit dem ich lieber als mit allen anderen gespielt hatte. Es war wirklich so, als hätte er einfach keine Lust, an sich selbst zu denken. Genauso, wie er in jenen fernen Tagen Hunger haben, aber nicht im Traum daran denken konnte, auf ein Sandwich heimzugehen, geschweige denn, mich um auch nur einen Kartoffelchip aus meiner Tüte zu bitten – wo ich ihm doch die ganze Packung und viel mehr gegeben und obendrein meine Mutter gebeten hätte, ihm einen köstlichen Lunch zu bereiten, mit Keksen und Obst zum Nachtisch –, litt er nun still und würde nie für sich eintreten. Bei mir zu Hause

---

* Das sollte inzwischen klar sein. Wer jedoch vorausgegangene Hinweise verpasst hat, kann sich später an den Abschnitt «Höfische Liebe» halten.

hatte ich einen ganzen Schrank voll mit Nudeln, Reis, nahrhaften Körnern, ich kaufte ein-, zweimal im Monat ein, es gab nichts, was ich ihm nicht hätte zubereiten können, gegrillt, gekocht, geschmort ... Doch wie damals als Junge, der so in ein Spiel, ein Abenteuer vertieft sein konnte, dass es auf der ganzen Welt nur uns zwei zu geben schien, hatte er jetzt offenbar nichts als Richmond im Kopf, war ganz und gar von dem Drama eingenommen und ohne Appetit, verschmachtete vor meinen Augen, wurde dünner und dünner und immer blasser.

Ja, dieser Wesenszug, die Entrückung, trat unübersehbar zutage – eine Art zwangsläufige Versenkung in seine Innenwelt, so würde ich sagen. Genauso wie in seiner Kindheit gab es die ausschließliche Konzentration, die Besinnung auf nur eine Sache, und hörten die kleinen praktischen Dinge des Lebens einfach auf zu existieren, und das in einem Ausmaß, dass er sogar mich kaum noch wahrzunehmen schien. Er sagte «Hi», wenn er einen Pub betrat, klar, oder wenn ich nach ihm eintraf und er bereits in einer dunklen Ecke saß, nahm er mich nach wie vor mit einem Lächeln auf dieselbe freundliche, liebenswerte Weise in den Blick, aber seine Begrüßung war kraftlos, ohne Freude, ohne Schwung und Schmackes. Lang, lang war es her, dass er mir vom Tresen des Child o' Mine so cowboy-forsch zugerufen hatte: «Bring's einfach zu Papier, Nin! Mehr brauchst du nicht zu tun!» Aus Winter war Frühling geworden, aus Frühling Sommer, das Leben ging unerbittlich weiter. Es waren seit seiner ersten Begegnung mit Caroline Beresford volle sechs Monate vergangen, und abgesehen von dem einen Abend, an dem sie hochgekommen war und auf seinem Bett gesessen hatte, war nichts passiert. Es war überhaupt nichts weiter passiert.

Es hatte in unserem Roman keine Entwicklung gegeben, nichts zu wollen mit einem Spannungsbogen, seit Caroline bei ihm unterm Dach auf dem Bett gesessen und er schließlich neben ihr Platz genommen hatte, und seit sie ihm, was, wie sich jetzt herausstellt, der Fall gewesen war, die Hand an die Wange gelegt und sich ihm zugeneigt hatte, während Evan, schockstarr vor Verlangen und Verdatterung, vermute ich, überhaupt nicht hatte reagieren können, bis es natürlich zu spät war, die Gelegenheit vertan, und Caroline sagte: «Oh, tut mir leid, Evan. Das sind die Tabletten, die mir der Doc verschreibt, ganz schönes Kaliber. Sie machen mich ein bisschen crazy ...»

Ja, trotz alledem, selbst einer so kolossal wichtigen Geste, dass man meinen sollte, die hätte in der Geschichte eher vorkommen müssen – sie hätte hier viel eher zu lesen sein müssen als zu diesem späten Zeitpunkt –, tat sich immer noch nichts. Keine weitere Berührung, kein geschenkter Blick, Momente, die eine Autorin dankbar aufgreifen und ausschmücken könnte, keine Zufallsbemerkung oder winzige Zuneigungsbezeugung, die Evan, mit einem Wort, «Hoffnung» machen würde. Wie er sie nun mit der Wendung abtat, die er dauernd auf den Lippen führte, Klischee, abgegriffen, ausgedient: «Bei Caroline brauche ich mir keine Hoffnungen zu machen.» Als hätte er von vornherein nie geglaubt, dass er und Caroline ... sich ... überhaupt ... nah sein könnten.

Es schien fast, seinem Verhalten und meinem, der Autorin, Eindruck nach zu urteilen, als wäre jener schicksalshafte Abend nie gewesen. War er es denn? Fragte ich mich langsam. War da überhaupt etwas passiert, will sagen: Was war denn nun bitte schön mit dem Roman? Fragte ich mich. Fragte es mich wirklich.

«Sie hat es nicht mehr erwähnt», hatte Evan mir kurz nach dem Vorfall berichtet. Das war zu Zeiten, da ich ihm noch «Druck» machte, mehr Stoff, mehr «Fleisch» zu liefern, und nicht minder «Druck», endlich etwas zu unternehmen, die «Geschichte voranzubringen», wie ich sagte. Doch je mehr Zeit verging, desto eindeutiger zeigte sich, dass Caroline sich zu jenem Abend nie verbindlich äußern würde. Sie war wieder ganz in die exaltierte Rolle geschlüpft, scherzte und lachte und telefonierte endlos, verabredete sich immerzu, und wenn sie überhaupt mit Evan sprach, dann höchstens, um zu spaßen oder zu bitten: «Sei doch ein Schatz und setz Wasser auf.» Wirklich, als wären die Ereignisse in jener Nacht nie gewesen, nachdem Caroline Gäste bewirtet hatte, und zwar allein, denn wo blieb in dem Ganzen David Beresford? Der Mann, der so vollkommen in seiner Altphilologie und seinen Übersetzungskursen an der University of London aufging, dabei aber eigentlich bei ihr zu Hause hätte sein müssen? Na, in Bloomsbury. Wie gut doch die Storyline einer bestimmten Art von Roman oder TV-Serie die Umstände einer solchen Ehe abbilden könnte, der Beziehung zwischen Caroline und David Beresford, dem Mann, der viel zu oft an der Tafel fehlte, die seine Frau so hübsch eingedeckt und zur Freude ihrer Gäste mit den Genüssen, den Topgerichten ihrer in der Jugend besuchten Tante-Marie-Kochkurse beladen hatte. Daheim war David einfach nur zunehmend abwesend. Das ergäbe immerhin eine klare, lineare Geschichte. Der gute Mann auf und davon, während Caroline Gäste bewirtete und trank. Und zwar allein, und das keineswegs zum ersten Mal, nein; dass David mal wieder durch Abwesenheit glänzte und dies sie veranlasste, «hochzukommen», fügte sich, stelle ich mir vor und hatte Evan versucht, sich in Gestalt einiger Notizen vorzustellen, die er mir anschließend überließ, einer schon langen Reihe von Anrufen aus seinem Büro an, den vielen Ausflüchten nach dem Motto: «Ich schaff es heute Abend doch nicht mehr» oder «Ich komme erst spät, warte nicht auf mich» ... Und derweil musste Caroline alles selbst regeln, Gäste empfangen, sie unterhalten, Konversation treiben, sie verabschieden ...

David war natürlich nicht gekommen, und Carolines Unmut richtete sich ebenso auf die lateinischen und griechischen Konjugationen wie auf seine dauernd gähnende Abwesenheit. Die Schmach, die das bedeutete, gesellschaftlich, die Scham. Dass ein «Grundlagenkurs Altgriechisch» ihn seine Frau und seine Familie vernachlässigen, ihn sich in eine extra zum Zwecke des Studiums und der Ungestörtheit, für seine Arbeitshefte und Aufsätze angemietete Zweitwohnung verkrümeln ließ, wo er auf dem Schreibtisch verschiedene Stapel für Seminararbeiten und Übersetzungen vom Lateinischen ins Englische und vom Englischen ins Griechische angelegt hatte ... Wären nicht unsere Aufzeichnungen, Evans und meine, im Sinne des gemeinsamen Projekts zu bündeln, sprich einzig und allein auf Caroline und Evan zu fokussieren, dann, meine ich, könnten diese anderen Erzählstränge in der Tat den Stoff ganzer Romane abgeben.

«Ich habe lange darüber nachgedacht, weißt du», sagte Evan zu mir, «über die vielerlei Formen, in denen sich

David rar macht, aber letzten Endes, Nin, ist das nicht so wichtig.»

Denn letzten Endes war da ja Caroline, um die sich, wie er mich ermahnte, die Geschichte wirklich drehte, der sein ganzes Sinnen und Trachten, all seine Gefühle galten, ihr allein. Der Abend gelaufen, die Jungen seit Stunden auf ihren Zimmern, der letzte Gast verabschiedet und die Haustür geschlossen, ja, doch, ich kann es mir alles mühelos vorstellen, sehe es vor mir, und zwar nicht nur mit Evans Augen, wie sie in die Küche geht, um die letzte halbe Flasche französischen Chardonnays zu leeren, um Teller zu stapeln, Gläser zusammenzuräumen ... wie all das einem Drama eigener Art vorausgeht, dem großen Drama ihres Besuchs bei Evan unterm Dach, nachdem sie sich zusätzlich fast eine ganze Flasche von dem guten weißen Burgunder reingezogen hat und, mit dem Glas noch in der Hand, bei Evan klopft.

«Sie hat es nicht mehr erwähnt», sollte Evan wieder und wieder sagen, während sich nach dem Vorfall die Stimmung zusehends eintrübte und doch längst der Sommer angebrochen war mit seinem anderen Licht. «Nicht explizit», sagte er. «Nicht, als hätte sie etwas getan oder gefühlt. Es ist, als wäre es nie passiert ...»

Und dann verstummte er meist und verdichteten sich um ihn herum geradezu die Schatten, derweil die Tage hell und warm und verheißungsvoll waren und ich ihn mit wachsender Sorge und proportional steigender Aufmerksamkeit beobachtete.

«Nie», sagte er, senkte den Blick, der mir ebenso dunkel erschien wie die Schatten zu seinen Füßen und unter seinen Jochbeinen, die dunklen Bänder, die sich um seinen Leib, seine rentnergestylten Cordhosenbeine und mit Second-Hand-Lambswool umkleideten Arme legten ... So, so dunkel. Ach, Evan. Was musstest du dich kleiden wie für eine Winterwanderung, wo doch Juni war? Als hätten wir noch Januar, wo doch fast Juli war?

Denn so war es. Inzwischen. Draußen Hochsommer und heiß. Aus Juni war Juli geworden – der Monat der Ferien und Hitze und Sonnencremes und Strandlaken. Es kamen lange, verträumte Tage, und in Richmond war noch dazu im Chestnut Way Nummer 47 die Einladung eingetroffen:

POOL-PARTY

Sie war, wie wir wissen, bereits vor Wochen ergangen, war stolz in einem großen schweren weißen, rosa gefütterten und auf der Verschlussklappe mit einem winzigen Strandball verzierten Umschlag persönlich überbracht worden. Die Caxton Taylors gaben kund und zu wissen.

«Die haben Geld», berichtete Evan, als er mir gleich nach ihrem Eintreffen von der Einladung erzählte. «Das Schreiben, die Karte und das ganze Drum und Dran ... Alles wurde extra für die Party gedruckt, Nin», sagte er und beschrieb, wie das Strandball-Motiv des rosa, gelb und grün bedruckten Umschlags drinnen auf der Karte wieder aufgegriffen worden war. Hochdruck zudem, wie er betonte. «Caroline sagt, sie sind steinreich.» Die Botschaft mit allen nötigen Angaben war, wie es sich unter Nachbarn gehörte, persönlich bei den Beresfords abgegeben worden. Unter der Ankündigung «Pool-Party» wurden, in etwas kleinerer Schrift, Grillen und Cocktails versprochen, für die Kinder ein Picknick. «Dresscode: Badekleidung» hieß es in der rechten unteren Ecke. Das erwähnte Evan extra. «Zeit: 14 Uhr bis ultimo».

Wie hätten Evan und ich, als er mir erstmals von der Einladung erzählte, die in der Nummer 47 bei den Beresfords gelandet war, und wir noch im Swan & Seed hockten, ahnen sollen, dass die Aussicht auf blaues, gechlortes Wasser und Sonne derart eine Geschichte fluten würde, die mittlerweile doch halbwegs in den geordneten Bahnen einer Geschichte von Gefühl und Verlangen, von unerfüllter Liebe dahinfloss, für die bestimmte Regeln und Grenzen galten? Eine Geschichte beklemmender Pubs und vertraulicher Gespräche? Wer hätte gedacht, die Schreiberin, die Amanuensis, sicher nicht, dass eine auf dem Kaminsims neben dem «Wochenplaner» der Beresfords lehnende Karte eine so entscheidende Rolle spielen sollte für ihr intendiertes Prosawerk, dass eine schlichte Einladung in dem Maße das künftige Geschehen und den Ausgang der Geschichte bestimmen, dem Projekt den Charakter eines «Romans» nehmen und das Schreiben zu etwas ganz anderem machen könnte?

Dass eine Karte dazu imstande wäre? Alles zu ändern?

Denn gegenwärtig konnte der arme Evan mir nur immer wieder vorlamentieren: «Als hätten die Ereignisse des Abends nie stattgefunden.» Als wäre die Tatsache, dass Caroline zu ihm hochgekommen war und er nichts unternommen hatte, das Einzige, was sich in der Geschichte zutragen würde. Als würde die Bedeutung einer Einladung, würde das eigentümlich exotische Flair einer grell-fluoreszierenden Einbestellung an einen Swimmingpool in einem Garten in Richmond unbemerkt und verborgen bleiben, als würde der Fakt von Badekleidung, mal konkret gedacht als von genau jenem auf der mit Strandball verzierten Karte angepriesenen gechlorten Wasser durchtränktes und klatschnass auf dem Küchenfußboden liegen gelassenes Knäuel, in dieser Geschichte überhaupt keine Rolle spielen.

zwei

Parallel zu dem neuerlichen Gefühl von Stillstand änderten sich auch Schreibvorgang und Text.
«Roman? Ha!», brachte ich eines Abends im schummrigen Licht des Last Stand vor. «Gehen wir doch lieber wieder von einem ... Bericht aus. Oder meinetwegen Essay, Evan», sagte ich. «Oder Zwischending, halb Essay, halb ... Intervention. Reflexion. Ich weiß nicht, wie ich es nennen soll. Aber mit dieser Pool-Party ... betreten wir offenbar Neuland ...»
Denn fest stand, dass unser einziger dramatischer Wendepunkt, unsere Chance auf einen Roman, sozusagen, die vielversprechende Szene, in der Caroline «hochkam», mit allen Implikationen, allem Vorausgegangenen und zu Erwartenden, sich verflüchtigte. Laut Evan, «als wäre es nie passiert». Mittlerweile schien es, als wäre das, was sich in der Enge seines Quartiers abgespielt hatte, lediglich ein Traum, den Evan nachts gehabt hatte und aus dem er verwirrt aufgewacht war, traumverloren noch, vielleicht, die Erinnerung eines versuchten Kusses und der vorausgehenden Berührung zwar noch lebhaft im Sinn, wohlwissend aber zugleich, dass nichts davon wirklich geschehen war. So, wie wir im Traum vielleicht jemanden küssen oder küssen wollen, der betreffenden Person aber, wenn wir ihr dann leibhaftig gegenüberstehen, ins Auge sehen und begreifen, dass wir sie nie geküsst haben, so war es mit Evan und Caroline. Sie erwidern unseren Blick, diese

Personen, mit denen wir in unserer Vorstellung intim gewesen sind, und nichts verrät, dass sie das Geringste davon wissen. «Wir sind Freunde», sagt ihr Blick. «Liebe, enge, langjährige Freunde, aber verlieben könnte ich mich in dich nie.»

Und bei Evan, um zu der laufenden Geschichte zurückzukehren, war es, als bestünde das Drama des von Caroline beabsichtigten Kusses in kaum mehr als einem Hirngespinst. Dem Traum von einem Kuss. Einem aus dem Unterbewusstsein heraufbeschworenen Wunschbild, an dem aber nichts konkret war und etwa Anlass zu Hoffnungen oder Plänen bot. Es war einfach ein Ausreißer gewesen, eine Geste, ein Zufallsmoment, und die zunehmende Wortlosigkeit Evans bei unseren Treffen im Halblicht des Last Stand legte nahe, dass er sich Mühe gab, die Berührung, die Caroline ihm an jenem Abend spät, nach ihrer traurigen und missglückten Dinnerparty, zuteil werden ließ, in den hintersten Winkel seines Kopfs zu verbannen.

«Hat sie eigentlich je wieder von ihren Gesundheitsproblemen gesprochen?», fragte ich ihn – das wäre immerhin ein Thema gewesen, sollte man meinen, das unseren Protagonisten wieder unmittelbar auf Caroline hätte bringen können, auf Spekulationen: Litt sie tatsächlich an Depressionen? Im klinischen Sinne, sodass die Medikamente, die sie nahm, unverzichtbar waren? War sie schon lange eine, die entgegen ihrem sonnigen, munteren Auftreten im Schatten lebte? Das hätte immerhin einen Ansatz zu einem Plot ergeben können, fand ich, wenn es so wäre. Und Evan als Außenstehender und nicht in die Dynamik der Familie Verstrickter wäre dann möglicherweise jemand, der ihr helfen könnte? Der ihr mit Rat zur Seite stehen könnte, sie retten gar? Ihr zu einem neuen Ausgleich zwischen der Liebe zu ihren drei Söhnen, dem anderwärtigen Geistesleben ihres Mannes und ihrer eigenen Zufriedenheit verhelfen? Er könnte sie vielleicht bei dem heiklen Balanceakt unterstützen, den es bedeutete, die «muntere Szene» aufrechtzuerhalten, aus der ihr häusliches, ihr Familien- und Sozialleben bestand ... Aber nein, Evan saß bloß da, hielt sich an seinem Drink fest und schaute tief, tief in sein leeres Glas. Die nächste Runde ginge auf mich.

«Bist du dir ganz sicher, dass sie nicht darüber sprechen will?», versuchte ich es noch mal, trotz seines Schweigens überzeugt, dass eine Frau, die sich ihm gegenüber schon einmal zu einer umfassenden Beichte bereitgefunden hatte, erneut würde vertraulich werden wollen, aber Evan schüttelte lediglich den Kopf – entweder ein «Nein» oder «Keine Ahnung» –, bewies mit der Geste bloß, dass er sich innerlich absentiert hatte, wenn nicht von Caroline, dann von mir.

Und ich für meinen Teil ... Nun, mir war längst vollkommen klar, dass dieser Essay oder Bericht, diese genreübergreifende Prosa oder was immer wir da versuchten ... mit jedem Absatz heilloser aus der Bahn geriet. Der vermeintliche Roman – vergiss es. Essays erfreuten sich zwar immer größerer Beliebtheit – da bestand vielleicht noch eine leise Hoffnung –, aber das hier war eigentlich keiner, wusste ich im Innersten. Welche Chance hatten wir also noch auf eine breite Leserschaft? Letztlich hielt Evan und mich nur noch das Wissen um die Leere im Herzen unserer Erzählung bei der Stange; die immerhin schlummerte als Plot-Vakuum darin. Allein deshalb bemühte ich mich dort im Last Stand, dem von uns beiden aus unerfindlichen Gründen zu dieser Zeit bevorzugten Pub, abermals, auch wenn meine Beharrlichkeit mich als verbissen penetrante Komplizin auswies, die seltsame Hohlform zu füllen: «Du könntest Caroline doch fragen, ob alles in Ordnung ist», schlug ich vor. «Ob du irgendetwas für sie tun kannst. Es ist schließlich keine Kleinigkeit, wenn eine Frau –»

«Hör auf», sagte Evan da. «Verstehst du nicht, Nin? Wie mich die Vorstellung quält? Annehmen zu müssen, meine ich, dass ich mehr für sie hätte tun können? Dass ich es womöglich noch immer könnte?» Er hielt den Kopf weiter gesenkt, schob mit dem Finger die drei Eiswürfel in seinem leeren Glas herum. Er glich einem Meditierenden, für den das Hantieren mit Eis untrennbar zur Praxis gehört, einer entrückten Kontemplation seiner eigenen Welt, weit weg, nicht im Pub bei einer guten alten Freundin. Er saß und versenkte sich. Ich saß und wartete. Im Schweigen, das sich auftat, gingen Äonen, ging endlose Zeit vorüber. Dann sagte er aus den Tiefen jener anderen mysteriösen Innenwelt heraus: «Manchmal, Nin, frage ich mich, ob ich das Ganze nicht einfach erfunden habe, weißt du. Von Anfang bis Ende. Von der Caroline, die mir damals an einem sonnigen Morgen im Januar aufmachte, bis zu der gestern, mit der ich, als die Jungen zu Abend gegessen hatten, zusammen abgeräumt habe und dabei so einvernehmlich schweigen konnte, als kennte ich sie so lange wie dich ...»

Da griff ich nach Evan, legte meine Hand auf seine, tippte mit dem Zeigefinger auf die beiden Finger, die er noch im Glas hatte, kalt vom herumgestupsten Eis, als wollte ich sagen, komm schon, so schlimm ist es auch wieder nicht. Dann schob ich behutsam, ähnlich freundschaftlich, meinen Zeigefinger unter seinen Mittelfinger und meinen Mittelfinger darüber. Und immer noch schwebten wir in dieser anderen, zeitlosen Zeit. Um uns rührte sich während der langen Sekunden nichts, aller Atem schien angehalten. Mir war, als hielte ich seine Finger ein Leben lang so umfasst, ich übertreibe, ich weiß, aber wir saßen doch lange, lange so da, wir beide, und betrachteten unsere heiß-kaltfingrigen Hände.

«Hör zu», sagte ich schließlich und erkannte meine eigene Stimme kaum wieder, so leise und bedächtig klang sie. «Ich glaube nicht, dass du dir das einbildest», sagte ich. «Das mit dir und Caroline. Was du für sie empfunden hast, Verzeihung, empfindest ... ist real. Was sie dir erzählt hat», fuhr ich fort, «als sie zu dir hochgekommen ist ... Da ist doch was, Evan, das ‹einvernehmliche Schweigen›, von dem du sprichst. Was sie gesagt hat, hat sie doch nicht erfunden. Ihre Beichte. Ihre Klagen. Ihre Worte haben für dich einen Platz in ihrem Leben geschaffen. Sie hat dich in dem Moment ebenso gebraucht, wie sie dich jetzt braucht. Dich, Evan ...» – jetzt tippte ich mit meinem Mittelfinger auf seinen Mittelfinger, meinem, der warm war, der nicht trostlos in einem Glas mit Eiswürfeln gerührt hatte, die noch Spuren eines undefinierbaren, aber definitiv Premium-Gins trugen. «Dich hat sie sich ausgesucht», erinnerte ich ihn. «Du bist es, dem sie sich anvertraut hat.» Ich sah hoch, weg von den Fingern und dem herzallerliebsten Flechtwerk, das sich inzwischen ergeben hatte, weil

Evan seinen Mittelfinger angehoben und auf meinen Ringfinger gelegt hatte, sodass wir quasi einen kleinen Fingerbund schlossen. Doch ich sah weg von alledem. «Das bist du», sagte ich. «Alles du. Der das kann, der jemand ist, dem Caroline glaubte, vertrauen zu können, den sie so sieht, der jemand ist, an den sie sich wenden kann, wenn es alles zu viel wird ... Das alles bist du.» Ich schaute zur offenen Tür des menschenleeren Last Stand hin. «Dieser Jemand bist du, Evan», sagte ich und fühlte mich hoffnungslos traurig und verloren, aber was ich sagte, war wahr, war nun in der stillen und schummrigen Leere ausgesprochen. Ich hatte es schließlich alles schriftlich. Und so schloss ich: «Das mit dir und Caroline, glaub mir, das ist real.»

Und dann lächelte ich. Es war etwas vollbracht, das wusste ich. Obwohl ich in meinem ganzen Leben noch nie so traurig gewesen war, obwohl Evans Hand nun warm war ... lächelte ich zu meiner literarischen Binsenwahrheit, lächelte meinem lieben alten Freund zu, ermutigend, aufmunternd, auf dass er weitermachen möge. Wäre ich eine andere Art Autorin, würde ich vielleicht sogar sagen «lächelte tapfer», um deutlich zu machen, wie sehr der mimische Ausdruck sich von den Gefühlen dahinter unterschied: «Sie lächelte tapfer, obschon ihr das Herz brach» etc. pp. Das könnte ich tun, schätze ich. Oder: «Wiewohl den Tränen nahe, blieb sie äußerlich gefasst» etc. pp. Das ist ein Klischee, ja, würde aber seinen Zweck erfüllen. Trotzdem ... es wäre eine etwas seltsame Art, das zu beschreiben, was gerade in einem ganz gewöhnlichen Pub am Rande von Chiswick geschah. Eine seltsame Art zu charakterisieren, wofür es in Wirklichkeit keine Worte gab, als entpuppte ich mich als eine, die noch nie etwas in eigenen Worten ausgedrückt hätte.

Evan stieß einen gewaltigen Seufzer der Erleichterung aus.

«Ich liebe dich, Nin», sagte er.

OK.

Aufhören, sofort.

...

«Ich liebe dich, Nin», sagte er.

Denn das kann nicht sein.

...

Für seine Äußerung einen eigenen Absatz vorzusehen, wie ich eben, und dazu die Ellipsen und so fort, als wäre das eine Riesensache ...

Das muss auf der Stelle aufhören.

Sofort aufhören.

Denn jetzt, in diesem Projektstadium, so zu tun, als könnte die Sache so ausgehen, sei mit diesem Satz etwas gewonnen ... wäre ... Wahnsinn. Es ergäbe im Gesamtkontext der Geschichte überhaupt keinen Sinn. Schließlich hatte Evan seinem «Ich liebe dich, Nin» gleich hinterhergeschoben: «Ich wusste, du kannst mich wieder aufrichten. Ich wusste, du findest die richtigen Worte.»

Also. Bitte sehr.

Ich habe das Richtige getan, klar? «Kurz vor knapp» noch die Kurve gekriegt, wie man zu genau dieser Art Situation sagt. Im allerletzten Moment noch die Kurve gekriegt, im richtigen Moment.

Kurz vor knapp.

Sage ich in der Tat.

«Na dann», erwiderte ich prompt und registrierte durchaus das verwendete «prompt», dieses besonders smarte, geschäftsmäßige Wort. Und: «Jederzeit gern.» Gefolgt von: «Mir kannst du alles sagen», und fügte an: «Darum geht es doch in dem Buch.»

«Hm ...» Evan wackelte ein paarmal kumpelhaft mit einem seiner immer noch mit meinen verschränkten Finger. Er musterte mich eindringlich, man könnte sagen «forschend». «Wirklich wahr, Nin», sagte er schließlich. «Du machst alles, was ich dir darüber erzähle, was so passiert, worüber wir reden ... konkret. Wirklich wahr, Nin. Du machst möglich, dass das alles geschehen ist.»

«Geschieht», korrigierte ich ihn.

«Geschieht», stimmte er zu. «Mea culpa. Du hast recht. Es ist, ist jetzt. Unsere Geschichte ist Präsens. Und die Beziehung zwischen mir und Caroline –»

«Geschieht demnach», beendete ich den Satz für ihn. «Wir sprechen schließlich hier und jetzt darüber.»

«Ja», sagte Evan, löste seine Finger von meinen und hob sein leeres Glas. «Ja», wiederholte er, nur diesmal wie zu sich selbst.

Zu bedenken ist dabei, dass der ganze ... Kontext ... der Evan so umtrieb, der Inhalt, der Stoff, die faktischen Einzelheiten, die Gedanken ... um diese gewisse Party kreisten, diese auf neuweltliche Art sogenannte «Pool-Party», die am ersten Samstag im Juli in der Nummer 23 steigen sollte. Ein Ereignis, dessen Auftakt die von den Caxton Taylors überbrachte Einladung bildete, die seitdem auf dem Kaminsims der luftigen, sonnigen Küche der Beresfords in der Nummer 47 ruhte und von dort ihre Wirkung entfaltete. Nun sollten dem Wort

«Pool-Party» auf der Einladung endlich Taten folgen, im vorgeschriebenen Dress, das Wasser wartete schon. Es gab die hübsch pink angeordneten Wörter auf weißem Grund mit dem Strandball-Motiv, den kleinen blauen Anführungs-Spritzern um «Pool» und «Party» und den weiteren Strandball in der Ecke in Pink, Neongrün und Gelb.

«So so, Pool-Party», hatte ich zu Evan gesagt, als er mir erstmals davon erzählte, doch ihn hatte die Vorstellung unübersehbar gepackt. «Eigentlich kennen wir hier in London keine ‹Pool-Partys›, oder? Und doch haben wir hier eine, schwarz auf weiß. Oder vielmehr in Neonpink und Blau. Nicht zu fassen.»

Wir hatten aus irgendeinem Grund beschlossen, uns in den kommenden Tagen anderswo zu treffen. Warum, weiß ich nicht. Wegen der verschränkten Finger vielleicht? Ein paar unbedachter Worte? Oder schlicht des imminenten Termins und, ja, auch dem, was der Party immanent war, bis zu der nur wenige Tage blieben und die womöglich eine Wende brächte? Vielleicht hing es auch mit der Unausweichlichkeit des Sommers zusammen, der bevorstehenden Ferienzeit? Mit dem Gefühl, dass unsere endlose Geschichte selbst im Begriff war, in die nächste Phase zu treten, zum Abschluss zu kommen, so sicher, wie überall in London Familien bald aufbrechen und abreisen würden? Was immer der Grund oder die Gründe, wir hatten uns für diese blendend heißen Nachmittage vor der Party am Samstag einen neuen Treffpunkt gesucht. Einen Ort, der weder so viel näher an Richmond oder meinem Viertel oder den Pubs lag, die wir im Laufe der Geschichte frequentiert hatten, dass er der Bequemlichkeit oder der Kontinuität halber ausgesucht worden wäre, noch, neuerdings, um ebender Kontinuität ein Ende zu bereiten, sondern einen Ort, den wir einzig deshalb auserkoren hatten, weil er da war und nichts mit der Jahreszeit zu tun zu haben schien. The Empty Barrel hieß der Pub, ein dunkler, fensterloser Schlauch, wie ich fand, in einer kleinen, von der Talgarth Road abgehenden Straße.

«Es gibt wohl in Richmond schon ein paar Leute mit Swimmingpool», räumte ich ein, als Evan und ich Platz genommen hatten. «Ich kannte mal einen, dessen Vater in Wimbledon ein Haus mit Pool hatte, und genau genommen haben Richmond und Wimbledon ... einiges gemein. Der große Garten der Beresfords zum Beispiel ...»

«Wäre locker groß genug für einen Pool», ergänzte Evan. «Habe ich auch schon gedacht. Seit es so sommerlich geworden ist, habe ich mich mehr als einmal gefragt, ob Caroline nicht gern hinten im Garten einen Swimmingpool hätte.»

Sich einen Pool vorzustellen, davon zu träumen, ist eine Sache ... aber hier gab es, nur ein paar Häuser von den Beresfords entfernt, Nachbarn, die tatsächlich einen hatten. Ein nierenförmiges, blau gekacheltes, in ihren Garten eingelassenes Becken, bis an den Rand funkelnd vor klarem, gechlortem Wasser und dazu angetan, Gäste auf die angrenzende matt schiefergrau geflieste Terrasse zu locken. Zu einer Pool-Party mit Badespaß und Barbecue und Cocktails, die um 14 Uhr beginnen und «bis ultimo» gehen dürfe, hatte Pamela Caxton Taylor Caroline eröffnet, als diese angerufen hatte, um mitzuteilen, dass sie alle liebend gern kommen würden und was sie denn mitbringen könne?

«Nur dich und deinen Bikini», hatte Pamela erwidert. «Es wird niemand – und ich betone: niemand – eingelassen, der die Kleiderordnung missachtet. So steht es in der Einladung, Caroline –», hatte sie gesagt.
Dresscode: Badekleidung.
Hieß es in der Tat – oder amerikanischer: Yeah!
Evan hatte mir so eingehend von der Einladung erzählt, dass sie mir klar vor Augen stand: die große, teure, bunt bedruckte Karte dort auf dem Kaminsims neben dem Wochenplaner, «Badekleidung» in neonpinker Schrift unter Adresse und Uhrzeit. Das Ganze auf schwerem Büttenpapier mit entsprechendem neonpinkem Rand und mit «gefüttertem, farblich abgestimmtem Umschlag», hatte Evan berichtet und ein bisschen klatschhaft noch mal ergänzt: «Weißt du, Caroline hat immer gesagt, die Caxton Taylors sind steinreich.»
Ich versuche momentan, Zeiten und Erzählverlauf so klar zu machen wie möglich. Da gab es zunächst an einem Montagnachmittag Anfang Juli die verschränkten Finger im schummrigen Licht des Last Stand, dann, wenige Tage und einige Unterhaltungen später, saßen wir unter der Hammersmith-Überführung an der Talgarth Road in einem menschenleeren, schlauchartigen Pub und hatten nur noch diese Party im Sinn. Nichts verband die zwei Pubs, aber mich beschlich langsam der Verdacht, Evan habe den besonders trostlosen zweiten Pub mit Absicht gewählt: Ein neuer Pub für ein neues Kapitel, vielleicht? Eine Zäsur irgendwie? Ein Fazit gar? Ein Ende? So oder so will ich hier jedenfalls die Jahreszeit betonen, den Monat, der auf alles ein Schlaglicht wirft, ob gut oder schlecht, schön oder schrecklich, anziehend oder abstoßend. Etwa,

dass wir, ungeachtet des heißen, hochsommerlichen Monats Juli im düstersten Pub saßen, den ich je erlebt hatte, tief, tief in den Schatten, Evan in einem schäbigen alten Pullover und seinen Loser-Jeans, niedergeschlagen, wie ich ihn noch nie gesehen hatte.

So viel zum Montag. Im Last Stand. Darauf folgten Dienstag, Mittwoch, Donnerstag und der Freitag, jeweils im muffigen Empty Barrel ... bis direkt zum Vorabend der Party, eine volle Woche düsterer Tage, reglos und schweigend zugebracht im schummrigen Licht.

Dann. Brach der Samstag der Party an. Kam und ging.

Der Samstag verstrich, der Samstagabend. ... *vom frühen Morgen / Bis Mittag, und vom Mittag bis zum Tau / Des Abends*, haben John Miltons treue Amanuenses in das große Dichtwerk eingeschrieben, das viele von uns so lieben und das von ganz anderem handelt. Und schließlich wurde aus dem *Tau des Abends* tiefste Nacht, denn die Dunkelheit sank herab, rückte vor, schwarz und schwärzer, lichtete sich ... Und dann endlich, endlich erreichte mich am Morgen danach ein Anruf.

«Ich habe dir so viel zu erzählen», sagte Evan. «Ich glaube, wir können unser Buch abschließen.»

drei

Ich wiederum denke, ich sollte an dieser Stelle erst einmal kurz rekapitulieren. Ich habe so viel geschrieben – ja, das habe ich, sehr viel! So viel, dass ich mir vorkomme wie Evan mit seinen Ausrufezeichen! –, und doch scheint es Lücken zu geben in dem, was ich zusammengetragen habe, vorenthaltene Informationen, nicht ausgeführte oder ausgesparte Passagen. Dabei braucht jedes Projekt dieser Art ... «Fleisch», habe ich es genannt. Vielleicht ist das zu krass. Denken wir lieber an ... Fülle, genauer Stofffülle. Und an den Schnitt. Die erforderlichen Heft- und Vorstiche. Denken wir an die feinen Details in Petrarcas Werk, die kunstvolle Verarbeitungstechnik, die der reich bebilderte Stoff der Dichtung erforderte, die wir heute als *Canzoniere* kennen, zu deren Erstellung alle Teile gesäumt, geheftet und vernäht werden mussten, um das geschmeidige figurierte Gewebe des vollendeten Werks zu ergeben; oder an Dante, dessen *Göttlicher Komödie* es weiß Gott auch nicht an Handfertigkeit fehlt, sorgfältig verkreuzte Bildwirkerei aus bunten Fäden. Keine Beatrice, ohne dass ihre Gemächer und Gänge und Bankette eingewoben wären, keine Laura, ja keine Liebe ohne Knoten und Fäden und Wortwirkerei.

Und deshalb braucht es hier, wie ich sehe, etwas mehr Hintergrund. Ein «Rekapitulieren», wie gesagt, der Lebensumstände eines Mannes, der gerade mal ein halbes Jahr zur Untermiete wohnte, nachdem er zwei Wochen vor seiner endgültigen Rückkehr nach London erneut Kontakt zu einer langjährigen Freundin aus Kindertagen aufgenommen hatte, die zufällig eine Frau kannte, die von einem Haus in West London wusste, einer seinerzeit «munteren Szene», wie sie meinte, und die Eigentümer vermieteten immer gern ein paar Räume weiter, etwa die Atelierwohnung unterm Dach.

Es hatte sodann, wie inzwischen geklärt, die Eingangs-«Vision» des Projekts gegeben, festgehalten von Evan in seinen Notizen, nämlich die erste Begegnung mit der Frau, die zum Fokus dieses Buchs werden sollte, der Knotenpunkt, auf den alle Fäden zuliefen: Caroline in ihrem Wickelrock, das blonde Haar nachlässig zu einer Art Pferdeschwanz hochgezwirbelt, und das Gefühl, das ihn, Evan, bei ihrem Anblick sogleich überwältigte: dass «etwas anfing», ebenfalls in seinen Notizen nachzulesen, und wie in der Folge dieses Gefühl, dieses «Etwas» – sein «Ping», nicht wahr? – intensiver wurde.

Und ja, es gab sicherlich von Anfang an Details, die nicht in diesen Text eingingen – Details zustande gekommener Gespräche, gewechselter Blicke, vorgebrachter Geständnisse, die zusammen ein Gutteil dessen ausmachen, was im Zuge des von Winter zu Frühjahr bis zu den langen trägen Tagen des Sommers fortschreitenden Jahres zur Blüte kam ... Keimen und Knospen, Aufbrechen und Fruchten einer lang währenden, reinen, alles verzehrenden Liebe. Einer Prosa tiefer Empfindung, die damals wie heute, poetisch wie faktisch, leicht wie hochliterarisch, der Stoff von Büchern und Gedichten ist – und hier die Form eines «Essays» annahm, wie ich den Text nun verstand, oder einer «Intervention» oder von einer Amanuensis zu Papier gebrachten Sammlung von Gedanken und Ideen.* Denn es geht darum, wie wir den Protagonisten in den Wochen, die auf die Aufnahme des Buchprojekts folgten, versuchen sehen, einer Freundin in der Tradition der erwähnten großen Dichtungen seine Gefühle und Träume und Umstände zu beschreiben, die diese «zu Papier bringen» soll; wie wir ihn auch ein eigenes Tagebuch führen sehen, das er zunächst direkt so zu veröffentlichen trachtete, bald aber schon seiner Amanuensis als Hintergrundmaterial für das «Projekt» überließ, das wir gemeinsam anpacken wollten und das wir späterhin «Roman» bzw. «Geschichte» nannten, weil es schon wieder, da waren wir uns einig, eine andere Gestalt annahm.

«Nimm du doch die ganzen Unterlagen an dich», hatte Evan noch tief im Winter gesagt, als die Idee überhaupt erst aufkam und er mir ein Konvolut seiner Notizen überreichte. «Mach was draus, Nin», hatte er gesagt. Und ich hatte, nicht zu vergessen, gleich zu Beginn aus seinen Aufzeichnungen tatsächlich einzelne Passagen direkt übernommen, um die Stoßrichtung anzudeuten und eine Kostprobe des Schreibstils meines Freundes zu bieten, seiner speziellen Sicht. Die Idee dabei war, die Sache durch diese verschiedenen Schreibweisen abwechslungsreicher zu machen, damit sich niemand langweilen müsste.

Also ja, so gesehen könnte ich hier natürlich weitere Details nachreichen. Und das werde ich vielleicht noch.

---

* Die Fußnoten bestehen allmählich weitgehend aus Wiederholungen ... Liebe und literarischer Hintergrund, «Höfische Liebe» und «Narrativer Aufbau» ... Im Grunde ist sie unabschließbar, die Geschichte der unerfüllten Liebe in der Literatur ...

Evans Aufzeichnungen teils wörtlich übernehmen. Seine nicht abgeschickten Briefe. Seine Katalogisierung der Kleidung und persönlichen Gegenstände, die in Kisten und Umzugskartons aus den USA verschickt wurden. Seiner Musik, der Bücher. Klamotten. Manschettenknöpfe. Lauter solche Sachen könnte ich einbauen, könnte wie die alten Meister eine Leinwand ausstaffieren mit der Fülle der Gegenstände des täglichen Bedarfs, des häuslichen und bürgerlichen Lebens, die eine oder andere Einkaufsliste einfügen, Abschriften einiger Nachrichten auf meinem Handy, E-Mails, SMS. In den Worten Petrarcas: *Sieh, wieviel Kunst die unter allen Frauen / Erlesene umpurpurt, -perlt und -güldet, / die süß die Füße und die Augen milde / führt durch der schönen Hügel Schatten-Auen!*

Aber es gibt auch Details anderer Art, von denen ich nur spärlich Gebrauch gemacht habe. Als wäre der Bühnenprospekt gewissermaßen mit einer nur lasurdünnen Schicht des «Kontexts» versehen worden, auf den Evan so viel Wert legte, als wäre die Farbkulisse nicht kräftig genug und sähe der entsprechende Ausschnitt der Welt im grellen Scheinwerferlicht einfach falsch aus, blass. Denn gewiss, wir haben ein Haus in Richmond, so viel steht fest, die Farbtupfer einigermaßen realistisch. Die großzügige Diele der Nummer 47 Chestnut Way mit dem von David Beresfords Großmutter geerbten Chiffonier aus dem achtzehnten Jahrhundert,[*] einem enorm wert-

---

[*] Von dieser Beresford-Großmutter war bereits die Rede, und der Abschnitt «Zu den Personen» hinten bietet weitere Einzelheiten, die interessieren könnten.

vollen Stück, denn David war der Lieblingsenkel der alten Annabel Beresford gewesen – vielleicht hatte er zuerst bei ihr die Freude am griechischen Alphabet kennengelernt, die Verlockungen der Literatur der Antike? –, ein Möbelstück, das jedoch von den Beresfords behandelt wurde wie ein Bausatz von Ikea, übersät war mit Wasser-, Wein- und mehreren Brandflecken – zweien –, dazu Stammplatz einer vor Schlüsselbunden, Rezepten und Zetteln überquellenden Schale. Ja, diese Kommode stand da, unverrückbar. Orientierungspunkt in der Tat für ungezählte Menschen, wenn sie umnebelt von Zigarettenqualm und Spirituosen und Sekt spätabends nach einer Party oder einem Essen das Haus der Gastgeber, die besagte «muntere Szene», verließen, wenn sich der Abschied hinzog, bedauert wurde und Grüppchen sich an der Haustür stauten, als würden sie nie mehr gehen ...

Da haben wir doch solche Details – die Diele, die Haustür, den Chiffonier. Aber was ist mit dem übrigen «Kontext», etwa Evans Logis? Sein tatsächliches Quartier, in das Caroline «hochkam»? Ist nicht auch dort der Farbauftrag etwas dünn, müsste ich ihn nicht etwas aufbessern? Dem Ganzen mehr Glanz verleihen, damit wir das Zimmer klar vor Augen haben, in dem Caroline sich irgendwann Evan an den Hals warf und ihm gestand, dass sie ihn brauche, mit ihm reden müsse, dass nur er sie verstehen könne?

Die Szene könnte glatt aus einem Bühnenstück stammen und sollte eben deshalb ohne Künstelei und Pomp dargeboten werden, ganz so, als wäre alles real. Diese Arbeit ist noch zu leisten. Ganz im Geist der Anfänge, ernstlich angepackt zunächst in gewissen rustikalen, dann urbaneren Pubs in West London, Lokalen diverser Stile und dekorativer Akzente, von prasselnden Kaminfeuern bis zu einem langen Tresen aus gebürstetem Edelstahl, später in gediegenen Räumlichkeiten mit großen Fenstern und schließlich in dunklen Spelunken ohne jedes Tageslicht ... Ist alles aufgeschrieben oder noch aufzuschreiben. Die breiten, einladenden, im italienischen Stil über Eck arrangierten Sofas, nicht wahr?, eine Konstellation, die es Menschen erlaubt, bequem zu sitzen und vertraulich miteinander umzugehen und zu reden, aber in formvollendeter Weise. Das Wort «Konstellation» passt da schon recht gut.

Nicht, dass Evan und ich eine «Konstellation» ergaben. Wir arbeiteten nur unermüdlich. Oder «eben nicht», wie Christopher schon länger meinte, seit Monaten, als hätte er sich irgendein scheußliches Manifest der Konservativen aus den Achtzigerjahren eingebläut und sähe sich gezwungen, es mir in platten Monologen auf Voicemail oder AB vorzutragen. «Nichts an dem, was ihr da tut, ist echte, konstruktive Arbeit», predigte er mir per Handy wie Festanschluss, und ich hörte dazu irgendwo im Hintergrund etwas rasseln. Ein Eimer Kleingeld von einer Spendensammlung? Ein Schellen-Stab für einen sommerlichen Moriskentanz bei einer seiner Benefizveranstaltungen? «Du musst mehr unter die Leute gehen, Emily. Richtig was machen», knatterte er in die Leitung. «Nützliche, einträgliche Arbeit ... sie stiftet Sinn, Stolz gar.» Dabei war das alles für mich sehr wohl «Arbeit», hätte ich entgegnen können, das, was Evan und ich taten: Wir arbeiteten wirklich hart. Dort am größten Tisch im jeweils frequentierten Pub, wenn wir unsere diversen

Unterlagen und Ideen sichteten – Carolines nächtlichen Besuch in Evans Logis, ihr Verhalten dort, ihre Worte. Carolines Versuch, Evan zu küssen, der von Evan – es lässt sich nicht anders sagen – abgewehrt worden war, weil, wie er sagte, «ich sie doch unmöglich auf meinem Zimmer so küssen konnte, wo es ihr derart schlecht ging ... Das wäre unfair gewesen.»

«So so, Arbeit, sagst du?» Christopher wieder. Dann, ziemlich dreist, mit einem Rasseln: «Ha!»

«Ich weiß, du bist sehr beschäftigt, aber ruf mich bei Gelegenheit doch bitte mal an», meinte Marjorie etwas milder in einer nicht gleich abgehörten Nachricht von irgendwann in den ersten wärmeren Tagen. «Ich mache mir langsam Sorgen. Rosie übrigens auch ... Bitte. Komm doch mal mit auf eine Landpartie, ein Picknick, damit du ein bisschen Sonne tanken kannst ...»

Aber ich hatte doch zu tun! Ich steckte tief drin, mittendrin! Es gab Evans: «Ich konnte sie doch unmöglich auf meinem Zimmer so küssen, wo es ihr derart schlecht ging ... Das wäre unfair gewesen.» Dies in Tinte auf der Seite fixiert, unübersehbar, ehrlich gesagt. Was war die Aufgabe des Transkribierens, des Verewigens, wenn nicht harte Arbeit? Es war Schwerstarbeit.

Ich hatte richtiggehend nach Luft schnappen müssen, als Evan die besagten Worte sprach. Daran erinnere ich mich gut, an meine Reaktion.

«Unfair?», hatte ich ungläubig gehaucht.

«Die Situation auszunutzen, verstehst du», fuhr er fort. «Es war spät, sie hatte getrunken. Und etwas eingenommen, das hatte sie mir doch selbst gesagt, was sich mit dem Alkohol nicht vertrug, dem Wein ... Und sie hatte Gäste gehabt, du erinnerst dich. Die ‹muntere Szene› ...»

«Klar», brummte ich. «Das hast du ja von mir. Weil es mir Rosie erzählt hat. Das mit der ‹munteren Szene› dort in dem Haus. Das ist mir nicht neu, Evan. Das ist Schnee von gestern.»

Ohne recht sagen zu können, warum, war ich langsam ziemlich mieser Laune. Seit aus Frühling Sommer wurde. Auch dieses Detail fehlt in der Geschichte bisher, merke ich. Die miese Laune. Warum? Weil ich angenommen hatte, die Szene auf Evans Bett hätte sich auf verbale Kommunikation beschränkt? Weil Carolines unbedachte Bemerkung, ihre Verwendung des Begriffs «Logis» an dieser entscheidenden Stelle im Text Evan ausbremste, es ihm unmöglich machte, sich Caroline zu erklären und am einzigen dramatischen Höhepunkt des Buchs zu handeln – war es nur das? Zugegeben, mit Verzögerung erfahren zu haben, dass mein Freund, als Caroline zu ihm hochkam, nicht etwa wegen ihrer Wortwahl untätig geblieben oder jedenfalls nicht auf ihren Annäherungsversuch eingegangen war, sondern aus einer altmodischen Auffassung von Anstand heraus – trotz der Versuchung –, änderte einiges, denke ich. Ärgerte mich ein wenig. Aber war ich auch deshalb verstimmt, weil dieser jüngste Nachtrag wieder mal zeigte, dass wir kaum eine Story hatten? Dass Evan unweigerlich jede Chance auf Action oder einen Plot zunichte machte, dass er auf einen Vorstoß nicht seinerseits mit einem entsprechenden Schritt reagierte, sondern mit bloßen Worten? Weiteren Worten? Genauer gesagt: War es vielleicht meine Rolle als Erzählerin, immerhin Autorin, die dafür zu sorgen hatte, dass ein Manuskript zustande kam, das *vielleicht* Aussichten hätte, veröffentlicht zu werden, die mich so gegen Evans Untätigkeit zu diesem späten Zeitpunkt aufbrachte? Als vereitelte gerade seine Wortgewandtheit das, was nach Aristoteles' *Poetik* das entscheidende Vehikel des Dramas darstellt, nämlich ein irgend geartetes Handeln? Dass ich also einfach aus literarischer Sicht stinksauer war? Oder ging es um etwas anderes? Das Gefühl, dass ich nie wirklich an Evan herankommen würde, ihm nie nahe sein könnte wie früher, jetzt, wo Caroline mehr war als nur die Frau, an die er sein Herz verloren hatte, vielmehr dem Anschein nach für alle Frauen überall und alle Aussichten überhaupt stand, alle Hoffnungen ...

Mich trieb außerdem die Erinnerung an den Zettel noch um, der sich zwischen die übrigen Unterlagen verirrt und den ich im Frühjahr entdeckt hatte und der ganz bestimmt nie für mich bestimmt gewesen war: «Du kannst mit mir einfach nicht ehrlich, nicht real sein, Evan, oder?» Eine vermeintlich geliebte Frau vor langer Zeit, ein Beleg für Evans Unfähigkeit, damals schon, sich einzulassen ...

War es das? Letzten Endes? Ein Fetzen, ein Satz, der so viel mehr bedeutete? Indem er einen Einblick gestattete in Evans Unvermögen, das Leben so zu nehmen, wie es war, sodass er sich, natürlich, lieber an ein unerreichbares Ideal klammerte als sich ins Getümmel des Lebens zu stürzen? Und die damit einhergehende Erkenntnis, dass wir alle, nicht nur Evan, schlecht gerüstet sind, die paar Gelegenheiten und Chancen zu Glück und Liebe, die sich uns bieten, am Schopf zu packen. Wir so sehr auf uns selbst, auf unseren Standpunkt, unsere elenden Ansichten und Vorstellungen fixiert sind, in diesem Fall «was sich gehört», «ausnutzen» oder was weiß ich, dass wir unsere fixen Ideen alle Instinkte und Leidenschaft und Lust blockieren lassen?

Ich hätte es nicht sagen können. Ich hatte nicht mal ansatzweise Antworten, aber zweifellos waren mir diese und ähnliche Gedanken schon im Child o' Mine und im Seed, lang, lang schien es her, im Kopf herumgegangen, da Evan mir mehr «Nuancen» lieferte als sonst und als mir vielleicht lieb war. Nicht eben leicht zu nehmen, Evan, entsinne ich mich, damals gedacht zu haben. Sein «Das wäre unfair gewesen.» Sein «Konnte sie doch unmöglich auf meinem Zimmer küssen». Nicht leicht.

Denn als Nächstes folgte: «Das wäre nicht richtig.» Und: «Wenn ich Caroline irgendwann meine Gedanken, meine Gefühle offenbare, soll alles klar sein, besonnen … Sollen Ort und Moment ‹eindeutig› sein, Nin, verstehst du? Damit sie behält und sich halten kann an das, was ich sage, damit das, was zwischen uns geschieht … ernst ist, Konsequenzen hat, zu etwas führt …»

«Herrgott, klingt wie eine Szene aus *Middlemarch*», entsinne ich mich, gebrummt zu haben – da haben wir's. «Gebrummt». Ich war mieser Laune, keine Frage.

«Nun, *Middlemarch* habe ich nie gelesen», sagte Evan. «Nur *Daniel Deronda* …»

«Jacke wie Hose», erwiderte ich kurz angebunden. «Kurz angebunden.» Mir inzwischen durchaus bewusst, wie sehr diese unschönen Umstandswörter sich breitmachten, Evans hoffnungsvollen Ton vergifteten. «Kurz angebunden.» «Gebrummt.» Irgendwas ging da vor, keine Frage. Die Geschichte nahm an Substanz zu,

Satz um Satz, Absatz für Absatz. «Fleisch», fürwahr. Aber damals hatte ich partout nichts davon in den Text aufnehmen wollen, das wagte ich erst jetzt.

Wie rasch leerte ich mein Glas! Der Gin war im Child immer mäßig gewesen. Ihr sogenannter *Terroir*. Das Tonic Water ebenso. Und doch waren wir das ganze Frühjahr über lieber dorthin oder in den Swan & Seed zurückgekehrt.

Und Marjorie wollte nichts lieber, selbst damals schon, als mich mit ihrem Wagen abholen und mit mir zu Rosie rausfahren. Wir hätten uns ihre neuesten Bilder ansehen können, stilisierte Frühlingsblüten und Fliederzweige und auch die im Auftrag angefertigten Hundeporträts, um dann mit Sandwiches, einer Thermoskanne und einer Decke unter die Bäume zu ziehen.

«Ich bin es leid hier», sagte ich jetzt und ließ meinen Blick durch die düstere Enge des Empty Barrel schweifen. «Wie wär's mit einem Tapetenwechsel?»

Wie rasch nun das Frühsommerlicht hinter den Scheiben schwand; wir saßen dort schon seit Stunden. Und wie sehr mich die Frage plagte, was das eigentlich war, was ich da schrieb. Wozu machte ich mir endlos Notizen in einem Lokal, das trostlos und tot war? «Roman» hatte ich unser gemeinsames Projekt mal genannt und hoffte noch immer, es irgendwann wieder tun zu können. Eines Tages vielleicht. Aber wie mit der bitteren *Middlemarch*-Referenz angedeutet, wusste ich im Innersten, dass die Sache sich dem Niveau nach allenfalls noch zu einem Essay oder einer Intervention aufschwingen könnte, ein Roman hingegen ungefähr so wahrscheinlich war wie die wundersame Verwandlung der Seiten in den cineastischen Coup eines 50 Mio. Pfund einspielenden Blockbusters zu Weihnachten.

Es passierte einfach überhaupt nichts.

Und ich konnte mir auf nichts mehr einen Reim machen, meine Reaktionen, meine Eindrücke. Wenn ich an den Seed zurückdachte, den Child. Nur dass ich sauer war, wusste ich, das wohl, gereizt, ärgerlich und auf Krawall gebürstet.

Ich war es leid.

Immer deutlicher hatte ich das Gefühl, dass das, was zwischen Evan und Caroline geschah, wenn von «geschehen» denn überhaupt die Rede sein konnte, nie ein Drama im engeren, herkömmlichen Sinn ergeben würde. Aristoteles konnte ich vergessen. Seine «Darstellung handelnder Menschen» verlangt immerhin, dass ihnen und um sie herum etwas geschieht. Immerhin, dass sie eine «Entwicklung» durchlaufen, die Beziehungen zwischen ihnen einem Bogen folgen und eine Auflösung erfahren. Während ich in der Endlosschleife der Gefühle Evans für Caroline festhing, ohne je einen dramatischen Höhepunkt zu erreichen, und just das Fehlen jeder Handlung auf der Bühne zugleich diese Gefühle zu nähren schien. Sie beherrschten Evans Leben so, dass für nichts sonst Raum blieb, für einfach überhaupt nichts.

Sicher, es spielte sich anderes ab – Szenen innerhalb der Beresford-Familie, die der wachsenden Spannung und Entfremdung zwischen Caroline und David geschuldet waren, und deren Auswirkungen wiederum auf die drei immerhin pubertierenden Jungen ... Carolines Medikamente und so fort. Es gab Davids anstehende Abschlussklausuren zur «Einführung in die Klassische Philologie», die Tatsache, dass die Jungen und Caroline ihn nicht ein einziges Mal in der Einzimmerwohnung hatten aufsuchen dürfen, die er am Russell Square mietete, sie kannten nicht einmal die Adresse – doch das alles, diese ganzen häuslichen Details berührten den Kern Evans und meiner «Geschichte» nicht im Geringsten. Diese «Geschichte» ... die würde Evan – bitte, bitte bald – zu einem Abschluss bringen müssen: Hamartia, Hybris, Katharsis, das volle Programm. Das ganze zuerst von Aristoteles entwickelte Konzept. Wie sonst sollten wir, wenn die Geschichte um Caroline einfach in der Luft hängen blieb, jemals kathartisch zur «Reinigung» kommen, ebenfalls eine antike Forderung, dazu, dass Sprache und Rhetorik einer Geschichte in uns starke Gefühle freisetzten, die uns letztlich zur inneren Zufriedenheit führten, zur «Reinigung» eben?

Also ja. Evan würde handeln müssen. Etwas TUN müssen. Nicht einfach oben in seiner Einliegerwohnung sitzen und zusehen, wie Caroline sich auf sein Bett zurücksinken ließ, in einem Abendkleid, das – Evan zufolge – ziemlich «tief dekolletiert» war – und ... stumm auf eine «eindeutige» Gelegenheit warten, um ihr sagen zu können, was er empfand, und sich aufzuraffen, sie in die Arme zu schließen.

Sauer?

Ja, stocksauer.

Fuchsteufelswild.

Unsere «Romanschreiberin».

Sie bestellte für sich und ihren Gefährten die nächste Runde Drinks.

Ihren Freund.

Ihren ältesten, teuersten Freund.

«Ach, Evan», sagte ich schließlich, erst jetzt imstande, es hinzuschreiben, während vor meinem geistigen Auge Caroline zu ihm hochgekommen war und ihm eröffnet hatte, wie unglücklich sie sei und wie sehr sie sich inzwischen auf Evan stütze, Evan und seine verlässliche Anwesenheit in ihrem Haus, auf seinen beständigen Einfluss in ihrem Heim, seit er als Logiergast unterm Dach wohnte.

«Ach ...», setzte ich noch einmal an, kam aber nicht viel weiter, denn da war stattdessen Caroline, ich sah sie, dort bei ihm in der Wohnung, sah sie ihm offenbaren, was sie offenbarte, sah ihn Inbegriff der Ruhe und Gelassenheit bleiben ... sah, als wäre ich selbst dabei gewesen, wie sie, Caroline, das eine Wort umgab: «Kraft». Was hatte sie nicht alles gesagt – wenngleich in angetrunkenem Zustand und aufgeputscht von ihren Medikamenten, aber auch deprimiert, wenngleich, ja wenngleich – und doch. Und doch. Mit ihrer ganzen ... Präsenz. In der Wohnung. Ihrer Kraft ... Evan hatte einfach dagesessen. Auf dem Bett. Gewartet. Nichts getan. Gar nichts. War schließlich aufgestanden. Stand da einfach, tat aber selbst dann nichts. Stand einfach. Wie ein Baum. Ein Telegrafenmast. So sehe ich das. Reglos in seinem Pullover. Stand da, während Caroline in ihrem winzigen Seidenfähnchen von Kleid auf seinem Bett zurücksank und sagte: «Ich liebe dich, Evan.»

«Ich bin es leid hier», sagte ich schließlich, wie ich es schon im Child gesagt hatte. Und im Edge und davor im Elm und im Seed und im Stand und den ganzen anderen Pubs in diesem Buch. «Lass uns um Himmels willen was Neues suchen», sagte ich.

vier

«Da hat sie tatsächlich versucht, dich zu küssen, und du hast nichts unternommen. Du hast bloß ihre Hände gehalten.»

Das war ein paar Tage nach der eingestandenen miesen Laune. Aber es hätten ebenso Monate sein können. Es zeigte sich nämlich, dass es für Evan und mich keine Rolle spielte, was er sagte, was ich sagte. Inzwischen war die Geschichte fast fertig, und wir hatten den Barrel doch nicht verlassen, wie ich es vorgehabt hatte. Der Barrel war unser zweites Zuhause geworden. Evan hatte recht. Der Pub war alles andere als anheimelnd, aber wir hatten ihn trotzdem liebgewonnen. Denn dieser dunkle, schlauchartige Raum, fast unmerklich durchgerüttelt vom Verkehr an der Talgarth Road, kam ebenso wie der geradezu verboten hochprozentige Haus-Gin unserer zunehmend gedrückten Stimmung entgegen.

«Ich wollte sie beruhigen», sagte mir Evan. «Der Zeitpunkt ... du weißt schon, Nin. Es war einfach nicht der –»

«Sie wollte dich küssen, und du hast dich abgewandt», beharrte ich.

«Wie gesagt, es war nicht der richtige Zeitpunkt.» Evan machte ein kindisch eindringliches Gesicht, wie ich es ihn schon mit fünf hatte tun sehen, gequält, sich innerlich windend, woran aber sicher auch der Gin mit schuld war.

«Ich weiß, dass du sauer warst, Nin», sagte er. «Ein

bisschen. Wegen der ... du weißt schon ... aber Gebot der Stunde ... ruhig Blut ... in dem Moment ...» Er redete wirres Zeug.

Der Gin war ja, wie gesagt, hochprozentig genug. Die Flasche hatte nicht mal ein Etikett. Ich musste bei Evans Anblick da mir gegenüber, bei seiner Hektik, dem lieben alten, so vertrauten, leicht erhitzten Gesicht daran denken, wie viel Zeit wir als Kinder immer miteinander verbracht hatten, so oft bei ihm, so oft bei uns. Wie unsere Mütter immerzu sagten: «Am besten ziehst du einfach gleich ein», je nachdem, wer gerade bei wem war. Helen Gordonston in ihrem Kittel, an ihrer Töpferscheibe hinter der Küche in dem kleinen Wintergarten, den die Gordonstons angebaut hatten, als Evan auf die Schule kam, mit Platz, sagte meine Mutter, «für einen Brennofen und ihre herrlichen Siebdrucke», war für mich stets das Paradebeispiel der Künstlerin. Während wiederum Evan meine Mutter immer als Enid-Blyton-Mum empfunden hatte: Backgenie und lax zugleich. Zugegeben, ich war auch nicht mehr ganz klar im Kopf, aber sei's drum ... Wir konnten tun, was wir wollten, meiner Erinnerung nach, ohne dass Evans Mutter uns groß beachtete oder zum Essen hereinrief. Das, fanden wir damals und finden wir noch heute, zeichnet optimale Fürsorge aus. Ich nahm noch einen Schluck von dem sehr eigenen und potenten Highball, den sie im Barrel mixten, und sagte wahllos zu Evan: «Hm.»

Ich dachte auch daran, dass er hier in diesem dritten Teil unseres Buchs etwas würde unternehmen müssen – und zwar pronto. Caroline eine Hand an die Wange legen – wie sie ihre an die seine –, die Geste erwidern, irgendwie? Denn hatte sie nicht genau das irgendwann getan, ihm die Hand an die Wange gelegt? Oder sollte er sie an seine Brust ziehen oder sich ihr wenigstens zuneigen, wie ich es schon mal skizziert hatte? Und während ich über das alles nachdachte oder es jedenfalls versuchte, während ich Evan betrachtete und, auch, an die vielen Jahre unserer Freundschaft dachte, stellte ich mir diese Möglichkeit vor: wie es wäre, die Frau zu sein, der eine dieser Gesten galt oder vielmehr sie alle. Gesten der Liebe und Fürsorge. Der Fürsorge und Liebe.

Ich dachte schwer nach, wirre und vage Gedanken dort vor meinem so sehr vertrauten Gegenüber. Aber dachte immerhin.

Monate waren vergangen seit es mit unserer Geschichte losging. Unserem Essay, den vielen Worten, den vielen Seiten. Eine lange Zeit, der Wechsel der Jahreszeiten in den Textteilen beziehungsweise Kapiteln dokumentiert, für eine endgültige Anordnung hatte ich mich noch nicht entschieden, doch nun saßen wir da, steckten fest, dem Gefühl nach, wie ein laufender Motor plötzlich leerdreht, nicht in Gang kommt, nicht zieht, sondern unnütz vor sich hin stottert.

Wir beiden.
Klingt ungrammatisch.
Wir zwei, Evan und ich.

Ich selbst tat ja auch nicht eben viel. Das musste ich im schummrigen Publicht bei brausendem Verkehr «eindeutig» zugeben. Ich nahm auf, oh ja. Das blieb selbst zu diesem späten Zeitpunkt so. Evans Ideen, Träume ... Aber mehr war es nicht. So niedergedrückt und abgemagert, traurig und blass und gemindert er auch war, er schleppte mir immer noch Aufzeichnungen, Notizen, Tagebucheinträge, Listen an. Er hatte sich ins Studium des *Canzoniere* und der *Göttlichen Komödie** versenkt und suchte nun die einschlägige Literatur zu Petrarca und Dante zusammen – ein Bild des Jammers, schwer gebeutelt, bestellte er online ständig weitere Titel, die sich in seiner Dachwohnung neben seinem Bett türmten. In lichten Momenten berichtete er mir sogar von seinen Lesefrüchten: der Vorstellung der Frührenaissance von der Kraft der Gefühle – Malerei, Musik, Plastik, Dichtung, allesamt Produkte der Wunschmaschine unerfüllter Liebe, die seit dem Mittelalter die westeuropäische Kultur antrieb, in ihr summte und sang. Auch darüber schrieb er in seinem einsamen Logis, über diese Maschine. Was sie bedeute. Wohin sie einen führe und ob sie einen verändern könne.

In vieler Hinsicht also war Evan bei unserem Projekt aktiver, könnte man sagen, als ich es je sein würde. Weil er «bis ganz innen vordrang», wie er meinte, ins Schreiben, in unsere Geschichte. Er war emsig. Ich aber, ich zippelte nur endlos am Gewebe dieses Dings herum, das wir zusammengeflickt hatten, diesem Tuch aus Wörtern, zupfte an den Säumen, ziepte da und dort an den Nähten. Würde dieses Werk je «sein Publikum finden»? So in der Art. So wie ich es früher gelegentlich neben der vielen Werbetexterei und der Katalogarbeit für die Galerie bei

---

* Inzwischen ist dazu in der «Geschichte» ja einiges gesagt und auf die «Zugaben» hinten verwiesen worden, die auch eine Auswahl der Sonette Petrarcas bieten, die Einzelne von Ihnen interessieren wird, während andere sie getrost übergehen können. Aber genug davon. Auch damit soll bald Schluss sein.

meinen Kurzgeschichtsversuchen tat ... Nur schien das alles inzwischen lange her, wie in einem anderen Leben.

Und doch hoffte ich, es würde sich am Ende alles noch finden. Marjorie hatte unlängst wegen einer neuen Kampagne für Katzenstreu angerufen, die äußerst lukrativ zu werden versprach, und sich super-beiläufig, als spreche sie nicht etwa dauernd mit Christopher, erkundigt, ob mich das eventuell interessieren könnte.

«Du sitzt doch wohl nicht immer noch an dem Projekt für Evan Gordonston?», meinte sie, als ich sie zurückrief und Interesse signalisierte, sofern sie mir noch bis Ende Juli Zeit lassen könnte. «Das ist doch verrückt, Emily. Du kannst es dir doch gar nicht leisten, so lange ohne konkrete Aufträge zu sein. Was ist mit deiner Hypothek? Christopher findet das übrigens absolut unverantwortlich. Er meint, das versuche er dir schon länger klarzumachen. Versprich mir, dass du diese Sache da zwischen dir und Evan zum Abschluss bringst.»

«Das ist keine ‹Sache zwischen mir und Evan›», sagte ich. «Es ist ein Buch.»

«Es ist diese ‹Sache zwischen dir und Evan›, Emily», insistierte Marjorie. «Das weißt du genau.»

«Wir sind fast am Ende», sagte ich. «Hoffentlich. Lass mir nur noch diese paar Julitage.»

Denn ich hatte das Gefühl, dass es ans Finish ging. Mehr noch, ich sah das Wort auf der Seite erscheinen: «Finish». Da war ich mir immerhin so sicher, dass ich wusste, jetzt wäre nicht der richtige Moment, mir mit Marjorie Clarkes outgesourcten Werbeaufträgen ein Auskommen zu sichern. Für Katzenstreu und Tiernahrung und Lebensmittelkonzerne wäre noch Zeit genug, fand ich. Ein Ende war, bitte, bitte in Sicht. Sonst bliebe von Evan und mir nichts mehr übrig.

So fühlte es sich nämlich an, bei uns, trotz oder vielleicht wegen der vielen «Arbeit», seiner Überlegungen und Lektüren und meiner «zu Papier gebrachten» Sätze ... Es fühlte sich an, als würden wir uns auflösen. In Worte, endlose Worte ... sie brauchten uns auf. Da hockten wir in der letzten Juliwoche vor der Pool-Party unverändert, Tag für Tag, in einem dunklen Pub unter einer vielbefahrenen Überführung an einem kleinen Tisch bei unetikettiertem Gin, kehrten wieder und wieder zurück ... während ganz London draußen in Cafés und Restaurants und Bars ... in der Sonne ... saß. Hielten uns drinnen auf. Jener bis ins Kleinste durchkomponierte Prospekt, so unverzichtbar für ein gutes Bühnenstück, für eine dramatische Darbietung. Der war unsere Welt. Der Empty Barrel, er war in der Tat leer. Evan und ich die einzigen Gäste, beide so zwielichtig und ausrangiert wie das Lokal selbst.

Und dennoch, da waren wir, machten Gebrauch von dem kleinen Tisch im Barrel für unser Finish, für Schliff und Abschluss. Ich sichtete noch die besagten nicht verwendeten Details. Evan hatte mir eine exakte Liste des gesamten Inventars seines «Logis» gebracht, der Ausstattung, der Gegenstände, für den «Kontext», wie er betonte, für die entscheidende «Szene»; mit dieser Liste könne ich nach Gutdünken verfahren. Man sollte annehmen, dass ich genau das tat – und ehrlich, das hatte ich auch vorgehabt –, doch dann kam ein ganz anderes Ereignis dazwischen, das, wie sich herausstellen sollte, die Geschichte in einer Weise beschleunigte, die keiner von uns beiden hätte vorhersehen können, die Evan aber dennoch vorausgeahnt haben musste, vermute ich, als er erstmals von einer gewissen in der Nummer 47 abgegebenen Einladung erfuhr und in helle Aufregung geriet. Zunächst aber beschäftigte uns noch die besagte Liste. Die Unterkunft dort unter dem Dach in Richmond war für Evans Verhältnisse eher bescheiden. Das schreibe ich, ohne jemals dort gewesen zu sein, genau genommen, nicht annähernd, denn das einmal besuchte Café am Stadtrand lag keineswegs in der Nähe, sei es der Straße oder des Hauses – geschweige denn der Atelierwohnung oben am Ende der Treppe. Doch Evan hatte mir genug von dem geforderten «Fleisch» geliefert, Details, Umstände, um so viel getrost sagen zu können: «bescheiden». «Unter dem Dach». «Oben am Ende der Treppe». Als wäre diese Charakterisierung der Lebensverhältnisse und -situation Evans gewissermaßen Metapher, stünden das Bild des Logis und dessen Lage im Haus insgesamt für sein Verhältnis zu den Beresfords und ihrem Kreis. Nie und nimmer würde er bei der Pool-Party erscheinen. Nicht, dass er es je gewollt, sich erhofft oder gewünscht hätte. Seine Außenseiterposition hatte er ebenso entschieden gewählt, wie er auf seiner Garderobe bestand, dem flusigen Wollpullover und seinen schrecklichen «Sweatpants», den uralten Jeans und Rentner-Cordhosen. Evan war keineswegs geneigt, in Badehose mit Caroline, David und den Jungen zur Nummer 23 hinüberzuschlendern, sich dort im Garten in den rautenförmigen – oder sagte ich «nierenförmigen»? – Pool zu stürzen, sich den Caxton Taylors an diesem Samstagnachmittag vorzustellen und sich wie zu Hause zu fühlen. Nein. Er, Evan, war Untermieter.

Nur vorübergehend in Richmond. Um «Fuß zu fassen».
Logiergast. Mehr nicht.

Dabei hatte ich, als ich die Worte hinschrieb, Mühe, mir in Erinnerung zu rufen, mich wirklich zu erinnern, jetzt, da die Geschichte noch dazu so weit gediehen war, dass Evan es gar nicht, zu keiner Zeit, nötig gehabt hatte, zur Untermiete zu wohnen. Mit dem Neuanfang in London nach vielen Jahren im Ausland hatte er eine leitende Position in seinem Unternehmen übernommen. Offenbar vergaß ich immer wieder, dass es an Evan auch diese Seite gab, er so überaus geschmeidig wieder seinen Platz im Wirtschafts- und Berufsleben der City einnahm, als hätte er London nie verlassen. Auch darin war Evan sich treu geblieben, war immer so, solange ich ihn kenne. Ein Mann und davor ein Junge, der damals, als wir uns täglich entweder bei ihm oder bei mir zusammentaten, unfehlbar patent und findig gewesen war und sich mit sicherem Instinkt in jedes neue Umfeld hatte einfügen und ihm anverwandeln können. Er hatte bei uns einen Schuh verschlampt? Na, dann borgte er sich eben die Gummistiefel meines Bruders. Er hatte kein Geld für Süßigkeiten, weil er vergessen hatte, sich sein Taschengeld geben zu lassen? Na, dann nahmen wir meins und trafen die Auswahl gemeinsam – weil er keine Wunderbälle mochte. Entsprechend bekleidete er jetzt in London in seinem Unternehmen eine prestigeträchtige, einflussreiche Position und hätte sich ziemlich jede Wohnung leisten können, wohnte aber stattdessen zur Untermiete, und ich vergaß nur zu leicht, dass alles ganz anders sein könnte. Dass auch jetzt noch der Vorschlag denkbar wäre: «Warum ziehst du nicht bei mir ein, hier hast du die Gummistiefel und ausreichend Kleingeld gleich für zwei Süßmäuler» und er antworten würde: «Schrecklich gern», noch am Abend mit dem Nötigsten in einer kleinen Reisetasche eintreffen würde und fertig. Statt von einer Einladung, von der gesellschaftlichen Verpflichtung einer Gastfamilie an einem Samstag im Juli besessen zu sein, würde ich ein Klopfen an meiner Tür hören und gäbe es eine Begrüßung. Würde ich sagen: «Hallo. Wo warst du so lange?», und er würde einfach eintreten.

fünf

Also ja, Evan hätte die ganze Zeit woanders sein können. Er hätte sich von seinem Unternehmen privat oder sogar im Hotel einquartieren lassen können, bis er sich in London wieder eingelebt hatte, und hätte dann eine zentral gelegene Wohnung in einem verkehrsgünstigen Teil der Stadt beziehen können. Er hätte Kollegen das für ihn regeln lassen können. Er hätte keinen Finger rühren müssen, nur sagen: «Ja, passt», und sie hätten den Umzug und die Renovierung organisiert. Das schaukeln führende Unternehmen bei Standortwechseln für ihre Topleute. Und zu denen gehörte, auch wenn es für mich schwer vorstellbar war, Evan. Zu denen, die auf ein Möbelstück und die entsprechende Ecke eines feudalen Zimmers zeigen und zu den Umzugsleuten sagen konnten: «Wenn Sie das bitte dort abstellen wollten?», nämlich in die Nähe der Balkonschiebetür mit Blick in den Garten. So ähnlich hatte ich mich Evan gegenüber selbst mal geäußert. «Dich könnte ich mir in einer wirklich schönen Gegend vorstellen», hatte ich gesagt. «Wo du es zur Arbeit nicht weit hast und ich leicht zu Fuß hinkommen könnte.» Um ihm dann gleich eine entsprechende Lage zu beschreiben, eine eigene Wohnung, nicht ein Logis. «Du musst nicht in Richmond bleiben, weißt du», sagte ich.

Das war irgendwann im Vorfrühling gewesen, als Evan glaubte, das mit Caroline würde «nie was», eine Formulierung, die er zu der Zeit häufig benutzte, so wenig tat sich damals, Wochen nämlich, bevor Caroline zu ihm hochkam und sich auf sein Bett sinken ließ. Damals erinnerte ich ihn gern, dass ein Neuanfang jederzeit möglich sei – etwa in Notting Hill, Chelsea oder Primrose Hill ... irgendwo, wo er sich ausbreiten und ein bisschen besonders vorkommen könnte. Aber nein, er müsse als Untermieter ausharren, meinte er, und hoffen, dass das noch «was wird», wie es dann ja auch in gewisser Weise der Fall war oder jedenfalls insofern, als Caroline schon deshalb so leicht hatte «hochkommen» können, weil nur eine Treppe zwischen ihnen lag. Immerhin, hatte sich Evan damals die ganze Zeit gedacht, und auch später noch dachte er es: Wenn er im Haus der Beresfords die Stellung hielt, würde er Caroline jeden Tag sehen. Er könnte gelegentlich mit den Jungen helfen, «da sein», wie er meinte. Die Beresfords könnten sich auf ihn quasi als gelegentliche Teenager-Aufsicht verlassen, sollte Caroline abends kurzfristig wegmüssen, wie das oft der Fall war, und David nicht da sein, sondern in seiner Wohnung in Bloomsbury. «Ich kann ja leicht einspringen», sagte mir Evan stets, wenn ich das Arrangement hinterfragte und zu bezweifeln wagte, dass er seine berufliche Position und seine Zeit damit sinnbringend nutzte. Andererseits war zugegebenermaßen gerade ich nicht unbedingt dazu berufen, Evan Ratschläge zu seiner Karriere zu erteilen, zu dem, was er tun und lassen sollte. Ausgerechnet ich mit meinen auf der Kippe stehenden kleinen Werbebeiträgen und meinem fragwürdigen Wirtschaften war wohl kaum zu Ratschlägen und Empfehlungen gleich welcher Art berufen, und außerdem hatte es das zwischen uns, Evan und mir, noch nie gegeben. Als die Gordonstons damals vor vielen Jahren in die Staaten aufgebrochen war, hatte ich ja auch nicht gesagt: «Oh nein, bitte nicht. Sag deinen Eltern, das dürfen sie nicht.» Würde ich nie tun.

Also höchstens: «Ich kann mir dich gut in Chelsea vorstellen», das könnte ich vielleicht gesagt haben, aber mehr nicht. Ganz sicher nicht etwas wie das «Zieh doch bei mir ein» vom Ende des letzten Kapitels. Wenngleich ihn mehr in der Nähe zu wissen, kürzere Wege hin und zurück ... Büro und so fort ... Verabredungen ... vielleicht die Art unserer Treffen verändert hätte – besonders in der Zeit, als wir, wie erwähnt, unmerklich immer mehr in die Randbezirke von Chiswick und Acton abgewandert waren, um jüngst im Empty Barrel in einer kleinen, von der Talgarth Road abgehenden Straße zu landen. Ja, es wäre manches vielleicht anders gewesen. Hätten wir mehr im Zentrum beginnen können und er nicht ganz von Richmond hereinfahren und wir uns folglich danach richten müssen, dass er jeden Abend zu einer halbwegs akzeptablen Zeit zurückkam ... Ja. Da wäre manches vielleicht anders gekommen.

Die Gegend, in der ich selbst wohne, ist angenehm und die Heimkehr stets wohltuend. Nach einem langen Heimweg, oft spät, nach gelegentlich nervenaufreibenden Debatten, weil sich in Sachen Plot und Story nichts bewegte oder es in Richmond im unteren Geschoss Streit gegeben hatte, von Evan unterm Dach bezeugt, denn die Beresfords schienen in einem undefinierbaren, nicht näher benannten Unglück gefangen. David Beresford, der sich nächteweise über eine griechische Grammatik beugte oder in der Wohnung am Russell Square nicht ans Handy ging, der Wohnung, die nur vorübergehend gedacht gewesen war für seinen aufwendigen ersten, auf die Immersionsmethode bauenden Intensivkurs – «Immersion, kann man wohl sagen», knurrte Evan, der «Immersion» und «vorübergehend» als Widerspruch empfand –, oder es lag etwas anderes im Argen, die Jungen hatten Ärger in der Schule oder die Schwiegereltern waren eingeschnappt, weil alle zum Essen bei dem einen oder eben dem anderen Elternpaar erwartet, die Termine aber verwechselt worden waren, d.h. eine gerade leicht verpeilte Caroline Verwirrung gestiftet hatte, worauf es rundum Betretenheit gab und zu viele Entschuldigungen … Ja, es gab Zeiten, in denen ich die relativ zentrale Lage meiner Wohnung durchaus schätzte. Eine Einzimmer-Parterrewohnung an einer ruhigen Straße … Dort konnte ich nach den Strapazen der misslichen Lage in Richmond durchatmen, mich der zunehmend sommerlichen Luft erfreuen.

Denn wie man es auch drehte und wendete, es stand außer Frage, dass die Gespräche zwischen Evan und mir, bei denen ich mir stets weiter Notizen machte und er mir immer noch eigene Aufzeichnungen zu allen möglichen Vorgängen überließ … Dass diese Tête-à-Têtes und Frage-Antwort-Runden, sage ich mal, so viel angenehmer hätten sein können, wenn Evan einfach auf einen Sprung bei mir, wo es schön ruhig war, auf eine Suppe hätte vorbeischauen können, bevor er heimfuhr, oder an einem Samstagmorgen zu einem Spaziergang im Park gleich am Ende der Straße. Vielleicht wären unsere Gespräche nicht ganz so District-Line-lastig gewesen, wenn wir durch mein Viertel hätten streifen können, in der Sonne einen Tee trinken, einen hübschen schwarzen Labrador bewundern, der unter den voll belaubten Platanen recht brav an seiner roten Leine ging. Einfach nur ... uns hätten unterhalten können, einfach reden. Nicht hinterfragen. Nicht fragen. Und antworten. Und sich für später eine Neuigkeit oder ein Detail der Kleidung oder des Soziallebens Carolines einprägen oder die Brauchbarkeit der jüngsten Aufzeichnungen Evans erörtern ... Wir hätten uns schlicht leichtem Geplänkel hingeben können, zur Abwechslung selbst Thema sein mit dem, was wir wollten, brauchten.

«Also zog ich an einem sonnigen Tag im Januar ein», hatte Evan eines der Materialbündel eingeleitet, die er mir, wie bei den Treffen zwischen uns üblich, überreichte, während wir uns zunehmend den westlichen Randbezirken des Zentrums näherten und an ein unbeschwertes Gespräch über mich oder ihn immer weniger zu denken war.

«Es war kurz nach Neujahr, noch kein Schulbetrieb und die Familie ein paar Tage in ihrem Haus in Frankreich.»

«Du kannst ebenso gut alles haben», hatte Evan bemerkt und mir, wie gesagt, weitere Seiten ausgehändigt, so wie er mir bis ganz zum Schluss ständig neues Material überließ. «Du musst sehen, was du damit anfangen kannst», mit diesen Worten schob er mir rund zwanzig gebündelte und mit Dokumentenschnur gesicherte Din-A4-Seiten hin. Ich brachte sie in eine gewisse Ordnung, die ich hier wiedergebe, teilweise, soweit der Platz reicht:

«Ich zog also ... ein», hieß es.

Und ich dachte: Im Ernst? Ich sagte: «Müssen wir das alles noch mal durchkauen?»

«Besser wär's, Nin», erwiderte er, und ich las erneut:

«Ich zog also ... ein», wie er es geschrieben hatte. Ich las und las.

Seine Handschrift war erbärmlich, das erwähnte ich bereits, aber die Worte waren nicht ohne Aplomb, nicht zuletzt wohl, weil er einen altmodischen Füller verwendet hatte, blauschwarze Tinte und teures Briefpapier. Das war ganz charmant, sage ich mal, die Vorstellung, dass Evan sich hinsetzte und im Stil eines Dichters des neunzehnten Jahrhunderts Seite um Seite mit fetten Schriftzügen füllte – die blauschwarze Tinte! –, die ich sichten und verwenden sollte ... Aber nichts davon war in dem leichten, beiläufigen Ton meiner Träume gehalten. Nichts davon war nur wir zwei allein unter belaubten Platanen. Es betraf alles die Story, dieses und jenes, war «Fleisch», hatte alles mit Caroline zu tun, mit uns hingegen, ihm und mir, gar nichts, mit der Tatsache, dass wir uns so lange kannten und stillvergnügt nebeneinander sitzen und den Hund an der roten Leine beobachten konnten, von dem ganz zu Beginn dieser Erzählung schon mal die Rede war, ungefähr zu der Zeit, als wir noch im Elm Tree verkehrten, glaube ich, als es um die Labradore ging, die unter den Pub-Tischen saßen, vielleicht ... Nein, das hier, die neuen Seiten, die mir hingeschoben wurden, galt alles der Story. Alles der Geschichte, wie gehabt.

«Ich zog also ... ein», versuchte ich es erneut. Versuchte, mich zu konzentrieren. Wo war ich? Na, hier:

«An einem hellen, sonnigen Tag Anfang Januar, kurz vor der Rückkehr der Gordonston-Familie aus Frankreich», las ich. «Caroline hatte gesagt, ich könne dort gern zu ihnen stoßen, sie führten auch im Ausland ein offenes Haus, meinte sie, ich könne nach Belieben kommen und gehen, aber ich wollte mich erst mal sortieren und Verschiedenes regeln.» Ja, das hatte ich von vorher noch in Erinnerung. «Meine Umzugskartons sollten Ende des Monats aus den USA eintreffen und würden dann größtenteils eingelagert, also brauchte ich etwas Zeit, um die Sachen zu sichten und zu klären, was ich in den kommenden Monaten brauchen würde, im Interim, quasi, bevor ich mich wirklich entschied, wo ich mich niederlassen wollte. Langfristig, meine ich.»

Ich hatte «im Interim» am Rand in Rot ironisch wiederholt. Weil natürlich an Evan in Richmond nichts mehr «Interim» war. Sein «langfristig». Sein «niederlassen». Auch letztere Äußerungen meinten für mich – bzw. alle Leser, genau genommen – nur den einen ganz bestimmten Vorort am Rande von West London; ebenso gut hätte Evan von Anfang an vorgehabt haben können, den Rest seines Lebens dort zu verbringen. «Bitte?!!» hatte ich nahe dem unteren Blattrand notiert – als Aufforderung an mich selbst, ihn dazu zu löchern, und umringelte rot das Wort «wirklich». Auffällig war aber auch, schien mir, die Art, wie er den Namen «Caroline» schrieb. Denn dieses Wort unterschied sich im Schriftzug deutlich von seinem sonstigen Gekritzel, es war ordentlich, klar und gleichmäßig geformt. Die Buchstaben waren hier allesamt perfekt ausgeführt. Caroline. Für mich lag offen zutage, dass allein schon das Wort hinzuschreiben für Evan eine Form von Meditation war, über sie. Caroline. Caroline. Caroline. Auf den ersten Blick sah ich, sobald sie mir in Schriftform begegnete, wie er innehielt und aus ihrem Namen ein feierliches und «wirklich» vollendetes kleines Kunstwerk machte.

Überhaupt erlaubten die Seiten recht viel Einblick in Evans Ordnungssinn. Das feine Papier stammte von Fortnum's. Ich hatte früher selbst welches gehabt, aber man produzierte es inzwischen nicht mehr. Ich kannte auch seinen Füller sehr gut. Er hatte damit eine lange Liste der Kleidungsstücke erstellt, die er zwischenlagern wollte, die scheußlichen Pullover, fiel mir auf, gehörten jedoch nicht dazu, auch nicht die vorsintflutlichen Jeans, die ihm so ein schrulliges, sonderliches Aussehen verliehen; was er auflistete, waren Abendanzüge und Sportjacketts, schicke Hemden, Slipper, das «Ami-Zeug», so Evan. Daneben gab es eine Sparte mit Büchern und CDs, DVDs und auch Gemälden sowie kleineren Möbelstücken. Er hatte im Laufe der Jahre in den USA einigen «Krempel» angesammelt. Ich las weiter:

«So war es», las ich. «Ich hatte Verschiedenes zu erledigen. Und der Anblick Carolines, die erste Begegnung und dann eine weitere, um die Details meines Einzugs zu besprechen ... Das war für mich in vielerlei Hinsicht zu viel gewesen. Ich brauchte ungestört Zeit im Haus, um mich ohne die überwältigende Allgegenwart Carolines zu orientieren, mich einzurichten. Ich musste mich in Richmond erst mal normalisieren – «normalisieren» war unterstrichen und der Grund für mein «Bitte?!!» am unteren Rand. «Ich wollte Zeit allein im Haus verbringen können und mich an mich selbst darin gewöhnen.»

Ich stutzte. Das gefiel mir. Das war gut formuliert.

«Bevor Caroline zurückkehrte», fuhr er fort. «Bevor sie mit mir unter demselben Dach wohnte. Ja, ich brauchte etwas Zeit für mich.»

Ich blätterte um. Es gab noch knapp eine halbe Seite, kaum lesbar, dann dies:

«Ich fragte mich dort allein in meinem Dachquartier Anfang Januar, welche Veränderung ich ihr vom Gesicht würde ablesen können, diesem wunderschönen Gesicht, wenn ich es erneut betrachten dürfte. Denn sie würde sich doch verändert haben, nicht wahr? Selbst nach wenigen Tagen. In Frankreich. Im Kreis der Familie. Bei französischer Küche, dem Wein. Da machen schon ein paar Tage etwas aus. Ich selbst war mir in der knappen Woche seit der ersten Begegnung mit Caroline dessen nur zu bewusst geworden, wie umfassend eine Veränderung sein kann, wie sie uns ergreift, auch wenn nur unerheblich viel Zeit vergangen ist, auch wenn die Umstände –»

«Nein», sagte ich da laut. Der Ton, der Stil ... Sie waren grundfalsch. Kein Wunder, dachte ich leicht angesäuert, dass Evan die Aufgabe, seine Geschichte zu Papier zu bringen, von vornherein mir überlassen hatte! Kein Wunder, dass er mich mit von der Partie hatte haben wollen, um alles in die dritte Person zu verlagern, um bitte, bitte für die dringend benötigte Distanz zu sorgen, für ein bisschen objektives Korrelat. Diese edwardianischen Ergüsse auf Fortnum-Papier ... Sie mussten ihm ausgetrieben werden. Ich, die ich an Tiernahrung, Versicherungen und hippen Galeriekatalogen geschult war, würde ihm da beispringen können, muss er wohl gedacht haben, das dürfte der Beweggrund gewesen sein, mich gleich zu beknien, bis ich tatsächlich gesagt hatte: «Also gut, ich versuch's.»

Denn ohne ... Formwillen ... ohne ... Was würde dann? Meine Rotstift-Fragen und -Unterstreichungen sagten alles.

«Ihr wildes blondes Haar», hatte er beispielsweise geschrieben. «Wie es mich blendet» – woraus ich noch hatte machen können: «Sie ging vor ihm her, nach der ersten Begrüßung, und ihm fiel auf, wie lässig sie ihr blondes Haar zu einem schludrigen Pferdeschwanz hochgezwirbelt hatte, der dennoch unerhört glamourös war.» Die paar Zeilen waren nur eine Rohfassung, aber doch deutlich besser, will ich meinen, als die Vorlage.

Oder:

«Ich höre Caroline in der Küche brüllen: drei halbwüchsige Jungen, sie hat alle Hände voll zu tun, wenn die noch Freunde mitbringen und vor irgendeinem Gaming-Sender abhängen und noch dazu den CD-Spieler voll aufdrehen, aber ihre Stimme ist immer Musik in meinen Ohren» – «Klischee!» hatte ich an den Rand gekritzelt und umformuliert: «Evan fand zunehmend Gefallen am häuslichen Leben der Beresfords. Drei Jungen zwischen zwölf und fünfzehn und jede Menge mit nach Hause gebrachte Freunde, Caroline, die ihnen Saft und Kekse hinstellte, Pommes und Hamburger machte, wenn sie zum Essen dablieben, sie hatte alle Hände voll zu tun. Evan saß gelegentlich am Frühstückstresen, während sie mit ihm plauderte, normalerweise aber war sie längst auf dem Sprung, wartete nur noch auf die «Babysitterin», um endlich nach oben verschwinden und sich umziehen zu können.»

«Drei Jungen», sagte sie gern zu Evan, wenn sie zusammen ein Glas Weißwein tranken, spätnachmittags oder frühabends, am Wochenende vielleicht einen Tee. «Ist es zu fassen, da habe ich drei Jungen in die Welt gesetzt und darf mich nun ein Leben lang mit ihnen herumschlagen?

Was sagst du dazu! Wie viele Brüder und Schwestern hast du denn, Evan? Du wirkst, als kämst du aus einer großen Familie?»

Und Evan sagte darauf «ja» oder «drei» oder «mag sein» ... im Grunde unfähig, richtig zu antworten, schon gar vollständig, oder sich verständlich zu machen, weil er offenbar immerzu nur eines konnte, nämlich denken: Caroline, Caroline, Caroline.

sechs

«Ständig hörte ich sie nach den Jungen rufen, treppauf, flurab, aus der Küche, in den Garten ... die Hände hochgeworfen, Finger gespreizt, dass mir ihr dicker Verlobungs- und daneben der goldene Ehering im hellen Licht entgegenblitzten. ‹Was soll ich MACHEN, Evan? Ich ziehe drei Monster heran! Unfassbar, ich bin Mutter dreier Teenager, dreier pubertierender JUNGS!›»

Evan hatte alles mit Unterschrift und Datum versehen. Ob lose Blätter, Tagebucheinträge, Manuskriptpassagen, seine Fortnum's-Briefe, wie ich sie nenne ... auch die gebündelten Seiten der Konvolute und Spiralblöcke, alle randvoll mit Evans haarsträubender Handschrift, seinen Sprachbildern und Vergleichen. Es gab gesuchte Formulierungen, die schwer zu ertragen waren – «Musik in meinen Ohren» und so fort. Ich habe keine Ahnung, wo er sich den Stil abgeguckt hatte, ein Glück nur, dass ich den in den langen Monaten unserer Zusammenarbeit im Keim hatte ersticken können.

Daheim bearbeitete ich alles in diesem Sinne, ich schrieb, ich feilte, ich blieb dran. Evan und ich trafen uns nach wie vor, und unsere Gespräche holten mit der Zeit immer weiter aus, ohne vom Fleck zu kommen, die Zeit lief, das Projekt nahm auf eigene Art Gestalt an, und ich schrieb unermüdlich alles auf.

«Ihre grünen Augen» und so fort.
«Ihr Gesicht im Schlaf weicher, mädchenhafter.»

Ich änderte dergleichen ab in so etwas wie: «Sie hatte die Angewohnheit, zur Bekräftigung die Augenbrauen zu heben, wenn sie Evan eine Frage stellte wie ‹Wollen wir mit den Jungen Fischstäbchen essen, wir beide, und nichts dabei finden?› oder ‹Wollen wir, wenn du heute Abend sonst nichts vorhast, zusammen ein Glas Wein trinken?›, um ihm gleich darauf die Hände auf die Schultern zu legen. Ihn mit einem ‹Sag ja, nichts lieber als das!› zu becircen. ‹Als mit einer Hausfrau in der Küche abzuhängen und Reste zu essen.› Und Evan brachte dann minutenlang vor Glück kein Wort heraus.»

Denn das war meine Rolle. Zu schaffen. Zu formen. Evan und Caroline zusammen am Frühstückstresen in der Küche in Richmond, und ja, dass sie ihre wunderschönen blaugrünen Augen auf ihn richtete und ihm einfach alles über ihr Leben erzählte, jedenfalls kam es ihm so vor. Und ja, das auch, Evan dazuzusetzen, lauschend und nur gelegentlich «mag sein» murmelnd oder «verstehe ...». Meine Rolle bestand darin, das alles für ihn zu Papier zu bringen und sichtbar zu machen. Zwischendurch zeigte ich ihm immer mal, wo ich stand, und dann las er, um ein Gefühl für das Ganze, für die Stoßrichtung zu kriegen, erster Leser seiner eigenen Reaktionen und Gefühle. Und die Seiten entwickelten eine Eigendynamik, wenn man so will; nach und nach, Schritt für Schritt näherten sie sich dem, was ein Wendepunkt hätte sein können, dem Moment, da Caroline spätabends die Treppe hochstieg, als ihre Dinnerparty vorbei war und David noch nicht daheim.

«Du findest mich sicher erbärmlich», hatte sie an jenem Abend gesagt, als sie hochkam, als sie ihm eingehend von den ihr jüngst verschriebenen Medikamenten erzählte, davon, wie schlecht sie schlief, und vieles andere mehr, was sie loswerden wollte, und Evan hatte gesagt: «Aber nein, überhaupt nicht ...», hatte sie aber nicht in die Arme nehmen, nicht halten, sondern nur dastehen können, mitten im Zimmer, schockstarr, so hatte er es empfunden, sagte er mir später, als ihm erst aufging, wie viel Kraft es Caroline sicherlich kostete, wie viel Energie, so präsent und lebhaft und leuchtend zu sein, wie viele Tabletten erforderlich waren, um die stupende Willensstärke, die Wendigkeit und Lebensfreude aufrechtzuerhalten, die ihr, als Seele der «munteren Szene», nachgesagt wurden.

«Ach, Evan, hast du eine Ahnung», hatte Caroline gesagt, «verheiratet ... zwei Menschen, die so verschieden sind ... wie einsam das ist ...»

Gesprächsfetzen, Geständnisse ...

«Manchmal weiß ich wirklich nicht weiter.»

Notierte sich Evan zu diesem Abend, der zum Kumulationspunkt so vieler Momente und Eindrücke wurde, wie er jetzt erkannte ...

So vieler Einzelmomente, die sich häuften und verdichteten ...

Am Frühstückstresen hatte sie einmal, als er sie frühmorgens noch vor Sonnenaufgang überraschte, einfach die Mundwinkel heruntergezogen und «Bäh» gemacht.

Das könnte ich hier einfügen.

Oder einbauen, dass er manchmal beim Essen die Jungen auf den Fernseher stieren sah, während Caroline mit leerem Blick daneben saß.

Und wie ...

Evan sie am Telefon oft weinen hörte.

Auch die Haustür nachts zu ungewöhnlichen Zeiten auf- und zugehen hörte.

Oben bei ihm unterm Dach hatte sie, als sie «hochkam», über diese vielen Umstände reden, ihm von ihrem Leben erzählen wollen: wie es war, wie sie sich sah, aber nicht sein könne. Die Tabletten, die sie Evan gegenüber bereits erwähnt hatte, die der Arzt ihr verschrieben hatte, zeigten Wirkung, aber «keine gute», sagte sie ihm, das allerdings schon im März, bevor sie hochkam, lange auch vor den Ereignissen, die auf die Einladung folgten, die im Juni auf dem Kaminsims in der Küche der Beresfords erschien. «Resignation», hatte sie im März zu Evan gesagt, als sie ihm aus der Waschküche entgegenkam, schwer bepackt mit sauberen Bettlaken und mit verweinten Augen. Die Kinder wurden flügge, und «Was dann?», fragte sie ihn eines Morgens, als sie Toast für sieben machte und selber die verbrannten Knuste aß. «Was kommt, wenn das alles ...» – sie hatte mit einer ausholenden Geste auf die drei Jungen und deren Freunde gezeigt, die auf Sofa und Fußboden herumlümmelten und sich gegenseitig an der Spielkonsole fertigmachten. «Wenn das alles vorbei ist, was dann?», fragte sie. «Was?»

Und er hatte nur eines gewollt, Evan, nicht wahr, bei jeder dieser Gelegenheiten, nämlich sie in die Arme zu schließen und zu sagen: «Keine Sorge, ich bin ja da. Ich helfe dir», und schlagartig die Welt für sie zu verändern. War das nicht stets sein erster Impuls? Während er aber realiter gar nichts tat, bloß weiter seine Seiten füllte und mir übergab, mich anrief und meinte: «Können wir uns treffen? Es gibt wieder so viel zu sagen.»

Und auch Caroline zeigte bei alledem – das war meinen ausgedruckten, kopierten Seiten ebenso schwarz auf weiß abzulesen – enorme Disziplin. Sie gestattete es sich nicht, Trübsal zu blasen. Sie tat ihr Möglichstes, so wunderbar, so munter und witzig zu sein wie eh und je. Ihre Äußerungen blieben vertraulich, stellte ich fest, blieben, wie beschrieben, zwischen ihr und Evan, in der Küche, im Garten, auf dem Rasen, an der Tür zur Waschküche. Sie stahlen sich nicht quasi von den Seiten in Gespräche mit Dritten. Sie war diskret. Und alle diese ausschließlich ihm anvertrauten Geheimnisse machten Evan, wie geschildert, nur verliebter, nur ergebener. Wie auch nicht? Bei der Haltung? Der Tapferkeit? Bei der Art, für Leichtigkeit zu sorgen, für die «muntere Szene», die sich in endlosen Unternehmungen und Einladungen manifestierte und das Ambiente in Richmond prägte. Folglich erhaschte er höchstens einmal, wenn er abends sehr spät von der Arbeit kam oder unerwartet aus seinem Logis hinunterstieg – etwa, weil Wochenende war und er beschlossen hatte, spazieren zu gehen, oder weil er mich zu dem nächsten Gespräch treffen, mir weiteres Material übergeben wollte –, zufällig einen genaueren Blick auf das Elend der Beresfords.

Dabei sei David, sagte Evan, stets «absolut reizend», ungemein kultiviert und «sehr unterhaltsam». Das wollte Evan schon klarstellen. «Das ist wichtig, Nin. Für den Essay oder die Geschichte oder was immer wir da zusammen fabrizieren. David ist in dem Ganzen kein Schurke. Er bleibt sich einfach selbst treu, genauso wie Caroline.» Für die Pool-Party wolle er irgendwelche tollen Wasserspiele für seine Jungs und die anderen Kinder

der Straße organisieren, berichtete Evan. «Er hat das bereits mit den anderen Vätern besprochen.» So gesehen sei David durchaus ein «Teamplayer», trotz seiner Aversion gegen eine City-Karriere und seines Hangs zu einem beschaulichen Leben; er sei geradezu prädestiniert, ein kompliziertes Wasserpolo-Match zu leiten, das Stöcke und mehrere kleine Bälle erforderte, ein Netz, wasserdichte Spielberichtsbögen und was nicht noch alles. Er sei darüber hinaus geistreich, ein blendender Geschichtenerzähler und zu flotten Sprüchen fähig, die geeignet seien, der ganzen Familie Laune zu machen ... Die Liste seiner Vorzüge schien endlos. Aber mit Caroline wechsle er kaum ein Wort. Er sei ihr gegenüber «kalt», sagte mir Evan schon ziemlich zu Anfang. Es war noch Frühling, die Bäume schlugen aus, aber das Licht blieb lustlos. Ich lief mit Schal herum. Ich entsinne mich, wie Evan ihn mir beim Abschied zu einem hutähnlichen Gebilde ums Gesicht bündelte – wir waren an dem Abend lange im Pub geblieben. Er hatte mir tief in die Augen gesehen und dann gesagt, dass David Caroline gegenüber «kalt» sei, «kaltherzig».

Hiernach, sagte mir Evan – nach dem kühlen Abend, als er mir die Windungen meines Schals ums Gesicht gelegt, die Enden ordentlich eingeschlagen und so der Form nach eine altmodische Haube kreiert hatte –, hiernach hatte er oftmals Tränen in Carolines Augen entdeckt. «Wenn es sonst niemand sieht», sagte er. «Ich weiß, dass sie da sind ... und warum», hatte er hinzugefügt, allerdings wurden sie schnell weggewischt, sobald Evan einen Raum betrat, meist nach irgendeiner Bemerkung Davids wenige Augenblicke zuvor – so hochentwickelt war bald Evans Sensorium für das Befinden der Familie Beresford, für die Beziehungen zwischen ihnen, Mann und Frau, Vater und Söhnen. Und immer deutlicher zu sehen für ihn die Risse, die den Familienzusammenhalt zu sprengen drohten. Sie waren da, in Evans Tagebüchern. In seinen Reden.

Manchmal, sagte er, spreche Caroline «etwas befremdlich» davon, wie wenig David ihrer Überzeugung nach für sie übrig habe, wie er sie kleinmache, meist ohne Absicht und sogar als Ausdruck seines Charmes misszuverstehen. «Nun», könne er zum Beispiel, vertraute sie Evan an, bei Drinks mit Freunden in einer Nobelbar über Caroline sagen, «es wäre ja ganz nett, wenn sie aus ihrem Leben etwas machen wollte» – und dabei nicht sie, sondern die anderen ansehen, als wolle er damit einen Scherz einleiten. «Seht sie euch doch an», konnte er sagen. «Meine wunderhübsche Frau. Hoffnungslos.» Worauf sie mit einem «Untersteht euch», kontere, ebenfalls an die Runde gerichtet und ihn scheinbar übergehend. «Bloß nicht.» So die vertrackten Rollen, die sie spielten und von denen mir Evan gelegentlich berichtete, damit ich sie so konkret, so realitätsnah zu Papier brächte wie möglich.

Sprachen sie denn überhaupt miteinander, die beiden, fragte ich mich, wenn sie allein waren? Und fragte auch Evan. Vielleicht über Davids Abschluss, die griechischen Sagen, die er den Jungen vorlas? Erzählte er seiner Frau von seinen Träumen, wie sehr er die City hinter sich lassen, aus dem Schatten, den Fußstapfen seines Vaters treten wolle? Schlug sie ihm vielleicht vor, sie könnten doch das Haus verkaufen? Reisen? Mit ihrem Leben etwas anderes anfangen? Das müsste doch Caroline eigentlich gefallen, oder nicht? Das Gefühl zu haben, es gäbe Möglichkeiten, eine Wahl? Die Chance, eine andere werden zu können, frei zu sein?

«Schwer zu sagen», erwiderte Evan. «Was wissen wir schon, Nin, wenn es nicht niedergeschrieben, fortlaufend dokumentiert wird? Wie könnten wir uns da sicher sein?»

Mir – die ich ja nicht dabei sein und es mit eigenen Augen sehen konnte, mir vielmehr aus den Bruchstücken, die Evan mir lieferte, ein Bild zusammensetzen musste – schien die häufigste Form ihrer Kommunikation, der von Caroline und David, auch ohne konkrete Beweise das Schweigen zu sein. Mitunter hatte Evan, wie beschrieben, von erhobenen Stimmen berichtet, lautem Poltern ... allerdings weit weg, tief im Beresfordschen Schlafzimmer, gedämpft von Teppichen, Steppdecken und Kissen, etwas, was zu Bruch ging, etwas Sprödes. Immer spätnachts, wenn die Jungen längst schliefen, Evan hingegen von einem Wort, einem harschen, harschen Wort aus einem Traum gerissen wurde. Und dann wieder mal die Tür auf- und zugehen hörte. Kam jemand? Eilte herbei? War gerufen worden? Schwer zu sagen.

«Am Morgen», sagte Evan, «war David dann wohl schon zur Arbeit gefahren, es schien jedenfalls, als wäre nichts gewesen. Und ich fragte mich», sagte er, «ob es überhaupt stimmte?» Dass er etwas gehört hatte? Denn Caroline hatte den Fernseher laufen, wirkte super-präsent und strahlend, als wäre ein Feiertag und sie alle in Urlaubsstimmung, nicht etwa ein Montagmorgen oder Donnerstag und tickte die Uhr. Da war sie also, in Jeans und weißem T-Shirt, das Haar offen wie ein junges Ding, lachte über irgendeine Bemerkung eines der Jungen, herzte sie alle. Und da war sie ebenso an einem Samstag, schnippelte auf der Arbeitsfläche Gemüse, während sie Nachrichten guckte, Speck briet und Saft ausschenkte. Oder sie telefonierte, ordnete dabei Blumen in einer ausgefallenen Vase und bot Evan mimisch einen «Kaffee?» an, als er erschien, während am Telefon jemand weitersprach, zeigte auf die Pressstempelkanne und dann auf Evan und hob fragend die Brauen, hauchte dabei zugleich ihr «Mmmm» ins Telefon und schob einen weiteren langen grünen Stängel tief in ihr raffiniertes Blumenarrangement.

So waren die Morgen, Carolines Morgen. Wunderbar, wunderbar. Wie sie selbst.

Ihre Jeans ausgeleiert und verwaschen, ihre Beine lang, gestreckt wie ihr Körper insgesamt, eine ungemein lange, gebräunte, elegante Caroline schritt an diesem wie an allen Morgen durch ihre Küche ...

Und selbstverständlich hätte Evan überall wohnen können. In einer der gediegenen Etagen in Notting Hill oder Chelsea. Oder hätte es bescheidener haben können, eine Junggesellenbude in Mayfair vielleicht, oder unterkommen können in einer hübschen kleinen Wohnterrasse in Barnes. Er hätte sogar hierher ziehen können, wo ich wohne, mit einem Park in der Nähe und Bäumen, die dich, wenn du in sie hochblickst, glauben machen, du wärst sonst wo und das Leben hielte endlose Möglichkeiten und Finales bereit ... etwa dass wir zusammen auf dem Land leben könnten, Evan und ich, zwischen und unter solchen Bäumen, im Rücken nur die Hügel. So ähnlich, wie unser allererster Pub und Treffpunkt zum Auftakt dieses Projekts auf dem Land hätte liegen können, und wir Teil davon. Tief drin. Als wären wir selbst gerade von einem Jagdausflug irgendwo wiedergekommen, mit zwei schwarzen Labradoren bei Fuß, den erlegten Fasanen in der Faust und Dreck an den Stiefeln ... Arm in Arm, zwei Menschen, die sich so, so lange schon kennen ...

Doch im besagten Pub hatten wir anderes zu tun. Meine Seiten, meine Kulis und Stifte und Mappen ... Sie lagen bereit.

Und dagegen war, wie es schien, kein Kraut gewachsen. Gegen unser unvollendetes Werk, unser Buch. Nichts.

Und meine Rolle –

«Kaffee?», mimte Caroline, zeigte auf den leeren Becher vor sich, die Kanne auf der Arbeitsplatte und schließlich Evan. «Wir beide?»

«Und dann ihr Lächeln», transkribierte ich aus Evans unberechenbarer und zutiefst unzuverlässiger Folkmusik-Poesie: «das Lächeln, mit dem mein Leben anfing.»

Finish

Es kam der Tag des Sommerevents bei den Caxton Taylors, vorweggenommen längst in der aparten Einladung auf dem Kaminsims in der großen, hellen Küche der Beresfords.

Der Vormonat war warm gewesen – wie der Juni so oft –, was einen langen, herrlichen Sommer nicht endenwollender Tage und blauer Himmel versprach. Und jetzt hatten wir Juli, und am Ende der District Line kam der Sommer «mit Macht». So Evan – ich hatte den Spruch direkt aus seinen Aufzeichnungen übernommen; «aber hallo», hatte er mir gegenüber mündlich ergänzt, als er mir die entsprechenden in einer Mappe gebündelten Seiten überreichte und kurz den Inhalt umriss. Ihm entschlüpften noch immer amerikanisierte Idiome: Wendungen und Wörter aus den Jahren in New York und Chicago und Boston, den vielen Jahren anderswo, die ich mir eigentlich nicht wirklich vorstellen, an die ich weder denken noch glauben konnte. Für mich war Evan immer irgendwo in unmittelbarer Nähe gewesen. Er war nie gegangen. «Ach, die Gordonstons», sagte meine Mutter stets, «man muss sie einfach gernhaben.»

So sah es also in Richmond aus mit der Stimmung, Evans leicht amerikanisierten Worten zufolge, der Sommer kam, «aber hallo». Heiß genug war es jedenfalls. Es zog die Menschen nach draußen, auf die Straßen, ihre Stimmen trugen weit. Man ging leicht und lässig bekleidet. Ja, in der Tat, der Sommer kam in ganz London mit Macht.

Evan jedoch behielt seine dicken Baumwollhemden an, nur die Pullover entfielen – immerhin. Er gab zu, dass er die Winterklamotten angesichts der im Chestnut Way wachsenden Vorfreude auf die Vergnügungen in der Nummer 23 am bevorstehenden Wochenende leid sei. Das lag offenbar am «Stimmungsumschwung», den er bei den Beresfords hatte beobachten können und von dem er mir bei unserem ersten Treffen im Empty Barrel berichtet hatte. Der Tatsache, dass sich im Haus, je näher der Tag der Pool-Party rückte, atmosphärisch so etwas wie Hoffnung breitmachte; es lag etwas Leichtes, Sommerliches, Vergnügliches in der Luft.

Dieses erfreuliche Klima beschränkte sich keineswegs auf Richmond. Bei mir in der Straße blühten in den Kübeln die Geranien, rosa, weiß und rot, und wie hübsch sie doch waren, um wie viel mehr sie mir auffielen, wenn ich aus dem Zwielicht des Empty Barrel auftauchte. Und dazu stieg aus den Parks der süße, grüne Duft gemähter Rasen, aus den Vorortgärten West Londons der kühle Dunst der Rasensprenger, beides erwartete auch Evan, wenn er nach einem langen, heißen Arbeitstag zu den Beresfords «heimkehrte».

Dort, in der Nummer 47, freuten sich anscheinend alle auf die Party drüben in der Nummer 23. Caroline schon mal auf jeden Fall, und die drei Jungen auch, die eng mit den Kindern der Caxton Taylors befreundet waren; David hatte seine Wasserspiele mehrfach erwähnt und die feste Absicht zu erscheinen, «definitiv», hatte er gesagt. Es standen keine Geschäftsreisen mehr an, keine Klausuren an der UCL ... Dass ein ganzer Sommer vor ihm lag, ehe ihn im Herbst ein neuer und ähnlich anspruchsvoller Kurs zu den Peloponnesischen Kriegen erwartete, der Konditionalis des Lateinischen wie des Griechischen und alle in der *Griechischen Mythologie* versammelten Texte, von denen bis zum Ende des ersten Semesters sieben komplett rückzuübersetzen sein würden, aber eben erst dann, nicht jetzt ... bedeutete, dass er über diese viele Zeit frei verfügen konnte, dass er nichts anderes «zu tun» hatte, nirgends anders «sein musste» – als daheim bei Frau und Familie. Und das alles trug deutlich zur Aufhellung der Stimmung bei, der atmosphärischen Leichtigkeit in Richmond. «Doch ja», hatte er Evan versichert, als sie sich zufällig auf der Treppe begegneten, er werde «durchaus viel da sein», und Caroline schien entsprechend erleichtert, auch dass sie zusammen zur Party der Nachbarn gehen, sprich, wieder wie früher als Familie auftreten könnten.

«Na ja», kam es etwas grimmig von Evan, als ich ihn darauf ansprach, auf David Beresford und seine Haltung zum Familienleben, zu Partys, besonders dieser, «das läuft mehr nach dem Motto ‹wie auch immer›», befand er und spielte damit liebevoll parteiisch auf die vielerlei Arten an, wie David Beresford es aus Evans Sicht verstand, seiner Frau das Herz zu brechen. «Das sagt er jetzt», meinte Evan, dass er hingehen werde, aber ob darauf wirklich Verlass sei? Wie oft, gab Evan zu bedenken, habe David doch versprochen, zu einer bestimmten Zeit zu Hause, an Carolines Seite zu sein, und war es dann nicht gewesen, gesagt, er werde sich mit ihr um die geladenen Gäste kümmern, hatte aber dann noch «arbeiten» müssen, sagte Evan weiterhin «grimmig» – und das

Umstandswort passte gut zu seinem Gesichtsausdruck, zu dem sarkastischen Ton, in dem er es sagte –, weil er nur zu gut wusste, Caroline hatte es ihm lang und breit erzählt, dass David gern mal versprach: «Aber ja, ich werde heute Abend rechtzeitig da sein, ich besorge auch unterwegs den Sekt», nur um dann spät einzutreffen, dazu noch betrunken, wenn der Abend eigentlich schon gelaufen war und die Gäste aufbrachen. Um dann mit der flehentlichen Bitte «Bleibt doch noch!» überzukompensieren, wenn es längst zu spät war und alle auf die Uhr guckten. Bis auf David, sagte Evan. Der sich seliger Unwissenheit erfreute. Ja, geradezu aufgekratzt schien, Evan zufolge, noch fescher und charmanter als sonst. «Ehrlich gesagt, unsympathisch kann ich David Beresford trotz meiner Nähe zu Caroline nicht finden», hatte er einmal eingeräumt. Ich glaube, ich weiß, was er meinte. Schließlich machte David eben einfach sein Ding, nicht wahr? Genau. Mit den Kursen an der UCL erfüllte sich für ihn ein Traum. Wenn es nach ihm ginge, würde er seinen Job hinschmeißen, einfach in die Wohnung am Russel Square ziehen und irgendwann, nach der Promotion und entsprechenden Veröffentlichungen, eine Dozentenstelle annehmen, dort oder an jeder anderen englischen Uni mit angesehenem Altphilologischen Institut. Er hatte nie in der City arbeiten wollen. Und das sagte er auch, hatte es Evan gesagt, verkündete es aller Welt, auf seine charmante Art, mit einem charmanten Grinsen, auch in Carolines Gegenwart. Immerzu. «Ich wollte das alles nie ...» Sagte es mit einer ausholenden Geste, die sein gepflegtes Heim, den großen grünen Garten mit den Eichen und Platanen einschloss. «Nichts davon.»

Aber eben deshalb, fühlte Evan sich genötigt hinzuzufügen, sei auf den Mann auch schlicht kein Verlass. Wasserspielpläne hin oder her. «Das glaube ich erst, wenn ich's sehe», sagte er zu Davids Vorhaben, am kommenden Samstag bei den Nachbarn tatkräftig mitzuwirken. Davids Art, Caroline Mal um Mal zu enttäuschen, gehörte für Evan inzwischen so sehr zu der Ehe der beiden, zu ihrem Lebenswandel ... Evan hatte da sehr dezidierte Ansichten. Da habe Caroline, sagte er, beispielsweise einen Urlaub geplant, Herrgott, gebucht, alles gepackt, und im letzten Moment mache David einen Rückzieher. So was gebe es am laufenden Band. Zahllose kleine Enttäuschungen. Die und dazu die komplexen, vertrackten Geheimnisse, die es zwischen Mann und Frau gibt, selbst Eheleuten wie den Beresfords, die wie füreinander geschaffen schienen und glücklich, mit drei Söhnen in teuren West Londoner Schulen, sichere Cambridge-Kandidaten, einem elegant eingerichteten, sogar mit hübscher kleiner Einliegerwohnung ausgestatteten, offen geführten Haus, das viele als «muntere Szene» empfanden.

«Nun ja», wie Evan mehr als einmal «grimmig» in seinen Gin Tonic murrte, «muntere Szene» in allen Ehren, aber David Beresford verstehe es, wie gesagt, nur zu gut, seiner Frau sehr eloquent und gewieft auf vielerlei Art das «Herz zu brechen».

Jetzt aber, am Vorabend der «Pool-Party» der Caxton Taylors, lag dergleichen fern und nichts im Argen. Nichts. Evan wollte nur sichergehen, dass ich ihn trotzdem mitberücksichtigte, den «Schatten», der auf der Ehe liege, wie er meinte, das müssten wir in unserem Buch «klarstellen». Mich allerdings interessierten diese Umstände wenig: Evan, der sich mühte, Davids «Gebaren» zu ergründen, die unerbittliche Zielstrebigkeit, die überall dort zum Tragen kam, wo nur zählte, was David Beresford vom Leben erwartete. Evan, der noch mal nachlegte. «Und das halte bitte fest, Nin», hatte er mich wie üblich gebeten, «dass David Beresfords raffinierteste Gemeinheit darin besteht, die Ehe mit Caroline aufrechterhalten zu haben.»

Nichtsdestotrotz hatte dieser selbe David Beresford beteuert, er werde an dem besagten Samstag Anfang Juli da sein, in der Nummer 23, ab 14 Uhr, wie in der Einladung angegeben, und zwar in «Badekleidung», wie in der rechten unteren Ecke in neonpinkem – handschriftlichem – Font mit grellgrünen Akzenten gefordert, und ich für meinen Teil glaubte ihm.

Er versprach, mit Charlie Caxton Taylor den Grill «zu bemannen», erzählte mir Evan und echauffierte sich sogleich über diese «müde Trope» – Ehemänner, die sich hinter dem qualmenden Grill verschanzten, während die Ehefrauen in Bikinis am Pool fläzten, die sich im Wasser tummelnden Kids beaufsichtigten und tratschten. «Den Grill ‹bemannen›», murrte Evan und stocherte an dem ausgelutschten Zitronenschnitz herum, der am Freitagabend vor dem großen Tag am Grund seines Glases im Barrel lag. «‹Bemannen›», wiederholte er. «Vorsintflutliche Ausdrücke, Nin. Das würden nicht einmal unsere Väter mehr tun oder sagen: ‹den Grill bemannen› ...» In welchem Jahrhundert lebe David Beresford eigentlich, murrte er.

Es war eigenartig, wirklich wahr, mir von Evan plötzlich so viel über Carolines Mann anhören zu müssen. Er war in unserer Geschichte bislang kaum vorgekommen, und es war reichlich spät, fand ich, ihm jetzt noch einen Auftritt zu verschaffen. Als «armen David» hatte ich ihn schließlich mal tituliert. Vermutlich wegen seiner Liebe zur Antike und so fort, der Schieflage seiner Arbeitsethik und wegen seiner wahren Interessen. Und nun wurde dieser Ehemann im selben Text lächerlich gemacht, seiner Sprache und der von ihm verwendeten Ausdrücke wegen. Seiner Kälte gegenüber seiner Frau, des wiederholten Verrats am häuslichen Glück wegen, den David Beresford zugunsten seines «eigenen Dings» beging ... Es war ja schön und gut, dass Evan mir das alles zutrug, aber mittlerweile war es einfach zu spät, das noch einfließen zu lassen.

Außerdem war ich in Gedanken längst bei dem Pool drüben in der Nummer 23. Dem langen, kühlen blauen Becken mit dem breiten Rand aus dunklen Schieferplatten hinten in einem Garten in Richmond, dicht an einer großen quadratischen Terrasse in den Rasen eingelassen. Im Geiste sah ich Caroline mit ihren Freundinnen diese leuchtende Wasserraute am Ende des Gartens umlagern, Sonnenbrillen auf den Nasen, sah sie sich auf diversen bunten, von den Caxton Taylors am Pool-Rand arrangierten Sonnenliegen räkeln. Hörte sie rufen: «Nicht spritzen, Robbie!», oder «Vorsicht!», aber eher gelassen, als machte es ihnen eigentlich nicht viel aus, bespritzt zu werden. «Keine Arschbomben, bitte!» Während sie eigentlich gar nicht an ihre Kinder dachten und das, was ihre Kinder anstellten, sie dachten vielmehr an ihre Ehemänner und an sich.

Also ja, «Nicht spritzen!», «Keine Arschbomben!»

Solche Rufe, Zurechtweisungen, Bilder tauchten vor mir auf, tanzten in meinem Hirn wie die großen, grellbunten Schwimmtiere, die man rund um die Welt auf Swimmingpools dümpeln sieht, in der hellen Sonne karambolierend, während Evan im dunklen, trüben Barrel sein leeres Glas schüttelte. Das alles, Vorstellungen und Aussagen, setzte sich zu einem Bild der tatsächlichen Party zusammen, dem eigentlichen Tag, dem besagten Samstagnachmittag, da sukzessive die Nachbarn eintrafen und jeweils von einer der vielen jungen Osteuropäerinnen einen Drink entgegennahmen, die der von Pamela Caxton Taylor entdeckte, auf Londoner Pool-Partys spezialisierte Caterer geschickt hatte – so hieß die Firma sogar, «London Pool Parties», hatte Caroline Evan erklärt –, alle in Baströcken, als kämen sie aus Hawaii. «Die Cocktails waren eine Wucht», meinte Evan.

Aber das erst später.

Gegenwärtig hatte ich es mit einem Evan zu tun, der unentwegt redete und wertete. Der erst dies, dann auch das noch eingebaut haben wollte. Sodass ich quasi auf den letzten Metern, so kam es mir vor, diese vielen zusätzlichen Seiten unterzubringen hatte, diese vielen zusätzlichen Details. Und es dauerte für mein Gefühl ewig, bis ich endlich zu dem besagten «Später» vordrang – bis ich überhaupt etwas über die Party erfuhr. Kurze Zeit dachte ich nämlich, dazu erst einen ganzen weiteren Teil dieses Buch durchmessen zu müssen.

Denn nach dem Treffen im Barrel am Freitagabend ergab sich für mich, für den Text nur ... Schweigen. Fast so dramatisch und vielsagend wie damals Ende des Frühjahrs, als es nach Evans Offenbarung spätabends die schreckliche Funkstille gegeben hatte. Jetzt hörte ich von ihm wie damals nichts. Gar nichts. Nach den dezidierten Ansichten, den «grimmigen» Betrachtungen ... Stunde um Stunde zog sich hin, wurde mir so lang wie damals im Frühjahr, ohne Anruf, ohne Nachricht. Zuletzt am Freitag gesehen, und dann ... nicht ein Wort. Den ganzen Samstag über, am Samstagnachmittag, nichts. Der Samstagabend kam und ging, aber ... nicht ein Satz. Nichts zu schreiben. Zu dem Wochenende. Zu den Beresfords. Caroline. Zur Party. Nichts. Bis Evan mich endlich, endlich am Sonntagvormittag anrief und bereit war zu einem Treffen. Das Ende der Geschichte stehe bevor, verriet er mir am Telefon in einem seltsam euphorischen und zugleich gelassenen Ton. «Treffen wir uns im Remarkable – du wirst den Pub googeln müssen –, dann erzähle ich dir alles», hatte er gesagt.

«Woher weißt du?», sollte ich ihn dort in dem ungewöhnlichen Lokal wenige Stunden später fragen, als er erneut die Cocktails als «Wucht» bezeichnete und er und ich uns zum, wie sich herausstellen sollte, letzten Mal in der Weise in einem Londoner Pub trafen. «Du warst doch gar nicht dabei ...»

«Sag ich dir gleich», versprach er.

The Remarkable war in zweifacher Hinsicht ein brandneuer Pub – neu errichtet und neu eröffnet, anscheinend, und auch der erste von den vielen von uns aufgesuchten Pubs, den wir nicht beim Besuch eines anderen entdeckt hatten. Wie «bemerkenswert» konnte er schon sein, der Remarkable? Nun, er war es. Er lag hinter dem River Cafe und war sehr, sehr nobel. Ich hatte ihn tatsächlich, wie Evan vermutete, googeln müssen. Der Gin wurde in kleinen, aus Eis gedrechselten Stampern serviert, die man dann mit Schwung in einen normalen, wenn auch gründlich geeisten Tumbler leeren und gleich gekonnt mit dem «Tonic-Limetten-Medley» komplettieren musste, um das Ganze dann mit einem nadelfeinen Kristallquirl umzurühren, der zusammen mit einer Schale gereicht wurde, in der die Stamper schmelzen konnten. Puh. Alles, auch der Pub, schien aus Glas, Glasfenster, Glasdach. Glastüren, die auf einen Rasen mit grünen Glastischen hinausgingen, glasig aussehende Stühle und Bänke ... Der Pub wirkte wie ein Filmset und ganz, ganz anders als die Sorte Pub, an die Evan und ich uns gewöhnt hatten.

Was war nur los? Was zum Teufel war hier los?

Obwohl The Remarkable so durchgestylt war, zog der Pub Familien an, Familien mit kleinen Kindern, vielleicht weil er direkt am Fluss lag und einen Springbrunnen hatte und Sommer war und der Himmel blau. Lachen und Lärmen allenthalben. Mir war ein Rätsel, weshalb Evan den Ort gewählt hatte; er habe den Pub mal abends nach einem unserer Treffen und der Heimkehr nach Richmond im Netz entdeckt, sagte er, vor langer Zeit, als er sich von mir verabschiedet und «zur Beruhigung» einen langen Fußmarsch unternommen hatte – womit er das Gefühl meinte, zu viel über Caroline geredet zu haben, sodass ihm ganz elend war beziehungsweise er liebeskrank, um es archaischer auszudrücken, eher nach der Manier der Romantik als der Epoche eines Petrarca oder Dante. Das Ganze sei ihm auf den Magen geschlagen, sagte er. Das sei nach einem unserer Treffen im Kilted Pig gewesen, meinte er, als ich nach seinem Aufbruch noch drinnen reglos im Schummerlicht sitzen geblieben war, ohne einen weiteren Drink zu bestellen, unfähig, zu gehen, einfach sitzen geblieben war und meinerseits dunkel geahnt hatte, dass diese Treffen uns entgegen den zunehmend milden Abenden draußen irgendwie blockierten, vollkommen absorbierten.

Ich hatte den Kilted Pig als zeitweiliges Lieblingslokal in Erinnerung, typisch für die Art Pub, in der Evan und ich damals häufig landeten: ein bisschen eng vielleicht, aber mit bequemen Stühlen und Tischen von brauchbarer Größe, wie bereits, auf vorausgehenden Seiten natürlich, beschrieben. Solche Pubs lagen mir, lagen uns damals, möchte ich sagen. Ich hätte mir eigentlich, als Evan endlich am Sonntagvormittag nach der Pool-Party anrief und eine ganz andere Sorte Lokal vorschlug, eines, das ich «googeln» musste, das neben einem Nobelschuppen wie dem River Cafe lag, wohlgemerkt, an dem Abschnitt des Flusses, wohlgemerkt, an dem alle Welt entlangflaniert ... im Freien ... an der frischen Luft, in der Sonne ... das man aufsucht, um zu sehen und gesehen zu werden ... denken können müssen, und das hatte ich wohl auch, doch, ja, ich wusste: Irgendwas war. Irgendwas war anders. Unsere Geschichte ging zu Ende.

Das soll jetzt nicht wehleidig klingen, nicht Trauer um verlorene Pubs andeuten, darum ging es überhaupt nicht, ich meine nur, dass ich, als der Anruf kam, quasi eine kleine Glocke läuten hörte: Jetzt geht's ins Finish! Einen schrillen Ton, der nun hier von den schieren Glaswänden des atypischen Lokals, das Evan für unser Treffen gewählt hatte, zurückgeworfen zu werden und nachzuhallen schien.

Ich hatte aufgelegt, mir etwas übergestreift und mich

gleich auf den Weg gemacht. Ich wusste, wo The Remarkable lag, und ich sollte «ASAP» hin – knapp eine Stunde von mir aus, stramme fünfundvierzig Minuten vielleicht, wenn ich den krummen Gassen am Ende meiner Straße bis nach Chiswick hinein folgte ... Wie Evan also vor mir dort hatte eintreffen können, aus Richmond immerhin, blieb ein Rätsel – hatte er ein Taxi genommen, statt wie sonst in die Underground zu steigen oder zu laufen?

Chiswick liegt aber von Richmond aus gesehen ziemlich ab vom Schuss, hatte ich einwenden wollen. Ebenso vom Barrel. Und von überall sonst. «Warum willst du ausgerechnet da hin?», hatte ich noch am Telefon gefragt.

«Ist unerheblich», sagte Evan. «Ich ziehe aus Richmond weg, Nin. Ich erklär's dir dann. Und außerdem», fuhr er fort, «liegt The Remarkable am Fluss, es weht eine angenehme Brise. Es ist toll dort. Es wird dir gefallen, glaub mir.»

Als wir, Minuten später, schien mir, dort zusammenkamen, ich wegen meiner Abkürzungen und er einfach unglaublich fix – er konnte nur ein Taxi genommen haben –, wiederholte er, das fiel mir auf, seine kuriosen Worte über die Brise und wie sehr es mir gefallen werde, nur jetzt irgendwie ominös, indem er sich dicht zu mir vorbeugte. «Herrlich hier, nicht? Mit der kühlen Brise?», sagte er. Dann: «Und ich brauche, bei allem, was ich dir zu erzählen habe, Nin, dringend eine kühle Brise.»

Ich weiß noch, dass mir ganz anders wurde. Dass ich mein Glas absetzte. Ein sehr edles Glas, wie gesagt, aber plötzlich kam mir der piekfeine Pub schrecklich öde vor, öde, öde, öde. Nichts stilvoll an dem Tisch, an dem wir saßen, an dem nadelfeinen Quirl oder dem schmelzenden handgedrechselten Gin-Stamper. Plötzlich schien nichts daran mehr stilvoll noch überhaupt an der ganzen weiten Welt. Evans Gesicht war umrahmt von einem komplexen Gebilde aus Stangen und Stricken und Leitern – ein Kinderklettergerüst. Daran wuselten kleine Kinder herum, richtig kleine Kinder, flink wie Spinnen. Das Klettergerät wimmelte von Beinchen und Ärmchen, war überrannt von grellbunten T-Shirts und winzigen Shorts. Mir wurde übel.

«Wovon redest du?», sagte ich da zu Evan. Mir war elend. Alles wimmelte. Rings um mich her blinkten und blitzten wie Vorboten einer Migräne das viele Glas, der helle Tag, die Seile und Silberrohre, die Beinchen und Mini-Shorts.

«Wovon redest du?», wiederholte ich meine Frage. Mir war, als würden alle unsere Treffen, alle Tische, alle Gespräche, alle Gin Tonics der Welt, alle Nüsse und Chips ... sich zu einem stroboskopischen gläsernen Albtraum auftürmen, als wäre das, was wir, Evan und ich, getan hatten, wozu wir uns monatelang zusammengesetzt hatten, nichts, wäre nichts gesagt, geteilt, gelernt, gedacht, erdacht worden ... kein Buch entstanden. Sondern hätten wir nur immerzu einen unsäglichen Cocktail getrunken, einen unseligen Geist, der sich zusammen mit einem Splitter des Glases, aus dem er kam, nun mitten in meinen Kopf bohrte. Da saß ich, saßen wir, an diesem schlimmen, schlimmen Ort unter blauem Himmel in einer Glaspyramide auf dem Rasen und rasten unerbittlich auf eine Auflösung zu, ein Ende, und Evan mir gegenüber, so schlecht gekleidet wie eh und je, obwohl sein Gesicht, und das sah ich jetzt wie zum ersten Mal, plötzlich einen schönen Zug bekam, erfasst wurde von einer Milde, einem Leuchten. Er strahlte.

Ja. Da war er.

«Da bist du ja», brachte ich mit Mühe hervor.

Er sah geradezu erholt aus. Wie war das möglich? Er war entspannt. Sein dickes Hemd, unverändert winterlich und wie der Jahreszeit zum Trotz getragen, saß locker und irgendwie cool – selbst mit leidenden, migränegeschlagenen Augen sah ich, wie großartig ihm das alte Flanellhemd stand –, die Ärmel hochgekrempelt, als wäre er Serien-Cowboy aus den Siebzigerjahren, die Arme braun und stark, die Hände stark, die Fingernägel sauber und gepflegt. Er wirkte zwar immer noch ein bisschen getrieben, er hatte mir ja «etwas zu sagen», aber zunächst beugte er sich lediglich vor und nahm meine Hand.

«Du warst großartig, Nin», sagte er.

Vergangenheitsform. Vergangenheit.

Ein jäher Schwindel erfasste mich, wie es in so vielen Romanen heißt.

Klischee außerdem. Ein Klischee. «Ein jäher Schwindel». Ganz im Sinne der Migräne.

Ich glaubte, mich übergeben zu müssen.

«Mich so viele Monate von Caroline faseln zu hören ...», sagte Evan. «Caroline, immerzu Caroline ... Wie ich Caroline liebe, wie ich ohne Caroline nicht leben kann, was ich zu Caroline sage, was sie zu mir sagt ...»

«Ich habe mich bemüht, das alles festzuhalten –» Mir war so schlecht, dass ich kaum ein Wort herausbrachte.

«Und jetzt», fuhr er fort, als hätte ich gar nichts

gesagt, während die Geschichte ins Finish raste, raste – Vergangenheit! Die Verwendung der Vergangenheitsform! – und ich im Griff des sterbenselenden Gefühls, das mich in Wellen erfasste wie Seekrankheit, mich schaukelte wie auf einem gläsernen, gintrunkenen Meer ...

«Und jetzt», wiederholte er, «sitzen wir hier, du und ich, und die Dinge haben ein Ende. Und du ... von Anfang an meiner Seite.»

Ich wandte mich von dem Tisch, von Evan ab. Ich kam mir vor wie in einem schwankenden Boot. Genau. Ich drehte mich seitlich weg wie ein Bootsinsasse, der sich außenbords lehnt und speien muss. Sein Reden, Evans Reden, diese sonderbar Übelkeit erregenden Worte, und zwar aus seinem Mund, ausgerechnet, dem meines liebsten, ältesten Freundes, des Menschen, den ich von Kindesbeinen an kenne, seit seine Eltern nebenan einzogen und er gleich am ersten Tag rüberkam und klopfte und sagte: «Hallo, ich heiße Evan Gordonston und wohne nebenan. Magst du spielen kommen?», und meine Mutter sagte: «Ja, geh nur, Emily. Das wird bestimmt nett», weil sie sich bereits mit Helen Gordonston bekanntgemacht und sie auf Anhieb sympathisch gefunden hatte. Seit alledem damals, alledem heute. Unsere gesamte Vergangenheit und Gegenwart und Zukunft – in Gefahr, weil Evan jetzt mit seinen sonderbaren Reden daherkam. Ich verstand nicht. Ich sah nicht richtig. Nach den vielen Unterhaltungen, die wir seit seiner Rückkehr aus den Staaten geführt hatten, seit er zuerst zu der «munteren Szene» in Richmond gestoßen war, nach den vielen Unterhaltungen und Gesprächen, die es gegeben hatte, unseren vielen Treffen, den vielen Notizen und Aufzeichnungen ... dem Palaver ... So zu enden, mit dieser eigentümlichen neuen, mir vollkommen fremden Form von Kommunikation ... dieser Redensart, die keinerlei Ähnlichkeit mehr hatte mit den Anrufen, SMS, E-Mails, Tagebuchseiten oder meinem Text ... Mit diesem neu redenden Evan der dicken, hochgekrempelten Hemdsärmel und kräftigen braunen, die meinen packenden Hände.

Da hing ich, halb abgewandt. Außenbords, sozusagen. Während die Welt schwankte. Kein «Wie geht's?», kein «Gut, danke.» Kein «Sehen wir uns später?» Kein «Yeah.» Nicht einmal «Musste gerade an dich denken» mit «Dito» – nein. Diese Form der Interaktion, die gerade ablief, war eine mir fremde Form, etwas vollkommen anderes. Zwar gab es die vielen SMS, die mit einem xxx schlossen – wobei xxx-en eigentlich zu den Dingen gehörte, die wir nie tun würden, wir hatten uns als Fünfjährige ja auch nicht geküsst, also wieso jetzt? Wozu? Warum?

«Passiert das jetzt gerade wirklich?», dachte ich bei mir, als ich mich abwandte, in meinem metaphorischen Boot den Kopf über das Dollbord hängte und damit rechnete, mich übergeben zu müssen.

«Bitte?», meinte ich aus dieser Stellung heraus, ohne mich umzusehen. «Wovon redest du bloß?»

«Weißt du ...», hob Evan in diesem gewissen Ton an, der einen neuen Absatz ankündigt, rief aber dann, statt den Satz zu beenden: «Ih!» und knallte sein Glas hin.

«Der Gin Tonic schmeckt wie Kinderlimo», klagte er, und da wandte ich mich ihm wieder zu. Die Erleichterung! Er stocherte mit seinem Quirl im Glas. «Ist ja widerlich ...» Er verzog das Gesicht und schob sein Glas beiseite. «Weißt du», nahm er den Faden wieder auf. «Ich muss dir über mich und Caroline was verraten.»

Prompt wehte mich ein weiteres Klischee an, ein abermals «jähes», nur diesmal begleitet von einer sonderbaren Enttäuschung und wunderlichen Form von Erleichterung. Dieser neue Satz, neue Ton ... Er hatte doch gesagt, die Geschichte gehe zu Ende? Vielleicht ja doch nicht? Erst einmal war da nur dies. Dass er das Glas wieder zur Hand nahm und daran herumfingerte. Ich hatte mich geirrt. Ich atmete durch. Ich richtete mich auf meinem Stuhl auf. Wappnete mich für den nächsten Satz, bereitete mich vor.

«Nach der Party», setzte Evan an, «der Pool-Party bei den Caxton Taylors ... oder vielmehr wegen ...»

«Bitte?», sagte ich nun, und die Übelkeit verflog, wir hatten wieder festen Boden unter den Füßen. Ich hätte jetzt in meine Tasche greifen und meinen Block hervorholen können, meinen Stift. Ich hatte meine liebe Not gehabt, überhaupt etwas über die Pool-Party zu erfahren, hatte Evan die kleinsten Details aus der Nase ziehen müssen. Der mich weder im Anschluss angerufen hatte noch zu irgendeinem Zeitpunkt davor oder während, wie er es mir eigentlich versprochen hatte. Den ganzen Samstag und Samstagabend. Von ihm absolut nichts zu hören ... Schweigen im Walde. Ins Leere klingelndes Handy. Aber jetzt saß er vor mir, und es sah ganz so aus, als würde ich doch noch etwas erfahren. «Ja?», sagte ich ermutigend. Denn ich war jetzt bereit. Bislang hatte ich mir schließlich alles alleine ausmalen müssen, von der Farbe des Bikinis, den Caroline tragen würde – «Hawaii-Muster, Baumwolle, rosa», passend zum Motto der Einladung, des Events –, über den Pool – «türkis, rautenförmig, mit grauem Schiefer umrandet» – bis hin zu, nun, zu allem anderen. Den Beresfords, David Beresford als Organisator des Wasserpolo-Spiels für die Jungen der Nachbarschaft, jung wie alt, denn «nur Jungs» hatte David Beresford, wie sich herausstellte, diktiert und damit auf der Party hitzige Debatten über den Ausschluss der Mädchen ausgelöst ... Das alles hatte ich ausgeführt, vorweggenommen. Die Tatsache, dass es heiß war, die Gäste zahlreich und die Drinks, die Cocktails, so fleißig kredenzt, wie nach der mir von Evan Wochen zuvor beschriebenen Einladung anzunehmen, in der Tat «eine Wucht» ... Einfach alles. Alles lag in meinem Kopf bereit, konnte jederzeit in Wörter und Sätze und Substanz dieses Buchs verwandelt werden. Die Tatsache, dass die auf den neongrünen und gelben und pinkfarbenen Serviertabletts herumgereichten Cocktails wirklich stark waren, weil sie neben dem «Filler» drei Sorten Alkohol enthielten: Wodka, Cachaça und Rum, und dass Caroline mehr als nur einen oder zwei oder drei trank ... Einfach alles. Ich hatte alles ausgeführt.

Jetzt sprach Evan, und da waren sie, die Details, die Farben, aber jetzt erzählte eben er, und damit war dieser Teil real.

«Am Abend vor der Pool-Party war offenbar etwas gewesen», sagte er. «Was, weiß ich nicht genau, aber am Samstagmorgen war im Haus dicke Luft, David und Caroline schwiegen sich an.» Ich nickte und griff tatsächlich, unauffällig, nach meinem Stift und dem üblichen linierten Block der Art, wie ich sie ausschließlich für meine Amanuensis-Arbeit benutzte. «Es war wirklich unschön», sagte Evan, und dann beschrieb er, wie die Spannung weiter gestiegen war, sodass ihm die Straßenkleider, welche die Familie über dem geforderten Badedress trug, als sie schließlich die Straße hinabzog zur Nummer 23, während er ihnen aus dem Fenster seines Logis unterm Dach nachsah, sehr dunkel, geradezu funeral vorkamen.

Die düstere Stimmung hing irgendwie mit dem Wasserpolo-Spiel zusammen, vermutete er, das am Abend schon zur Sprache gekommen war, dann auf der Party Thema wurde und schnell außer Kontrolle geriet, Anlass bot zu lebhaften Debatten unter den Gästen: Wie kam man «heutzutage» dazu, so die Meinung der meisten, den Sport nach Geschlechtern zu trennen? «Nur Jungs», also ehrlich. Es seien ja nicht die Olympischen Spiele! Sei nicht mal ein Schul-Match! Warum sollten die Frauen und Mädchen nicht mitspielen, wenn sie das wollten? Es liege mal wieder an David, oder?, so der allgemeine Tenor. Weil so einer immer das Sagen haben müsse, den Ablauf bestimmen wolle. Und Caroline gab Evan zufolge im Lager derer, die ihrem Mann das vorwarfen, die Wortführerin, hielt mit ihren Ansichten nicht hinter dem Berg, zeigte wiederholt mit dem Finger auf David im Pool inmitten der sich tummelnden Jungen. Zog über ihn her. Äffte ihn nach. Heizte die Debatte noch durch hier und da eingestreute griechische Vokabeln an. Geschichten über dies und jenes, die Wohnung am Russel Square ...

David beachtete sie nicht weiter.

«Ich bin es so leid mit dir», sagte da Caroline, erhob sich von ihrer Sonnenliege und stakste zum Pool hin, um ihren feschen Mann dort am tiefen Ende bei ihren

Söhnen und der übrigen Jugend, durchweg männlich, lauter Männern, die Stirn zu bieten. «Raus da, Jungs», befahl sie.

«Die bleiben», entgegnete David. «Du bist betrunken. Leg dich wieder auf deine Liege. Schlaf. Was auch immer. Wir tragen hier ein Match aus.»

Okay, vielleicht schmücke ich da gegenüber der berichteten Version etwas sehr aus, doch in groben Zügen hat Evan mir den Nachmittag durchaus so geschildert, die unerwartete Wendung, die unangenehme, die auf der glamourösen Party bei den Nachbarn eintrat und sie verdarb. Alles veränderte.

Mir hatte er, als er mich anrief und knapp anwies, umgehend zu ihm in den Remarkable zu kommen, verraten, dass «endgültig» etwas passiert sei. «Nin», hatte er gesagt, «ich muss dich sofort sehen, wenn's geht, in dem Pub direkt neben dem River Cafe zwischen Hammersmith und Chiswick … Kannst du gar nicht verfehlen, wenn du vom Fluss her kommst. Es ist etwas geschehen. Und zwar gestern bei den Beresfords. Auslöser war die Pool-Party, und ich muss dich unbedingt sehen. Sofort. ASAP.»

Und so schrieb ich jetzt auch, umgehend, schrieb ASAP, schneller und schneller, eilte der letzten aller unserer Seiten und dem Ende seiner Worte zu. Um neun oder zehn hatte er an dem besagten Sonntag angerufen und betont, wir müssten uns sofort treffen. Also … früh schon geöffnet anscheinend, sagte ich mir. Dieser neue Pub, den ich hatte googeln müssen. Allerhand. Also schnell. Im Marschschritt, Laufschritt, Tempo, Tempo auch im Schreiben. Die Londoner Straßen waren noch ruhig, als ich loszog. Ich wollte die Schleichwege am Park vorbei zum Fluss nehmen. Sicher würden wir um die Zeit draußen noch einen Tisch kriegen, dachte ich beim Aufbruch, trotz des schönen Wetters ... Ich war losgezogen, immer schneller gegangen, hatte die frühe Stunde genossen, mir Gedanken über Evan gemacht und das, was kommen mochte, und mich gefragt, und das nicht zum ersten Mal, warum ich mir nie einen Hund zugelegt hatte. Nie. Ich lief schneller. Warum eigentlich? Habe ich mir nie einen Hund angeschafft, wo ich doch so gern draußen unterwegs bin? Wo ich doch noch genau weiß, dass Evans Familie, als wir Kinder waren, immer Hunde hatte, Spaniel – Flossie, dann Jo und zuletzt Barney – Mutter, Tochter und Enkel –, und mir waren diese Spaniel sehr ans Herz gewachsen; den altersschwachen Barney hatte meine Mutter zu sich und meinem Vater geholt, als die Gordonstons in die USA übersiedelten ... Das alles im Sinn, ging ich immer schneller und schneller, das alles und ebenso, was Evan mir wohl zu sagen haben würde, wenn wir uns sahen, das alles schoss mir durch den Kopf – wie ein über die Felder schnürender Spaniel, könnte man sagen –, und bald war ich selbst im Laufschritt unterwegs, lief, so schnell ich konnte, Evan entgegen, um von dem «Abschluss», wie er sich am Telefon ausgedrückt hatte, zu hören, lief ins «Finish» seiner Geschichte, die sogenannte Riverside Promenade entlang auf die Glaskonstruktion des Remarkable zu, und alles, alles erschien mir ... staunenswert.

Auch Evan.

Das habe ich schon geschrieben. Dass ihn ein Leuchten umgab. Braungebrannt, sonnig, entspannt, in sich ruhend ... rund. Und «rund» ist ein treffliches Wort. Ein gutes Wort, eine runde Sache eben, ja, ruhig, klar. Konstant. Ein erfreuliches Wort.

Rund.

Aber warum hatte ich dann nur Sekunden später das Gefühl, eine Magenpumpe zu brauchen? Das Gefühl, «rund» würde mir eventuell noch großes Übel bereiten?

«Hey, du!», rief Evan mir entgegen, als ich auf dem Rasen vor dem Remarkable erschien und das Pub-Schild sah. «Komm und trink mit mir dieses sündteure, ekelhafte Zeug, das ich uns bestellt habe, dann erzähl ich dir, was gestern bei den Beresfords war. Was bei mir war.»

Und ich schreibe es abermals hin: Wieso elend? So sterbenselend? Noch mal diese Frage? Wo doch «rund» mit «abrunden» zu tun hatte, und doch zur Abrundung Details zu haben waren, ein Ende in Sicht. Wieso elend? Wo ich das doch gewohnt war? Details? «Fleisch»? Substanz? Warum lief nichts «rund»?

Wo Evan doch gerade sagte: «Weil es geklärt ist, Nin. Zwischen mir und Caroline. Die Sache mit uns ... sie ist vorbei.»

Wieso verkehrt?

Splitterndes Glas.

Der Tag in Scherben.

Warum lief nichts mehr rund nach diesem «Sie ist vorbei»?

Stattdessen alles überhell, wie bei Migräne, zu grell die Lockungen des Tages – sodass ich mich abwenden musste von Evan, ehe ich mich ihm wieder zuwenden konnte. Mich in die Enge getrieben fühlte, als ich nach meinem Stift griff.

Aber, *rief die Muse: «Tor, schau in Dein Herz und dichte.»**

Und so redete Evan denn, hob an und redete, und ich begann, wie gesagt, mitzuschreiben, alles, das Wetter, die Gäste ... das Polospiel, den schlimmen Streit vor aller Augen, Caroline, die ins Becken sprang, um David an die Gurgel zu gehen, die ihn anschrie: «Ich hasse dich!», «Du Scheusal!», und fast unterging, weil sie zu viel getrunken hatte, sagten jedenfalls alle, die Cocktails waren wirklich stark, und nun würde der «arme David Beresford» sie heimschaffen müssen. Was er tat, muss er doch getan haben – oder? Caroline wusste es nicht, hatte keine Ahnung, nur, dass sie, als sie zu sich kam, und zwar Stunden später, in ihrem eigenen Bett lag, der Bikini noch dort, wo sie ihn abgestreift hatte, klatschnass vom Swimmingpoolwasser in einem triefenden Knäuel auf dem Küchenboden.

«Woher weißt du das?», fragte ich Evan. Schon das zweite «Woher weißt du?», das ich an ihn richtete.

«Weil ich ihn dort habe liegen sehen», sagte er. «Ich habe ihn aufgehoben. Ich war die ganze Zeit oben unterm Dach gewesen, verstehst du, hatte gearbeitet. Ich war spazieren gewesen, aber ich hatte zu tun, also dachte ich: Die Beresfords sind ja alle aus dem Haus, da wird es schön ruhig sein. Ich kann ein paar E-Mails schreiben, und dabei war ich gerade, als irgendwann, spätnachmittags war das wohl, früher Abend, zur Dämmerung,

---

* Das stammt von Philip Sidney, der in diesem Roman gar nicht vorkommt, dabei aber doch sein eigenes umfassendes literarisches Projekt mit diesen Worten beginnt; es ist eine letzte und wunderschöne Fußnote – und der Rest Schweigen.

Caroline mich auf dem Handy anrief und meinte, ob ich zu ihr aufs Zimmer kommen könne, sie müsse mich sehen, ob ich ihr helfen könne. Sie wusste nicht, was sie tun sollte», sagte Evan.

<u>Wusste nicht, was sie tun sollte.</u>

Die Zeile unterstrich ich auf meinem linierten Block. Das hatten wir doch schon mal, oder nicht? Hatte sie nicht ebendiese Worte damals spätabends oben bei Evan gesagt, als sie zu ihm «hochgekommen» war? Also war die Geschichte letztlich immer darauf hinausgelaufen, oder? Dass es immer noch, nach allem, was gewesen war, Evan gab. Hier er, dort Caroline, die «nicht wusste, was sie tun sollte».

Also, um es noch einmal zu betonen, hier er, dort sie. Mitsamt allem, was ich bereits notiert, was ich den von Evan gelieferten Details entnommen hatte – den Wasserpolo-Vorfall, Carolines Worte, Davids Worte. «Komm mir jetzt nicht mit Gender-Vorschriften», etwa. «Jungen, Mädchen. Schwachsinn. Du hast doch keine Ahnung. Du bist betrunken. Du trinkst schon den ganzen Tag...», und Caroline, die fast abgesoffen wäre und die weinte und nach Hause gebracht wurde, aber wohl doch nicht von David, denn als sie wieder zu sich kam, lag sie in ihrem Bett, und niemand da, kein David, keine Jungs, im Haus nur Evan ... Ihr Bikini als klitschnasses Knäuel auf dem Küchenboden, feuchte Fußabdrücke auf den blanken Fliesen noch sichtbar, eine Spur hinaus in die Diele zur Treppe – die Details häuften, entfalteten sich, dieweil nur wenige Seiten zum Finish fehlten, ach was Seiten, Absätze nur ...

«Und dann?», hauchte ich, brachte ich hervor, ich

musste es wissen. Dieser neue Evan. In sich ruhend. Rund. Die Geschichte fast gelaufen. Die Geschichte fertig.

«Und dann?», drängte ich.

«Habe ich den Bikini aufgegessen», erwiderte Evan. Er grinste. «Ich weiß ...»

Er ergriff meine Hand. «Verrückt, Nin. Ich weiß. Aber so war es, genau das habe ich getan. Zuerst, ja, das wohl, bin ich auf ihr Bitten zu ihr gegangen. Ich habe mich zu ihr aufs Bett gesetzt, wir haben geredet, sie hat geredet, ich habe zugehört und ihr eine Tasse Tee gebracht –»

«Aufgegessen? ... Du hast ...», stammelte ich.

«Ja», bestätigte er grinsend. «Ich habe ihn in klitzekleine Stücke geschnitten, und ja, im Laufe des Abends habe ich ihn aufgegessen, ganz und gar. Und damit, Nin, ist alles erledigt. Die Geschichte ist vorbei. Was zwischen mir und Caroline war ...»

«Ist weg», beendete ich für ihn den Satz.

«Ja, ich habe dem ein Ende gemacht.»

«Und alles andere, alles, was vorher war ...?»

«Ihr Zimmer, mein Zimmer, sie, die in ihrem Zimmer auf mich wartete, ja, das auch ...»

«Ist erledigt.»

«Weg, ja. Genau.» Evan grinste erneut, dieses neue Grinsen, das ich bei ihm noch nie gesehen hatte, oder doch, schon, aber zuletzt vor Jahren, Jahren und Jahren und Jahren, als er und ich Tür an Tür wohnten und uns lieb hatten, unzertrennlich waren, vielleicht damals, das Grinsen, kam mir jetzt wieder, damals vielleicht ...

«Das Letzte, was sie zu mir sagte, war: ‹Bleib, Evan›, sagte er, «und dann schloss sie die Augen. Aber ich wusste, dass sie jetzt ruhig schlafen würde. Wusste auch, dass David und die Jungen bald wieder zu Hause sein würden.»

«Und da hast du ...»

«Ja, ich bin runtergegangen. Der Bikini lag da. Es war eigentlich gar nicht schwer. Und dann, als das erledigt war, als alles, nun, weg war ... aufgezehrt ..., habe ich meine Sachen gepackt. Ich ziehe aus Richmond weg, Nin. Die Umzugsleute sind in diesem Moment schon unterwegs, um mein Zeug zu holen.»

«Verstehe», mag ich gesagt haben, eher aber wohl einfach genickt.

«Was ich so an dir liebe, Nin. An dem ganzen Projekt», sagte Evan, «ist, dass ich dir einfach alles sagen kann. Wie ich dir ja von Anfang an alles gesagt habe.»

«Selbst das», sagte ich. «Was für ein Finish. Was für ein bizarrer, befremdlicher Schluss, den du mir da lieferst.»

«Selbst das», erwiderte er. «Einfach alles.»

Und da hüpfte ein Kind herunter und landete dem Anschein nach direkt hinter ihm. Aber das war eine optische Täuschung, lag an der Art, wie die Kletterstangen über seinem Kopf hingen; eine kleine Stimme krähte: «Yeah!»

«Alles», schloss ich. «Tja ...»

Ich verstummte. Ich konnte den Blick nicht von ihm wenden.

«Und doch ...», sagte Evan und beugte sich vor, beugte sich sehr weit vor. «Hätte ich ohne dich nichts von alledem geschafft, weißt du, den Anfang machen, weitermachen, eine Mitte finden, einen Anfang, ein Ende ... Hätte mir nicht vorstellen können, wie ich das schaffen soll, schreiben soll, beschreiben und arrangieren, das hier, das ganze Buch, das Projekt, den Roman, Essay oder was immer, nichts davon hätte ich zustande gebracht ...», sagte er, stand auf, zog mich mit hoch, und dann standen wir da zusammen, um ihn herum nur blauer Himmel, das zersplitterte Glas konsolidiert zu Sonne und Licht und Wasser ... «Das ging nur», schloss er ...

«mit dir».

Zugaben

Carolines *Bikini*, das von Emily Stuart und Evan Gordonston als Erkundung der Möglichkeiten erzählender Literatur verfolgte Projekt, das andere als Essay oder Reportage auffassen mögen, ich hier aber «Roman» nenne, ist nun abgeschlossen. Die Wörter stehen, sind arrangiert. Der Text hat sogar ein Inhaltsverzeichnis, einen Umschlag und was alles sonst dazugehört; mir bleibt nur, interessierte Leser auf nähere Angaben zum Hintergrund, zu den Personen und so fort hinzuweisen – das Bild von London weiter auszumalen und von den Gesellschaftskreisen der großartigen Metropole, denen in diesem Buch jene angehören, die seit jeher dort zu Hause sind, also ihrem Treiben über das Geschilderte hinaus in dem Maß genauer zu folgen, wie alle Geschichten über die Seiten eines Buchs hinausweisen und kein Ende kennen, sondern sich in Echos, Spiegelungen, Nachbildern der Vorlage fortpflanzen.

Das erinnert an den Swimmingpool, mit dem das Buch begann. Den Inbegriff eines Pools, der überall sein kann, in jeder Metropole, jedem Land, jeder Stadt ... Denn ganz ähnlich ließe sich das Spritzen und Lärmen von Menschen, die sich darin vergnügen, im blauen Wasser, ließen sich ihre Stimmen, Aus- und Zurufe als Metapher verstehen, als Wink, dass Caroline Beresford und ihr Freundeskreis, Emily Stuart, Evan Gordonston und ihre Familien ... alle, deren Namen sich in diesem Roman finden, viel mit denen gemein haben, die wir aus unserem eigenen Leben kennen, umspielen sich als Inbilder uns nahestehender Menschen. Unsere eigenen Geschichten gehen ein in einen großen Kreislauf literarischer Erzählung. Ewig von Gesten und Regungen belebtes klares blaues Wasser, im Licht flirrend und wogend, in Bewegung, selbst wenn an seiner Oberfläche Badende fehlen.

Was tun mit den folgenden Seiten?

Was Sie wollen. Es gilt keine bestimmte Reihenfolge; Sie können blättern oder sich irgendwo festlesen. Jeder Abschnitt verweist auf das, was den Anstoß gegeben hat – ein Gespräch, eine Szene –, beschwört vielleicht vorige Romankapitel noch einmal herauf oder spielt auf Geschichten an, die nicht erzählt werden. Kaum hatte ich begonnen, dieses zusätzliche Material zusammenzutragen, wurde mir klar, dass solche Anmerkungen keine Grenze kennen. Das alte London? Wie es mal war? Vor den Oligarchen und den Megamalls? Die Freundschaft der Stuarts mit den Gordonstons vor deren Übersiedelung nach New York? Über diese Dinge könnte ich endlos schreiben. Und erst der Abschnitt über die Liebe und ihre Emanationen im dichterischen Werk Petrarcas und Dantes ... Auch da sind ganze Bücher verfasst worden, und während ich den Komplex hier eher nur streife, versichern die Fachleute, dass auch diese Geschichten unendlich sind.
Wir finden einfach kein Ende.
Vorerst aber lasse ich ab von meinem Wunsch, fortzufahren und die Geschichte ohne Ende zu lassen, und

verlege mich stattdessen auf dieses zweite Intro – und ein paar kleine Geschichten und Gedanken aus meinem eigenen Fundus, der viele, viele Seiten handgeschriebener wie ausgedruckter Entwürfe umfasst. Für einen Bikini wird, wie Evan Gordonston weiß, nur ein geringer Teil des Stoffs benötigt. Man kann sie konsumieren, keine Frage, Carolines Bikini-Teile, wie Evan es tut. Aber es gibt, verehrte Leser, noch so viel mehr.

Narrativer Aufbau

Das Augenmerk liegt vor allem auf dem Moment, da es funkt. Auf Seite 40 spricht Evan Gordonston von einem «Ping», Emily Stuart von einem «PENG», großgeschrieben, einfach so. Auf jeden Fall aber wird damit unabhängig von der Umschreibung eine Gefühlskrise markiert – es funkt, man entflammt, entbrennt in Liebe ... Das alles kommt auf der Seite zusammen, wenn jemand einen Coup de foudre erlebt, im hohen Bogen vom «Fahrrad auf die Nase» fliegt, wie es auf Seite 26 heißt. Oder von Amors Pfeil getroffen wird, wie andere es gern formulieren. In *Carolines Bikini*, so erleben wir den Moment in dieser Geschichte, lässt Caroline Beresfords Erscheinen an der Haustür ihres Heims in Richmond Evans Herz höher schlagen. Er selbst bezeichnet den Augenblick als mythisch, schicksalhaft – siehe die Seiten 40 ff., wenn er Emily Stuart beschreibt, welche Wirkung Caroline auf ihn hat. «Vielleicht zeigt sich, dass ich überhaupt kein Leben habe», sagt er auf Seite 101 zu ihr. «Dass meine unerfüllte Liebe zu Caroline genau das beweist.»

Siehe hierzu auch «Literarischer Kontext» und «Höfische Liebe».

Literarischer Kontext

Carolines Bikini ist von einer Machart und Manier, die sich für Emily Stuart und Evan Gordonston nach einem ihrer ersten Treffen in einem West Londoner Pub ergeben haben. Der Text bindet mündliche Berichte ein, wie sie

Evan bei diversen Gin Tonics mit gelegentlichen Tüten Nüsse und Chips liefert, sowie Abschriften der Notizen und Tagebuchauszüge und vielfältigen Unterlagen, die er außerdem beiträgt und die Emily, wenn sie gerade keine Gespräche mit Evan führt oder sich gleich im Anschluss Notizen macht, zu einem Gesamttext kollationiert.

Entsprechend nennt Stuart sich «Amanuensis» Evan Gordonstons – sie betrachtet sich demnach für die gesamte Dauer des Projekts als diejenige, die bereitsteht, die Evan zur Hand geht, indem sie detailliert festhält, was er an dem jeweiligen Tag oder Abend zu berichten hat, um ihm das dann wieder in klaren, geordneten Sätzen und Absätzen vorzulegen.

Der aus dem Lateinischen stammende Begriff ist recht treffend und charakterisiert die entscheidende Rolle Emily Stuarts für den «Roman», wie Gordonston das Projekt später nennt, macht deutlich, wie unverzichtbar die Schreibende für die Unternehmung ist und dabei doch irgendwie unsichtbar.

Im Wörterbuch heißt es:

Amanuensis: m. Schreiber, Abschreiber, Sekretär

Diese Form der Zusammenarbeit bei dem geplanten Prosaprojekt schlägt Gordonston Stuart erstmals auf Seite 15 vor, und sie muss prompt an Milton denken, einen ihrer Lieblingsdichter, der, wie sie noch aus ihren Literaturseminaren an der Uni weiß, sein großes Epos *Das verlorene Paradies* vom Bett aus anderen in die Feder diktierte, ihrer Vorstellung nach immer morgens als Erstes nach langen Stunden innerer Versschöpfung vor dem Einschlafen. Milton war zu seinem Lebensende erblindet und Witwer, er wurde von seinen Töchtern versorgt, die seine Verse nach Diktat fortschrieben, sobald er wieder so weit war, «möglicherweise noch vor dem Frühstück» – das hatte sie sich als Studierende notiert, und es war hängen geblieben. Sie weiß, dass Milton anderen Lebenszeugnissen zufolge auswärtige Helfer mit dieser Aufgabe betraute – Studenten, Freunde, sogar den jungen Kollegen Andrew Marvell. Aber Stuart sieht in der von ihr bevorzugten Version der Geschichte die Töchter als Haupt-Amanuenses am Werke. Offenbar hatte der Dichter stets ganze Passagen im Kopf vollendet und konnte sie in Gänze aus dem Gedächtnis rezitieren. Auch mag er sehr wohl nach dem Frühstück neue Verse ersonnen und vervollkommnet haben, während eine der Töchter bereits die Niederschrift besorgte und ihm die festgehaltenen Zeilen zwischendurch noch einmal vortrug, ähnlich wie Emily Stuart während der Entstehung von *Carolines Bikini* Teile der Aufzeichnungen und Äußerungen Evan Gordonstons präsentiert.

Der wesentliche Unterschied zwischen dem Vorgehen des großen englischen Dichters und einer eher bescheidenen Werbetexterin und Gelegenheits-Kurzgeschichtenautorin liegt wohl darin, dass Stuart an der Komposition beteiligt ist, indem sie diverse von dem Freund gelieferte Details mal nur skizziert, mal aber auch, wenn Gordonston entscheidende Fakten nicht beigesteuert hat und sich dessen nicht bewusst war, wie unverzichtbar diese Informationen sind, ergänzt und Lücken schließt.

Und gar nicht vergleichbar sind natürlich Qualität, Umfang und Gehalt der jeweiligen Werke. Bei der Kreation seines epischen Gedichts mit 10.550 Versen und rund

79.810 Wörtern war Milton für die Findung, Formulierung und Verfeinerung der Gesänge, die, nicht eben bescheiden, nur eines bezweckten, nämlich: *Die ew'ge Vorsehung und Gottes Wege / Rechtfert'gen und den Menschen künden*, weit mehr auf seine Merkfähigkeit angewiesen, als Gordonston oder Stuart es sind. Sein Meisterwerk bleibt bis heute in der englischsprachigen Welt von enormem Einfluss, dagegen ist die Geschichte der Liebe eines Bankers mittleren Alters zu einer Frau in West London selbstverständlich nicht annähernd von vergleichbarer Tragweite. Ja, man könnte *Carolines Bikini* sogar eher als schlichte Chronik denn als literarisches Werk betrachten. Emily Stuart jedenfalls sieht es so, entgegen Evan Gordonstons hartnäckigem Bestreben, aus der Geschichte mehr zu machen – den «Roman» gar, auf dem er spätestens im zweiten Teil des Buchs besteht. Wiederholt ermahnt sie Gordonston, dass, wenn ihr Projekt «jemals fertig werden und das Leben weitergehen» soll (S. 69), egal, ob es zwischendurch dem Anschein nach «zur Sache» geht (S. 65), mehr wird «passieren» müssen als aktuell in der gemeinsamen Fassung erkennbar.

So gesehen folgt *Carolines Bikini* dem nachstehenden Schema: «Projekt» (oder später «Dokument») zu «Buch» zu «Roman» zu «Essay» (gelegentlich auch «Intervention» oder «Bericht»). N.B. Die Begriffe werden im weiteren Verlauf der Geschichte austauschbar. Auch die Bezeichnung «Geschichte» kommt häufig vor, und den Lesern dürfte kaum entgehen, dass die Überschrift des letzten Teils, «Finish», in dieser Hinsicht nicht ganz unwesentlich ist. Überhaupt spiegeln die ontologischen Abweichungen in der Begrifflichkeit die gedanklichen Bewegungen der Autorin bei der Projektgestaltung wieder: Ein «Dokument» ist kein «Essay» etc.

Durchweg jedoch bleibt Emily Stuart, wie gesagt, ihrer Rolle als Amanuensis treu. Sie beschwört gewisse Erinnerungen an John Milton und seine Töchter und rekurriert immer mal wieder auf sie wie auch auf das großartige Gedicht selbst, doch ohne dass ihre Lesefrüchte in dieser Geschichte eingehend erörtert werden. Sie schätzt besonders die Zeilen der Anrufung der Muse im Neunten Buch, die sie und ihre Mitstudierenden als Erstsemester in einem Seminar zum *Verlorenen Paradies* alle hatten auswendig lernen müssen:

Empfing' ich gleich erhabnen Ausdruck nur
Von meiner himmlischen Beschützerin
Die nächtlichen Besuchs mich würdig hält
Und meinen leichten, ungesuchten Vers
Mir, wenn mich Schlaf umfängt, begeisternd eingibt ...

Irgendwo in Emilys alten Skripten schlummert noch die von einem Tutor fotokopierte Schilderung eines «anonymen» Biografen, bei dem es sich nach Ansicht der Literaturwissenschaftlerin Helen Darbishire um Miltons Neffen John Phillips handelt: «Indes er früer erwachet als da man es bei Gemäszigen gemeinlich findt, hielt er gewont ein reichtlich masz Verse vor sein Amanuensis, und ward es später denn sunst, klagt diesr, er wolt gemulken seyn.»

«Amanuensis», hatte sich Emily auf jener Fotokopie notiert, «ist demnach ein Lichtstrahl im Schatten, er schreibt und schreibt, erschafft aus dem gebündelten

Licht, aus dem gesprochenen Wort einen lebenden Text auf dem leeren Blatt.» Kein Wunder, dass ihr der Begriff gleich eingangs in *Carolines Bikini* einfällt.

Gesamtkontext: Emily Stuart und ihr Faible für *Das Verlorene Paradies*

Emily hat sich schon früh für die Literatur begeistert, das epische Gedicht *Das Verlorene Paradies* entdeckte sie mit etwa sechzehn und fand Miltons gewagten literarischen Versuch, den Sündenfall in jambischen Pentametern und klassischer heroischer Tradition zu erzählen, enorm aufregend. Noch dazu und aus Sicht der jungen Emily vor allem, weil Milton ein ganz neues und sehr ambitioniertes dichterisches «Projekt», so ihr Ausdruck, anpackte. Sie war enorm angetan davon, sagt sie, wie der große Dichter sich über verfügbare Quellen an seine Geschichte herangetastet habe – von der Genesis über die *Ilias* bis hin zu neuesten wissenschaftlichen Erkenntnissen, und in dieser Fülle unter Aufbietung eines denkbar breit gespannten Bezugssystems eine spektakuläre imaginative und intellektuelle Leistung vollbracht habe, abzulesen an den kenntnisreichen Fußnoten ihrer 1971 von John Carey und Alastair Fowler edierten Ausgabe des *Verlorenen Paradieses* für junge Leser.

«Er hat sich eine eigene Welt erschaffen», befand Stuart, als ich fragte, warum gerade Milton sie als Dichter anspreche. «Er hat sich – fast von Anfang an – kraft Imagination in den Dichter verwandelt, der er werden wollte. Dann brauchte er sich nur noch zu bilden, die

Welt kennenzulernen und sich ganz hineinzustellen, bis er zuletzt imstande war, den dichterischen Raum seines Epos zu betreten. Und von dort aus zu schreiben. Das finde ich großartig», schloss sie.

Bemerkenswert sind ferner ein paar interessante Zufälle: *Carolines Bikini* spielt überwiegend in diversen Pubs und Gaststätten in West London; Emily Stuart wohnt am Rande von Hammersmith. John Milton lebte in Hammersmith. «Nicht, dass das etwas zu sagen hat», betont Stuart. Sie findet es bloß «irgendwie nett», dass «wir gewissermaßen Nachbarn sind». Und dann gibt es da noch das andere pikante Detail, nämlich dass Milton zur Zeit der Stuarts lebte und dichtete. Auch hier gefällt Emily Stuart natürlich die Kontingenz.

Nachträge

Emilys Befremden, wenn Bemerkungen Evans den Erzählfluss stören:
Verschiedentlich merkt die Autorin im Text, den sie zu einem «Bericht» oder «Roman» aufbereitet, sowohl privat als auch Evan gegenüber an, dass es ihr Unbehagen bereite, wie diverse Einschübe den Lauf hemmten bzw. der Prosa jedes dramatische Potenzial nähmen. Solche Erwägungen gehören zwar einerseits untrennbar zur gewählten Schreibweise, überraschen sie andererseits aber trotzdem immer und irritieren sie gelegentlich. «Wie soll denn die Geschichte vorankommen?», meint sie, wenn sich fragt oder infrage steht, ob der Umgang mit dem Stoff dem erzählerischen Ziel dient.

Ähnliche reflexive Aspekte des Texts:

Es kommt in *Carolines Bikini* zu zahllosen Situationen, in denen sowohl Emily Stuart als auch Evan Gordonston, einzeln oder im Dialog, sich einiger Begleitumstände ihres Schreibens der Geschichte bewusst werden, die sich auf diese auswirken könnten. Die Lesbarkeit handschriftlicher Aufzeichnungen, die Menge des konsumierten Gins, die Jahreszeit oder der Kleidungsstil – solche und andere Fragen beschäftigten die beiden und schlagen sich unmittel- wie mittelbar in den vier Teilen von *Carolines Bikini* nieder. Verschiedentlich spiegeln die Druckzeilen selbst diese narrative Reflexivität wider – wenn Emily sich etwa verbieten muss, etwas zu vertiefen, was Evan getan hat oder sagen könnte, oder wenn sie Material beiseite legt, ohne näher darauf einzugehen, aus Sorge, dass es sie emotional zu sehr belasten könnte. Zu bedenken ist auch, dass gelegentlich der amerikanische Zungenschlag, selbst gegen Ende noch (siehe S. 269) wie auch diverse Bemerkungen beider über die Qualität von Syntax, Sprache, Ausdrucksweise etc. dazwischenkommen und die Erzählung an Schlüsselstellen entgleisen zu lassen drohen. Diese Selbstreflexivität des laufenden Schreibprozesses gehört zum intertextuellen Charakter der Geschichte – siehe nachfolgend «Das Meta-Narrativ von *Carolines Bikini*».

Das Meta-Narrativ von *Carolines Bikini*

Urform und Fundament der Geschichte der Liebe Evan Gordonstons zu Caroline Beresford bleibt in Aufbau und Ausdruck ein Liebesdichtungszyklus aus dem vierzehnten Jahrhundert, nämlich Petrarcas *Canzoniere*.

Bedenken sollten die geneigten Leser jedoch, dass manche Bemerkungen Evan Gordonstons zum Wesen des «Projekts», das er und Emily Stuart in Angriff genommen haben, mit Vorsicht zu genießen sind: Es geht hier sehr wohl um eine «Story», oder wie Stuart ziemlich zu Anfang meint, einen «Bericht». Es geht *nicht*, wie Gordonston behauptet, um eine Erzählung vom Rang eines «Mythos». Eher wäre gerade die lose Struktur des ursprünglichen *Canzoniere* (als «Fragmente», also verstreute Sonette und Kanzonen) ein brauchbares Leitbild für Stuarts erzählerisches Vorgehen in *Carolines Bikini*. Denn mehr würde sie der Form nach für sich niemals in Anspruch nehmen, als sozusagen ein Dossier angelegt zu haben, bei dem es sich, wie sie an einer Stelle sogar vermutet, allenfalls um eine Art «Essay» handeln könnte.

Die Gedichte des *Canzoniere*, und in diesem Sinne leiten sie Stuarts Ansatz, sind einerseits so disparat und fragmentarisch, wie sie andererseits konsistent erscheinen insofern, als sie zusammen einen im Verlauf von rund vierzig Jahren gewachsenen Sonett- und Kanzonenzyklus ergeben. Sie besingen das Schicksal einer unerfüllten Liebe, die mitnichten weniger dringlich und bedeutsam ist als eine erfüllte. Selbstverständlich prägt der Glaube, die Kunst diene dem Ausdruck von Gefühlen, die abendländische Literatur von jeher stark, desgleichen die Ansicht, vor allem oder allein die Dichtkunst könne der Liebe und Sehnsucht gerecht werden. Doch der *Canzoniere* nimmt wie Dantes gewaltiges Unterfangen der *Göttlichen Komödie* eine Sonderstellung ein: Die Feier der Geliebten und der Liebe als Selbstzweck, sie inspirierte ungezählte Wortkünstler zu Werken, die an die Stelle einer tatsächlich gelebten Liebesbeziehung treten.

Carolines Bikini ist zwar Prosa, erlaubt sich jedoch Anleihen bei dieser poetischen Tradition, die beispielgebend ist für das, was ich «Realitätsschöpfung durch Schreiben» nenne – Literatur, die weniger das Leben nachahmt, als es hervorbringt. Indem sie von Gordonston und Beresford erzählt, macht die Autorin trotz geringer literarischer Erfahrung und ohne Renommee (von ein paar Kurzgeschichten ist die Rede und Anthologiebeiträgen, überwiegend schreibt Stuart jedoch für Hundefutter- und Versicherungskampagnen) eine «große Liebe», wie sie es ausdrückt, lebenswahr. Sie schreibt diese auf den Seiten zum Leben, und das entstandene Werk selbst wird zur Verkörperung jener Liebe.

Siehe auch: «Höfische Liebe».

Literarische Moderne – «Making It Real»

Von zentraler Bedeutung für das vorliegende Projekt ist der modernistische Traum von einer «Wortmaschine», so der amerikanische Dichter und Erzähler William Carlos Williams. Die Idee, ein Werk zu schaffen, dem das eigene Bezugssystem genügt, um vollkommen «real» zu sein, das in der Setzung und Konstruktion einer Welt als allumfassend gelten kann, ist entscheidend für Stuarts Auffassung von *Carolines Bikini*. Ihren Wunsch, «in Absätzen und Sätzen», wie sie es ausdrückt, eine Geschichte erstehen zu lassen, die weniger im imaginären Sinne des Worts erfunden ist, als dass sie sich aus realen Wörtern und Sätzen und Gedanken konstituiert.

Entsprechend, so die Hoffnung, wird die Autorin etwas «machen», das mehr ist als die Summe seiner Teile, eine Montage aus Papier und Ideen, die über die Erfahrung und Vorstellungskraft der Autorin hinaus Bedeutung und Wirkung entfaltet. Hier gehört auch die zitierte Südstaatenautorin Katherine Anne Porter mit ihrer Vorstellung eines «Mehrwerts» hin, i.e. dass das literarische Werk, dieses Wortkonstrukt, zu einer Erfahrung verhelfen kann, welche die Welt der Leser spiegelt und zugleich weitet. Dem Ideal der Südstaatlerin eignet zudem etwas von einem Mysterium, ihr «Mehrwert» darf durchaus transzendental aufgefasst werden.

Zu den Personen

Dieser Abschnitt bietet einige Hintergrundinformationen zu den Stuart- und Gordonston-Familien, um die es v.a. auf den Seiten 16 ff., 20 und 71 f., 77 ff. geht, dazu allgemeine Angaben zu Leben und Erfolgsbilanz der Autorin.

Siehe auch «Sozialkontakte der Beteiligten».

Familie

Die Gordonstons und die Stuarts waren über viele, prägende Jahre weit vor der erzählten Zeit von *Carolines Bikini* Nachbarn. Tom und Helen Gordonston übernahmen mit ihren drei Kindern Elisabeth, Evan und Felicity kaum ein halbes Jahr nach dem Einzug der Stuarts in der Nummer 15 Berkshire Lane in Twickenham die Nummer 17, und sofort war klar, dass die beiden Familien enge nachbarschaftliche, ja freundschaftliche Beziehungen unterhalten würden.

Damals herrschten noch andere Zeiten, und London war keineswegs die Stadt, die wir heute kennen. Twickenham hatte seinerzeit mehr Dorfcharakter, als das heute der Fall ist; Familien gediehen hier und blieben, es gab wenig von dem Geltungskonsum, der heute so viele Londoner Bezirke auszeichnet; Kinder stromerten nach der Schule ungehindert durch Straßen und Parks, und die meisten Familien hielten Haustiere. Die Häuser waren groß und marode und gemütlich, mit weitläufigen verwilderten Gärten, Pflaumen- und Apfelbäumen, alten Eichen und Platanen. Berkshire Lane selbst lag am Wald, und in den zog es Evan und Emily als Kinder vor allem – sie bauten Forts und Höhlen, zogen auf Schatzsuche los und gaben sich alle Mühe, verloren zu gehen.

Diese beiden Kinder hatten sich umgehend angefreundet. Zu ihrer Tochter hatte Margaret Stuart nämlich, das weiß Emily bis heute, gleich nach dem Einzug der Gordonstons in der Nummer 17 gesagt: «Sie haben einen Jungen in deinem Alter. Es würde mich gar nicht wundern, wenn ihr zwei dicke Freunde würdet.»

Die Erwägungen eines Elternteils können den Takt einer Freundschaft vorgeben – jenes leicht gebieterische «Es würde mich gar nicht wundern ...» sollte Jahre und größte Entfernungen überdauern. Und das trotz der Tatsache, dass die Gordonstons aus der Berkshire Lane wieder fortzogen, als Evan und Emily elf waren, und die beiden sich die ganzen Jahre, während derer Evan in der internationalen Finanzwelt Karriere machte, was ihn nach Tokyo und Fernost führte, mal ganz abgesehen von den vielen amerikanischen Städten, in denen er zwischendurch lebte, nicht wiedersahen. Ihrerseits «verfolgte» Emily, obwohl sie in London blieb, keine irgend geartete Karriere. «Ich schreibe Werbetexte für Tierfutter», sagt sie nach wie vor schlicht, wenn sie gefragt wird, was sie denn mache. Sie ist, nach ihren eigenen Worten, kein «Erfolgsmensch».

Das würde Evan allerdings trotz seines imposanten CV von sich auch behaupten. Die beiden Freunde stehen sich weiterhin nah, als wären die Bande, die sie mit vier, fünf geknüpft haben, noch ebenso stark und unmittelbar und unkompliziert wie an dem Morgen, da Evan Gordonston, kaum waren die Worte der Mutter Emilys verhallt, bei den Stuarts klopfte. Denn dieser Akteur der internationalen Finanzwelt bleibt aus Sicht aller Stuarts, nicht nur Emilys, sondern auch ihres Bruders Felix, ihrer Mutter Margaret und ihres Vaters Alastair eben «einfach Evan».

Emily betrachtet auch Evans jüngere Schwester Felicity, obwohl sie keinen Kontakt mehr haben, weiterhin als «beste Freundin», ein Ausdruck, der in sich schon eine frühe, in der Kindheit geformte Bindung suggeriert. Evans ältere Schwester Elisabeth war kurze Zeit mit Emilys Bruder Felix zusammen, und sie nahmen die Beziehung wieder auf, als er sie in San Francisco besuchte, wo sie sich als junge Frau niedergelassen hatte; zeitweilig war von einer baldigen Hochzeit die Rede.

Alastair und Margaret Stuart sind Akademiker, beide Historiker, und seit ein paar Jahren bereits im Ruhestand, aber Alastair publiziert weiterhin zur schottischen Geschichte vor den Highland Clearances und nach der Industrialisierung, und Margaret gibt Geschichtslehrbücher für die Oberstufe heraus und berät im gesamten Vereinigten Königreich Schul- und Prüfungsausschüsse.

Emilys älterer Bruder Felix Stuart ist ebenfalls Historiker und Autor unter anderem der Bände *This New Land* und *Kingdom*, die als Vorlage für die beliebten gleichnamigen BBC-Serien dienten. Gegenwärtig ist er in Oxford Lehrbeauftragter für Neuere Geschichte und Gastprofessor für Zeitgeschichte an der University of New South Wales.

Tom und Helen Gordonston leben noch immer in den USA, erwogen jedoch nach der Wahl Donald Trumps eine Rückkehr nach England. Tom Gordonston, längst pensioniert, gehört dem Vorstand einiger namhafter Finanzhäuser an, und seine Frau Helen, Töpferin und Malerin, stellt regelmäßig in der New Yorker Dewitt Gallery und in Los Angeles aus. Die Töchter Felicity und Elisabeth leben ebenfalls in Amerika. Felicity leitet in ihrem Loft in New York Tanz- und Bewegungskurse für Grundschulkinder, Elisabeth betreibt mit ihrem Freund in der kalifornischen Sonoma County eine kleine Wein- und Feinkosthandlung.

Die Gordonston- und Stuart-Familien halten also trotz

der Entfernung und trotz allem, was zwischen damals und heute gewesen ist, Kontakt – Helen und Margaret mittels Telefon und altmodischen Briefen, für die sie sich viel Zeit nehmen und denen sie Fotos und Zeitschriftenausschnitte sowie Listen mit Ideen und Plänen beigeben und die deshalb schnell auf DIN A-4-Format anschwellen, Tom und Alastair hauptsächlich per E-Mail, um sich Schachzüge und akrostische Kreuzworträtselfragen zuzuspielen, und auf Alastairs Seite auch durch Briefe, die er Tom in selbstgebastelten Umschlägen schickt. Die Kinder der beiden Familien hören weniger oft voneinander, obwohl es dann und wann E-Mails gibt, gelegentlich Nachrichten auf AB und Felix zufolge von den Gordonston-Mädchen «Ad-hoc»-Postkarten und Schriebe an sie beide, ihn und Emily, auf die wiederum die Stuart-Geschwister durchaus mal mit langen, vertrackten Postkarten antworten, bis zu zehn Stück in Folge.

Evan und Emily, als Kinder dicke Freunde, hielten ähnlich sporadisch nur Kontakt, nachdem die Gordonstons in die USA übersiedelt waren. Es hatte zu Beginn der Trennung ein oder zwei Ferngespräche gegeben, die eine oder andere E-Mail, aber im Ganzen hörten sie eher selten voneinander. Doch als Evan nach London zurückkehrte, nahmen die beiden ihre Freundschaft wieder auf, als «wäre es gestern», wie Emily in *Carolines Bikini* schreibt. Als wäre eine vorübergehend verriegelte Tür aufgegangen und stünde da Evan. «Hi», sagt er, als wäre er just vor der Nummer 15, Berkshire Lane, aufgekreuzt, wo Emilys Eltern nach wie vor wohnen. «Magst du spielen kommen?»

N.B. Seit Margaret Mead betonen Kulturhistoriker und Anthropologen die grundlegende Bedeutung früher

Bindungen für den Umgang zwischen Erwachsenen und den Zusammenhalt von Gemeinschaften. Die Liste der einschlägigen Werke ist zu lang, um sie hier anzuführen, doch Evan und Emilys Geschichte ließe sich mühelos einer der jüngsten Studien subsumieren.

«Ach, die Gordonstons, man muss sie einfach gernhaben», sagt Emily Stuarts Mutter Margaret oftmals, sowohl in *Carolines Bikini* als außerhalb. «Ich bin überglücklich, Emily, dass Evan, wie soll ich sagen, wieder daheim ist.»

Das Leben als freie Rezensentin und Texterin

Emily Stuart hat sich lange gefragt, ob irgendetwas mit ihr nicht stimmt, dass sie nicht in die «historischen Fußstapfen», so ihre Worte, ihrer Familie trat. Auf der Schule war sie in Geschichte sehr gut gewesen, aber als es darum ging, ihre Studienfächer zu wählen, entschied sie sich doch lieber für Literatur, die hatte sie schon immer interessiert – bei Schulprüfungen und -aufsätzen hatte sie stets gut abgeschnitten – und die fand sie weiterhin so kurios wie inspirierend: unerwartete Regungen, die auf dem anderen geisteswissenschaftlichen Terrain, das den Rest der Familie so fesselte, für ihr Gefühl nicht zu haben waren.

Ein literaturwissenschaftliches Studium rüstet einen allerdings nicht unbedingt fürs Leben, wie dies bei anderen, selbst nicht-naturwissenschaftlichen, Fächern der Fall zu sein scheint. Nach ihrem Abschluss jobbte Emily eine Zeitlang als Kellnerin und Garderobiere in piekfeinen Restaurants, mixte in Bars und Nachtclubs Cocktails, erdachte und schrieb immerzu Kurzgeschichten, die aber nur selten publiziert wurden. Mit über dreißig verlegte sie sich, unter dem sanften Druck ihrer Freunde, auf die freie Mitarbeit für diverse Zeitschriften und Journale, verfasste Rezensionen, führte gelegentlich Interviews und fand sich mit der Zeit ins Werbetexten hinein – anfangs als Springerin für überfälliges Longcopy diverser Agenturen –, die Arbeit, die immer noch so viel ihrer Zeit in Anspruch nimmt. Mit zunehmender Erfahrung konnte sie sich ganze Marketingprojekte zutrauen, vom Konzept oder Board über die Gestaltung der Headlines, Sublines, Slogans und was sonst noch anfiel. Ihre Freundin Marjorie arbeitet in der Branche und hat schon häufiger bemerkt: «Emily stünde hoch im Kurs, wenn sie sich durchringen könnte, Vollzeit zu arbeiten. Sie hat das Zeug dazu – die Fantasie, die Allgemeinbildung –, sie würde es weit bringen. Nur will sie nicht. Sie ist zu gern Freiberuflerin, damit müssen wir leben. So ist sie eben.»

Diese Haltung macht Emilys Verhältnis zur Arbeit zugleich «prekär und spannend», wie sie auf Seite 26 in anderem Zusammenhang einräumt. Mal sitzt sie wochenlang an Longcopy, Anzeigen, entsprechenden Werbeflyern und -broschüren ... die Liste ist endlos. Mal gibt es kaum Arbeit und erwägt sie, sich wieder als Kellnerin zu verdingen – obwohl sie weiß, dass sie dazu eigentlich zu alt ist. Diese «mageren» Zeiten, so Marjorie, sind der Grund, weshalb Emily zusätzlich in einer Galerie drüben in Hoxton aushilft, wo sie an der Rezeption sitzt und Katalogtexte sowie Verzeichnisse für bevorstehende Ausstellungen verfasst. So sehen ihre Arbeitswochen,

-monate und -jahre also aus: «prekär und spannend», wie gesagt.

Denn am Ablauf ihrer Tage ist, zumindest was das Schreiben anbelangt, nichts langweilig, es gibt reichlich Gelegenheit, sich in verschiedenen Schreibweisen zu üben, und das sollte sie befähigen, auch ein ambitionierteres Projekt wie das von Evan Gordonston in diesem Buch vorgeschlagene anzupacken. Hier kommt ihr die Könnerschaft als «Auftragstexterin», wie man in der Branche sagt, mehr noch zugute als ihre literarische Erfolgsbilanz, die zugegebenermaßen bescheiden ist. Wenn sie sich auf Seite 240 dieses Manuskripts sorgt: «Würde dieses Werk je ‹sein Publikum finden›?», dann spricht nicht die tüchtige Freiberuflerin mit erstklassigen Referenzen, sondern die Kurzgeschichtenautorin, die so schrecklich gern einen ganzen Erzählungsband oder gar einen Roman bei einem renommierten Verlag unterbringen würde.

Werbebranche und -texte

Emily Stuart hat Texte zu prämierten Werbekampagnen der Tiernahrungs- und Versicherungsindustrie beigesteuert. Sie hat Werbekonzepte für Markensportschuhe, sogenannte Designer-Säfte und -Shakes sowie Private Banking entwickelt und für eine führende Supermarktkette eine konsistente Markenkommunikation entwickelt, von der Plakatierung bis hin zu Treue-Coupons. Ihre «Könnerschaft», wie oben angedeutet, ist unbestritten.

Copy liefert sie stets «pünktlich und rein», womit Werbeagenturen druckreif, spezifikations- und fristgerecht meinen. In der Hinsicht ist sie absolut zuverlässig. Bis zu Evans Rückkehr nach London nahm Stuart im Grunde alle ihr zugeschanzten Aufträge an und hielt stets auch enge Deadlines. Erst mit der Zeit, genauer mit der Arbeit an *Carolines Bikini*, brauchte sie für solche Projekte länger als sonst und ließ vieles schließlich ganz liegen.

Auch ihre übrige Textarbeit – vor allem für Prinn Arts in Hoxton – wurde in Mitleidenschaft gezogen. Irgendwann rief die Galeristin Samantha Prinn höchstpersönlich bei ihr an und hinterließ auf AB die Nachricht: «Wollen Sie überhaupt noch bei uns arbeiten? Sie haben sich so lange nicht mehr blicken lassen, dass wir Bill Hendersons Ausstellung jemand anders anvertrauen mussten. Lassen Sie mich wissen, was Sie vorhaben, ja?»

Sprachgebrauch, Idiomatik und Idiolekte in zeitgenössischer Prosa

Etliche Ausdrücke Emily Stuarts entstammen ihrer vielfältigen Werbearbeit, ihrer Teilhabe, wenn man so will, an der Alltags- und Medienkultur. Obwohl sie nie mit Kampagnen befasst war, die mit Mobilfunk oder Social Media zu tun hatten, stehen ihr doch Vokabeln für einen jugendlichen Markt oder Menschen ihres Alters zu Gebote, die sich weiterhin für aktuelle Moden und Umgangsformen interessieren. «latte», auf Seite 85 von *Carolines Bikini* verwendet, wäre hierfür ein Beispiel, «abgehen» ein anderes, oder «indexen», wie auch die älteren Begriffe «groovy» und «cool» oder SMS- und Instagram-Kürzel wie «bidunowa» u.ä.

Entsprechend ist sich Stuart beim Schreiben durchaus solcher Effekte in der gemeinsamen «Erzählung» oder «Geschichte» bewusst, wie sie den Text trotz Evans Vorschlag und später Forderung, dass er etwas anderes sei, ein «Roman» und so fort, weiterhin beharrlich nennt, und sie setzt ihnen in manchen Passagen einen eigenen literarischeren Ton entgegen. Es spricht eindeutig die Kurzgeschichtenautorin, wenn sie zum Beispiel, auf derselben Seite wie oben genannt, für Carolines Medikament das Bild eines im Text leise tickenden «Pulses» verwendet – ein Beispiel von vielen.

Stuart legt außerdem Wert darauf, ganze Dialoge direkt in den Text zu übernehmen, was belebend wirkt, findet sie, und dem Leser zudem Rhythmus und Klang dieser Wechselreden zu Gehör bringt. Ein Ohr für den jeweiligen Idiolekt gehört bei der Figurenzeichnung in der fiktionalen Literatur – ob Kurz- oder Langform, sprich Roman – zu den Dingen, mit denen Stuart, die aufstrebende Belletristin und Literaturkritikerin, wie sie sagt, «viel anfangen» kann. «Eine Figur wird von den Worten geformt, die sie oder er spricht. Das berücksichtigen zu wenige Schriftsteller, aber mir liegt daran.»

Selbstreflexive Passagen in *Carolines Bikini*

Es gibt viele, viele Stellen in diesem Text, an denen uns als Lesern auffällt, dass die Autorin den Schreibprozess mitdenkt. Hochgestochener könnte man von der «vielfach zu konstatierenden Metatextualität» im narrativen Verlauf sprechen – wie sie eine geschätzte Kollegin unlängst einem anderen Werk bescheinigt hat.

Diese Frage beschäftigt Stuart gleich eingangs als Autorin der Geschichte Evan Gordonstons – etwa, wenn sie schon auf den ersten Seiten von sich als «Amanuensis» spricht –, und langsam, fast unmerklich, erweist sich die Selbstbezüglichkeit als zentrales Motiv der Geschichte. Emily Stuart ist Werbetexterin, nicht Romanschriftstellerin, also fragt sie sich wieder und wieder: Sind diese Passagen «gut genug», «interessant genug» etc., um einen Roman abzugeben? «Ich hatte mir, ehrlich gesagt, schon zu Beginn so meine Gedanken dazu gemacht», heißt es am Anfang des ersten Teils so entschieden und forsch. Es ist ein Thema, das die Lektüre von *Carolines Bikini* begleiten muss und wird. Zu weiteren selbstreferenziellen Passagen siehe die Seiten 15 f., 26, 38, 69 f., 111 ff.

Sprachmuster in *Carolines Bikini*

Es gibt, wie erwähnt, in dem Text, der aus Emily Stuarts und Evan Gordonstons Unterhaltungen über dessen unsterbliche Liebe zu Caroline Beresford besteht, verschiedene Klangfarben. Das Spektrum verdankt sich der Tatsache, dass ein Gutteil der Erzählung sich in Dialogform entfaltet oder auch in Gestalt von Notizen und Anmerkungen, die den Wortgebrauch und Sprechrhythmus beider Beteiligten abbilden. Das versteht sich ja von selbst. Keine zwei Sprecher klingen auf dem Papier gleich – egal, wie nah sie sich stehen und wie gut sie ihre jeweiligen typischen Verhaltens- und Ausdrucksweisen kennen. Es sollte beim Lesen so wenig wie im Leben möglich sein, zwei Sprecher zu verwechseln, in deren Nähe man sich aufhält und denen man aufmerksam lauscht. Das hat ein Roman schon zu leisten, dass er uns als Lesern sein Personal so nahebringt wie all die Gestalten in unserem eigenen Leben, Akteure, Fremde, Arbeitgeber, Freunde, Familie, oder wer immer sonst uns begegnet.

Es lässt sich jedoch auch beobachten, dass es Momente im Text gibt, da die zwei verschriftlichten Stimmen etwas verschmelzen, sei es bei Gelegenheit wegen der von den Protagonisten konsumierten Mengen an Gin, sei es wegen der an Pub-Tischen einer bestimmten Größe eingenommenen Plätze oder wegen der vielen gelesenen Notizen oder gestellten Fragen und gegebenen Antworten. Es kommt also zugegebenermaßen vor, dass Emily Stuart und Evan Gordonston zum Verwechseln, ja erschreckend ähnlich klingen. Als wären sie Bruder und Schwester, Zwillinge gar. Um ein altes Klischee zu bemühen, das gern auf besonders innig verbundene Familienmitglieder angewendet wird: Zwischen sie «passt kein Blatt Papier».

Zu guter Letzt sei noch daran erinnert, dass in dem hier besprochenen «Roman» durchweg auch andere in der Erzählung gewissermaßen ihre Stimmen erheben. Da gibt es Carolines «Kaffee?», das einem so munter entgegentönt. Es gibt die denkwürdige Äußerung Rosie Howards ziemlich zu Beginn, die uns über das Haus in Richmond verrät, es sei eine «muntere Szene». Das sind nur einige Beispiele für ein Charakteristikum aller Teile der Erzählung und Ausdruck der «Figurenzeichnung».

Dieses von Stuart so eingehend geschilderte Personal

trägt zusätzlich zu einem Lektüreerlebnis bei, das die Leser als vielstimmig und breitgefächert empfinden dürfen, ohne dass zentrale Anliegen wie die Eignung des Erzählstoffs, erzählte Zeit, fehlender Plot, Rückblenden, Wiederholungen etc. aus dem Blick geraten.

Evan Gordonstons Wortschatz, Satzbau und Intonation

Als Evan Gordonston nach rund drei Jahrzehnten in den USA (ein bisschen mehr sogar) nach England zurückkehrte, war das Land, das er vorfand, doch sehr anders als das, das er verlassen hatte – durch den allgemeinen konservativen Trend und einen entfesselten Kapitalismus, dem gestattet wurde, in einem Maße persönliche und gesellschaftliche Schicksale zu kapern und zu bestimmen, wie es vormals undenkbar gewesen war –, doch hier soll es speziell um die Begriffe, den Sprachgebrauch und die Syntax der täglichen Kommunikation gehen und um Unterschiede in Ton und Vokabular.

Nicht zufällig waren gewisse amerikanisierte Wendungen, die Evan Gordonston in den USA aufgeschnappt hatte, Wörter und Idiome, die er benutzte, durchaus allgemein verbreitet. Heute fragt jeder Barista einer «Coffee Bar», ob der Kaffee «to go» sein soll. «Hi, guys» begrüßt mittlerweile auch eine englische Mutter die Freunde ihrer Kinder.

Andere Wörter und Wendungen aber springen Emily Stuart förmlich an, und oft genug kommentiert sie das in *Carolines Bikini*, sie purzeln aus Evan Gordonstons

Mund direkt auf die Seite, hauen rein wie der Homerun eines amerikanischen Baseballspielers. Der Sommer, der nun in Richmond mit Macht einzog, «aber hallo», wäre ein Beispiel ... Ganz zu schweigen von diversen, eins zu eins aus Evans Notizen und Tagebüchern übernommenen Bemerkungen, die verraten, wie sehr er den Sound von «drüben» verinnerlicht hat.

Zwar können wir im Laufe der Geschichte beobachten, dass Gordonstons Sprache sich durch sein Umfeld – er ist schließlich wieder «daheim» in London – und im Buch mehr noch vielleicht durch seinen engen Kontakt zu Emily Stuart wandelt, aber wir erleben dennoch, dass er sich einen gewissen transatlantischen Zungenschlag und manches an Vokabular bewahrt hat.

Das steht gegen Ende der Geschichte, fast am Anfang des letzten Teils auf Seite 269 so auch im Text: «Ihm entschlüpften noch immer amerikanisierte Idiome: Wendungen und Wörter aus den Jahren in New York und Chicago und Boston, den vielen Jahren anderswo, die ich mir eigentlich nicht wirklich vorstellen, an die ich weder denken noch glauben konnte.»

Die Passage zeigt, wie das, was Stuart schlicht an Fakten zu ihrem Freund dokumentiert, sich öfter mal zu grundsätzlicheren Beobachtungen weitet, und bei der Lektüre von *Carolines Bikini*, dieses «Protokolls» der Liebe Evan Gordonstons, sollten wir ebenso berücksichtigen, dass Stuart sich im Grunde keinen anderen Evan «denken» kann als den, der vor ihr sitzt, den sie kennt wie sich selbst, mit dem sie Gin trinkt. Die Sprache macht's, ihre wie die des Mannes, den sie beschreibt.

Sie, die so vertraut ist mit jeder seiner Regungen, registriert jegliche durch eine Geste, den Tonfall oder ein Wort angezeigte Nuance des «Zungenschlags» Evan Gordonstons. Solche Momente überraschen sie und können sie in der Tat «schlag»-artig auf neue Gedanken bringen, etwa über die Musikalität und Wirkung amerikanischer «Redensart». Da lesen wir etwa auf der eben genannten Seite: «So sah es also in Richmond aus mit der Stimmung, Evans leicht amerikanisierten Worten zufolge, der Sommer kam, ‹aber hallo›. Heiß genug war es jedenfalls. Es zog die Menschen nach draußen, auf die Straßen, ihre Stimmen trugen weit. Man ging leicht und lässig bekleidet. *Ja, in der Tat, der Sommer kam in ganz London, aber hallo.*» (Hervorhebung der Herausgeberin).

Weitere Details zu Evan Gordonstons sprachlicher Sozialisation

Evan Gordonstons Ausdrucks- und Artikulationsvermögen waren natürlich durch seine Jahre als Teenager und junger Mann an der Ostküste der Vereinigten Staaten zwischen New York und Boston geprägt und folgten, wie gesagt, zunehmend einem transatlantischen Duktus.

Hätte er als Londoner Junge noch bei Emily Stuart vorbeigeschaut und zum Beispiel vorgeschlagen: «Magst du deine Mutter fragen, ob sie damit einverstanden ist, dass du mit mir und Mum ins Victoria und Albert Museum gehst?», würde er als Teenager in Connecticut Freunde wohl eher gefragt haben: «Hey, willst du mit mir und meiner Mom nach Downtown zur Ausstellung in der Met?»

Bestimmte Dinge hießen drüben einfach anders.

Zwar würde Gordonston seine eigenen Eltern wohl nicht so angesprochen, Freunde dagegen gebeten haben, «deinem Dad» einen Plan «beizubiegen» oder ihn «mit deiner Mom» abzuchecken. Tom und Helen waren und würden immer «Mum und Dad» bleiben, die amerikanische Variante griff nur unter Gleichaltrigen in der Schule oder bei Freizeitaktivitäten, auch später.

Diese neue Lebensart und andersartige Unternehmungen verlangten eben einen ganz neuen Wortschatz. Evan Gordonston spielte nun Baseball, ging in den «Diner» oder zu dem gewissen «Take-away» mit den guten «Wedges». Im Sommer trug er, wenn sie alle nach Cape Cod fuhren oder in die Hamptons, die entsprechend coole «Eyewear», und wenn er seiner Freundin Emily Stuart in London eine Karte oder ein Päckchen schicken wollte, mochte es zwar vor der Post eine Schlange geben, aber so diszipliniert wie früher in England stand hier niemand an.

Später, als er dann für Anwaltskanzleien an der Wall Street tätig war, sich auf ziemlich internationalem Parkett bewegte und sich von einer stattlichen Anzahl von «Brits» umgeben sah, wie die New Yorker sie nannten, fand er zu einigen alten Ausdrücken und Wendungen zurück.

Dieses Prinzip – der Wiederbesinnung auf das Gewohnte – kam nach seiner faktischen Rückkehr in die alte Heimat natürlich am stärksten in seinen Pub-Begegnungen mit Stuart in West London zum Tragen. Wie im Text mitunter zu lesen, gab es die Rückkehr zu Standardformulierungen wie «Zweite Runde?», die jetzt, auch wenn er als Londoner Junge keinen Anlass gehabt hatte, sie anzubringen, wieder durchschlugen, als wären sie seiner DNA eingeschrieben.

Und schließlich kommt da noch Gordonstons Kleidungsstil ins Spiel. Aufmerksame Leser dürften die «Poloshirts» registriert haben, von denen die Rede ist, als er in Richmond auspackt, oder dass Stuart eine plötzliche Vorliebe für die von Evan so bezeichneten «Sweatpants» beklagt und damit eine befremdliche Gleichgültigkeit gegenüber der eigenen Erscheinung, die sie von ihm so nicht kennt und die ihr Sorgen bereitet; als lägen in dem Wort selbst schon der Zustand und das Lebensgefühl, die ihr aufstoßen. Eine «Jogginghose» sei ja schlimm genug, merkt sie auf Seite 139 an, noch dazu außer Haus getragen, aber «Sweatpants» als Beinbekleidung seien dann doch der Gipfel der Liederlichkeit.

Interessant ist jedenfalls, dass Evan Gordonston seine amerikanisierte Syntax und Wortstellung mit der Rückkehr nach London und dem sofort wieder aufgenommenen Kontakt zu seiner Kindheitsfreundin Emily «Nin» Stuart ungeachtet der skizzierten, da und dort hartnäckig beibehaltenen idiomatischen Eigenheiten und einer weicheren oder leicht nuschelnden Aussprache, die Briten von Amerikanern nur zu gut kennen – im Text illustriert an Beispielen wie «Ciddy» für «City» oder dem häufigen Anhängen eines unnötigen Fragezeichens: «Du verarscht mich?» statt «Du verarscht mich!» –, und ungeachtet der Tatsache, dass diese Muster sich bei anderen oftmals festsetzen, im Gegenteil größtenteils aufgab. «Er klang», schreibt Emily auf Seite 19 von *Carolines Bikini*, «eigentlich ziemlich wie früher ... als wäre er nie fortgewesen».

Letzte Anmerkung: Ein Vergleich des amerikanischen

mit dem britischen Idiolekt und Tonfall ist interessant. Amerikanische Leser werden jede britische Stimme, sofern dramaturgisch nicht durch Abweichungen in der Schreibweise oder Syntax, durch Sprichwörter, Idiome und dergleichen mehr deutlich markiert, auch als britisch lesen und sich schwertun, einen regionalen Einschlag, Hinweise auf den Bildungshintergrund etc. zu erkennen; das Gleiche gilt umgekehrt für britische Leser amerikanischer Texte, denn subtile Marker jenseits halbwegs klar umrissener Grenzen wie etwa der Südstaaten oder der abgelegenen Bergregionen von Kentucky und Tennessee sind leicht zu überlesen. Kommt dieser Wall-Street-Banker nun aus Connecticut oder aus Boston? Stammt jene junge Frau aus Manhattan oder aus Syracuse? Schwer zu sagen.

Sozialkontakte der Beteiligten

Hier folgt nun einiges zu dem recht komplizierten sozialen Netz, das eine so wichtige Rolle in *Carolines Bikini* spielt, ein Aspekt also – verdeutlicht anhand von Anmerkungen zum Lebensweg und zu den Gepflogenheiten Einzelner aus diesem Kreis –, der die vielfältigen Beziehungen und Verflechtungen zwischen allen berührt, die in der Welt des Textes vorkommen.

Schon zu Beginn der Geschichte – ob dort als «Roman», «Buch» oder «Bericht» bezeichnet – wird klar, dass die Beteiligten in *Carolines Bikini* sich unterschiedlich gut kennen: direkt oder von früher oder vom Hörensagen.

Man darf annehmen, dass dieses soziale Netz in einer Geschichte, deren «Hauptfiguren» aus Sicht mancher Kritiker und Autoren Evan Gordonston und Caroline Beresford sind, von diesen beiden ausgeht – dass sie gewissermaßen die Zentralgestirne sind, um die andere als Planeten der Geschichte kreisen. Ohne Caroline keine Rosie Howard, zum Beispiel, keine Marjorie Clarke und so fort, geschweige denn David Beresford oder die drei halbwüchsigen Jungen des Paars in Richmond. Ohne Evan keine Nin, sozusagen, keine «Amanuensis», kein Grund, das überhaupt alles «zu Papier zu bringen».

Allerdings versieht genau das den eigentlichen Plot mit zusätzlichen Bedeutungsschichten und Interaktionsmustern. Der Stoff des Buchs wird durch Emily Stuarts Position im Erzählganzen komplexer, indem sie sich nicht nur darüber verbreitet, wie lang und wie gut sie Evan Gordonston kennt, sondern direkt mit anderen Figuren aus ihrem Freundeskreis interagiert; das macht ihre Sicht und demnach ihre Darstellung Gordonstons facettenreicher.

Andererseits wird ihre Erzählerrolle nicht zuletzt dadurch beeinträchtigt, dass Stuart Caroline Beresford selbst nie begegnet ist. Die Angebetete bleibt, so unwiderstehlich wie unerreichbar sie für Evan Gordonston sein mag, entrückt, da Stuart sie weder je gesehen noch persönlich mit ihr gesprochen hat. Sie glaubt, Caroline zu «kennen», so oder ähnlich äußert sie sich im Verlauf der Geschichte wiederholt, doch das liegt allein an der Detailbesessenheit, mit der Gordonston sie beschreibt – zu sehen an den Notizen und Aufzeichnungen, mit denen er Stuart geflissentlich versorgt –, um «das Bild abzurunden», wie er sagt.

So geht mit diesem Prosaprojekt durchweg der Eindruck einher, dass alle, die in *Carolines Bikini* vorkommen, umeinander wissen – ob sie sich in der Geschichte tatsächlich begegnen oder nicht.

Rosie Howard beispielsweise, eine langjährige Freundin Stuarts, ist gut mit einer engen Freundin der Beresfords bekannt, Caroline persönlich jedoch nie begegnet. Ihr Eindruck einer «munteren Szene» in Richmond auf Seite 21 verdankt sich der Nähe zu dieser Bekannten: «Die Freundin einer Freundin hat ein großes und angeblich ziemlich tolles Haus in Richmond. Ich selbst kenne sie nicht – die Freundin oder vielmehr Rosies Freundin –, aber Rosie meint, sie nehme Untermieter auf…» Und so dürfte Stuart, wird suggeriert, schon wegen der Nähe zu Rosie über das Milieu einigermaßen im Bilde sein, und obgleich Rosie wiederum David Beresford durch eine Freundin kennt, die mal mit dessen Bruder zusammen war, desgleichen Davids Eltern, Jonathan und Diana Beresford, hat sie David selber jahrelang nicht mehr gesehen, während ihr Robert Beresford unlängst auf einer Party in Gloucestershire über den Weg gelaufen ist und ihr, als sähe sie, Rosie, diese regelmäßig und hielte engen Kontakt, das Neueste über seine Familie, die Eltern und den Bruder erzählt hat.

Die Beziehungen werden nachfolgend kurz skizziert. Siehe auch die Seiten 34 und 52.

Emily «Nin» Stuart – beste Freundin Evan Gordonstons, jahrelang sehr gut mit der ganzen Gordonston-Familie bekannt, Schulfreundin Felicity Gordonstons, einem großen Kreis zugehörig, der aus Freunden der Familie besteht, deren Eltern die Gordonstons wiederum über die Stuarts teils ebenfalls kannten, etwa Christopher Lowden und Rosie Howard.

Evan Gordonston – bester Freund Emily Stuarts, Bruder von Elisabeth Gordonston, die früher mit Felix Stuart liiert war, und über diverse gemeinsame Freunde unter anderem mit Rosie Howard und Christopher Lowden bekannt.

Rosie Howard – enge Freundin Emily Stuarts und Ros Greenfords, die in dieser Geschichte nicht vorkommt, aber eine gute Freundin Caroline Beresfords wie auch Amanda Parkers ist, die mal mit Robert Beresford zusammen war, Davids jüngerem Bruder, und die mit allen Beresfords befreundet ist, den Brüdern wie auch deren Eltern Jonathan und Diana.

Caroline Beresford – verheiratet mit David Beresford, Mutter dreier halbwüchsiger Jungen, Andrew, William und Frederick, eng vernetzt mit einer großen, munteren Londoner Clique, zu der auch Ros Greenford und Amanda Parker gehören.

David Beresford – Ehemann Caroline Beresfords, Vater der drei Teenager, siehe oben, Bruder Robert Beresfords, der früher mit Amanda Parker liiert war, gut mit Charlie Caxton Taylor befreundet, der im Chestnut Way ein paar Häuser weiter in der Nummer 23 wohnt, näher bekannt ferner mit diversen Bankpartnern und -kollegen, ohne aber mit ihnen privat viel zu tun zu haben, zunehmend befreundet mit Professor James Ashford Andersen an der Altphilologischen Fakultät der University of London.

MARJORIE CLARKE – erfolgreiche Werbefachfrau, die bei Arbeitsüberlastung oft Aufträge an Emily Stuart abgibt, Kommilitonin seinerzeit sowohl von Stuart wie von Christopher Lowden, mit Rosie Howard befreundet und eine enge Freundin Samantha Prinns, die mit Betsy Forman die Prinn Gallery in Hoxton betreibt und ihrerseits Emily gelegentlich mit der Abfassung von Katalogtexten beauftragt, einst mit Martin Howard liiert, Rosies älterem Bruder.

CHRISTOPHER LOWDEN – enger Freund Emily Stuarts und Marjorie Clarkes, Mitstreiter diverser selbsternannter halbengagierter «Aktivisten» in West London, von denen einer Robert Beresford als engen Freund betrachtet.

Dann gibt es noch die Eltern:

TOM UND HELEN GORDONSTON – die engsten Freunde der Stuarts, Margaret und Alastair; Helen hat darüber hinaus viele Freunde unter den Nachbarn in Connecticut und Künstlern im nördlichen Bundesstaat New York, darunter ihre Galeristin Hilary Goldstein. Tom hält weniger engen Kontakt mit Ex-Kollegen und Freunden in Yale, tauscht sich aber weiterhin gern mit Alastair Stuart in London über anspruchsvolle Kreuzworträtsel und historische Wortspiele aus.

MARGARET UND ALASTAIR STUART – die engsten Freunde der Gordonstons. Beide pflegen Kontakte zu einem überschaubaren, aber beständigen Kreis von Freunden im selben Metier.

JONATHAN UND DIANA BERESFORD – erfreuen sich breitgefächerter und vielgestaltiger sozialer Kontakte, zu denen langjährige Familienbeziehungen zu den Howards und Lowdens zählen.

Das alte London

Etwas im Verborgenen hat neben dem, was ich als «Neu-London» bezeichnen möchte, ein anderes London überdauert – eine Stadt, die weniger aufregt ist, weniger dem Kaufrausch und dem «Hype» zuneigt, weniger anfällig für den Geltungskonsum, der sich heute von Hoxton bis Knightsbridge unübersehbar in der Metropole ausbreitet. Endlose Um- und Anbauten an vollkommen akzeptablen Häusern – um sie mit Souterrain-Swimmingpools zu versehen, Küchen im Loft-Stil, französischen Gärten – sind nur eine der Folgen einer neuen Bewohnerklientel, die es darauf anlegt, viel, viel Geld auszugeben und es alle Welt wissen zu lassen. Einst hätte eine stilvolle Frau ihre eine gute Handtasche jahrelang benutzt; heute landen solche Taschen auf dem Müll und beherrschen stattdessen modische Clutches und goldverkrustete Bling-Geldbörsen die Seiten von *Vogue* und *Tatler*.

Dies sind nur marginale Symptome der Veränderungen. Hunde müssen jetzt in den meisten Parks an der Leine geführt werden, denn das neue internationale London ist weniger hundeaffin als die Stadt ehedem, herrliche Kaufhäuser wie Harvey Nichols sind es nicht mehr: Wo früher viele ein hübsches Partykleid erstehen konnten, würde ihnen heute selbst das Stöbern zwischen den Ständern mit strassbesetzten Lederhosen zu 3.000 Pfund verwehrt oder die Begutachtung von Kosmetika, die neben Knochen, Augen und Spermatozoen kleiner Tiere Goldpartikel enthalten.

Das im Verborgenen fortbestehende London jedoch, und es besteht in der Tat noch – wunderschöne alte Gesellschaftszimmer mit soliden Möbeln, Gärten mit Obstbäumen, etwas Unkraut und Büschen traumhafter Traditionsrosen, Grannys Tweedmäntel im Schrank, in den Schubladen kein Fitzelchen Lycra –, es ist so lebendig und spannend wie eh und je, es gibt unzählige Londoner, die stillvergnügt gärteln und donnerstagsabends Freunde auf einen Drink einladen.

Das ist das London, in dem viele in *Carolines Bikini* zu Hause sind. Es verdankt sich vielleicht tatsächlich dem unermüdlichen Wirken von Menschen wie Christopher Lowden und seiner «Gang», wie er sie nennt, die sich zum Ziel gesetzt haben, London instand und wieder zu «alter Größe» zu bringen, seine Worte, und die sich jeder zielführenden Kampagne verschreiben, seien es bei den Kommunen eingereichte Unterschrifsammlungen gegen die «bauliche Verschandelung des Postleitgebiets», sei es die Organisation von «Straßenaktionen» gegen die Vermüllung, die, wie er feststellt, zunehmend die Stadt bedroht, wegen des in seinen Worten «exorbitanten Verzehrs von Conveniencefood».

Nachtrag: Emilys Eltern, Margaret und Alastair Stuart, wohnen nach wie vor in ihrem Haus in Twickenham und haben nicht vor, zu verkaufen. Margaret wird der Garten im Frühjahr ein bisschen zu viel, aber nur drei Häuser weiter wohnt ihre Freundin Fiona Laidlaw, und die beiden haben sich aufs «Garten-Sharing» verständigt, wie sie es nennen, und helfen sich beim Beschnitt und beim Jäten. Margaret hat Fiona schrecklich gern, aber sie ist eben nicht Helen Gordonston, mit der Margaret sich rege per E-Mail und jetzt, da Felix sie auf Zack gebracht hat, per Skype austauscht. «Helen fehlt mir noch immer», sagt Margaret.

Nachträge

Tom Gordonston und Emily Stuarts Vater Alastair schlossen in dem Moment Freundschaft, da die Gordonstons in die Nummer 17 Berkshire Way einzogen und Alastair vorbeikam, sich vorstellte und seine Hilfe anbot – Bücher, meinte er, seien seine Spezialität, er verstehe es hervorragend, in den Regalen Ordnung zu schaffen, Titel alphabetisch, systematisch und so fort zu sortieren.

Die beiden Männer trafen sich fortan fast jede Woche. Zwar war Tom Gordonston Finanzakteur, Alastair Stuart Akademiker und Autor, doch die beiden schienen viel gemeinsam zu haben: Tom hatte sich immer schon für Zeitgeschichte interessiert, und obgleich die nicht Alastairs Schwerpunkt war, vielbelesen war er doch. Zudem erwärmte sich Tom Gordonston bald schon für Alastairs Forschung zur schottischen Geschichte – Post-Aufklärung – und hatte einen Onkel in Inverness, bei dem er als Kind oft gewesen war, der Bücher über die Clearances u.ä. schrieb und den Trend vorwegnahm, die Vertreibung jener Zeit als komplexer und nuancierter aufzufassen denn nur als die «ethnische Säuberung», auf die sie in den Siebzigerjahren reduziert worden zu sein schien; zunehmend löst eine räumliche historische Situierung frühere globale Ansätze ab.

Tom Gordonston denkt gern an «die Samstage» zurück, wie er und Alastair ihre zwanglosen Treffen nannten, bei denen sie sich einen Whisky gönnten und über eine historische Deutung plauderten oder ein vertracktes Akrostichon, an dem sie laut Alastair «puzzelten». Wenn dieser dann wieder aufbrach, kramte er in seiner Hosentasche – Wo habe ich nur wieder …? So leitete er die Farce seiner Suche nach etwas ein, was er einzustecken vergessen zu haben vorgab. Ah! Da. Ein weiteres teuflisches historisches Kreuzworträtsel, über das im Laufe der Woche zu grübeln Tom aufgetragen wurde, bis sie sich an ihrem nächsten «Samstag» diese knifflige Übung vorknöpfen könnten.

Inzwischen Ruheständler, sitzt Tom Gordonston in seinem großen Haus in Connecticut und freut sich auf Post. «Wo habe ich nur wieder …? Ah! Da. Da kommt er, landet in der «Box», die bei den Leuten drüben als Briefkasten an der Einfahrt steht: Da ist endlich Alastairs vertrauter brauner Umschlag mit korrekter handschriftlicher Adressform und ebensolchem Absender. Tom hebt ihn bis zum Samstagnachmittag auf, um sich dann allein mit einem Whisky zurückzuziehen und dem Inhalt zu widmen, den Hinweisen Alastairs zu der Aufgabe, die er als aktuelles «Samstags»-Rätsel stellt, der Herausforderung und dem Spaß des Ganzen, den aus bestehenden und vom Freund mit eigenen Suchbegriffen ergänzten

Spalten und Zeilen, in die er diesen oder jenen General oder Brigadegeneral hineingeschmuggelt hat, dessen Name vollständig zu nennen ist, wenn das ganze Rätsel nicht zu einem Wortsalat zerfallen soll. Und was bereitet dies Tom für ein Vergnügen. Für einen Riesenspaß.

Felix Stuart war, wie auf Seite 16 erwähnt, als Siebzehnjähriger zur Londoner Zeit der Gordonstons mit deren Tochter Elisabeth zusammen. Die Beziehung hielt nur ein Jahr – die Familie übersiedelte drei Wochen nach Felix' achtzehntem Geburtstag –, dabei waren doch beide, wie das in dem Alter so ist, schwer verliebt.

Emily Stuart ist um einiges jünger als ihr Bruder und merkte daher damals nicht recht, wie fertig Felix nach dem Wegzug der Gordonstons war. Zu sehr damit beschäftigt, wie furchtbar ihr selbst ihr bester Freund Evan fehlte, entging ihr Felix' Not. Aus Liebeskummer stürzte sich dieser in die Arbeit und erzielte in seinem Abschlussjahr an der Schule Noten, die ihm ein Oxford-Stipendium und einen Platz am St John's College sicherten. Er promovierte anschließend in Edinburgh, ist jetzt Lehrbeauftragter für Neuere Geschichte in Oxford und Gastprofessor für Zeitgeschichte an der University of New South Wales, war aber einige Jahre zuvor schon in ähnlicher Funktion in Stanford, wo er erneut mit Elisabeth Gordonston anbandelte, die in Palo Alto lebt und für Google arbeitet. Von dieser Lebensphase, seinen vier kalifornischen Jahren zu einer Zeit, da sich Gastprofessuren noch recht gut mit einem festen Job an der Uni und kräftezehrenden Lesereisen und Fernsehauftritten vereinbaren ließen, spricht er kaum, aber er ist nach wie vor Single. Elisabeth, hat er von Dritten erfahren, ist zwischenzeitlich verheiratet gewesen und jetzt geschieden. Neulich lag in seinem Postfach am Merton College ein Umschlag mit kalifornischem Absender. Wenn er in wenigen Wochen aus Sydney zurückkehrt, wird er diesen Umschlag öffnen.

Menschen, die einem begegnen, wenn man allein lebt

«Die anderen Freunde aus den lange zurückliegenden Jahren waren vom Radar verschwunden, hatten geheiratet, hatten Familie, waren aufs Land oder gar nach Schottland oder Wales gezogen ...» (S. 29)

In *Carolines Bikini* sehen wir, wie unbeständig Bindungen sein können, und auch wie prekär, mühsam und gelegentlich kontaktfeindlich das Leben für freie Textarbeiter ist. Nicht nur Emily Stuart, sondern auch Marjorie Clarke, die in ihrer hübschen Wohnung in Chelsea allein wohnt, leidet unter der relativen Isolation.

Dabei müssten sie sich bloß aufraffen, «unter die Leute zu gehen», ermahnt sie ständig der gemeinsame Freund Christopher Lowden: Es gebe diverse Möglichkeiten, sich bei Gruppen «einzuklinken», von Protestaktionen mal ganz abgesehen. Doch wegen des hohen Arbeitsanfalls und knapper Deadlines – wie natürlich auch der Tatsache, dass sie darauf angewiesen sind, auf die Aufträge nicht minder als auf die pünktliche Abgabe – kennen beide Frauen die Einsamkeit, die sie an einem Samstagmorgen, etwa, einholen kann, wenn ihre verheirateten Freunde mit ihren Familien unterwegs sind, Horden von Jungen zum Rugby oder Cricket bringen bzw. sich mit den Familien der Freunde ihrer Kinder zu einem turbulenten Lunchgelage nach dem Shopping verabreden.

Gelegentlich hat Emily sich gefragt, ob sie sich einen Hund anschaffen soll. Das würde sie zwingen rauszugehen, und für Hunde hat sie immer geschwärmt, wie die letzten Seiten dieses Romans belegen. Marjorie hat eine Katze, aber das ist, wie sie zugibt, «nicht ganz dasselbe».

Weil sie eben allein lebt und ohne Hund, sind die Menschen, denen Emily Stuart am ehesten begegnet, Briefträger oder die Besitzer von Eckläden. Sie geht auch in den Supermarkt – aber wer trifft im Supermarkt schon Leute oder redet mit ihnen? –, dort schwatzt sie immer ein bisschen mit dem oder derjenigen an der Kasse; ihr graut, «graut», betont sie, vor dem Tag, da es nur noch Selbstzahlkassen geben wird.

Und was die Arbeitskollegen angeht, nun, das sind nicht in dem Sinne «Kollegen». Es sind Namen am Telefon und unter E-Mails. Es gibt zwar die sehr netten Leute in der Prinn Gallery drüben in Hoxton, aber die sind extrem trendy und «theorielastig», wie Samantha Prinn und Betsy Forman selbst einräumen, und entsprechend einschüchternd.

Desungeachtet schätzen sie die Qualität der Katalogtexte Emilys sehr, die schließlich eine dicke Freundin Marjories ist, die wiederum eine Uraltfreundin Betsys ist – also können sie und Samantha so theorielastig auch wieder nicht sein, oder?

Literarischer Hintergrund und Kontext

Carolines Bikini versteht sich als Roman über die unerfüllte Liebe im Geiste einer erzählenden Dichtung – ob Prosa oder Poesie –, die darauf abzielt, ein Artefakt oder «Ding» zu erschaffen, das an die Stelle des Liebesobjekts tritt. Lässt sich die Liebe nicht leben, so der Impetus, geht sie doch in dem Werk auf und lebt in ihm fort. Der Text ist real – wir können ihn anfassen, ihn aufnehmen, auf ihn reagieren – und damit, anders als der oder die von fern Verehrte, physisch präsent. Der oder die Geliebte ist nicht zu haben, die Liebesgeschichte aber sehr wohl, als Text gewordener Stoff, der greifbar ist, beständig, jederzeit zugänglich.

Petrarcas *Canzoniere* ist der Inbegriff solchen Strebens: Der Dichter erspäht die junge Laura am Ostermorgen beim Verlassen der Kirche und verliebt sich unsterblich in sie, lernt sie jedoch niemals kennen. Der Abwesenden widmet er einen Sonett- und Kanzonenzyklus, an dem er für den Rest seines Lebens, vierzig Jahre lang, schreibt und feilt, in dem er auf Erfüllung hofft, die Liebe feiert, sie fürchtet und ihr abschwört. Damit steht er in einer noch älteren Tradition, nach der die Kunst und die Kunstausübung Vorrang erlangen vor Werbung und Erhörung, eine geistige und formale Setzung, deren literarische Wirkung in alle Welt ausstrahlte.

Evan Gordonston reiht sich also in seinem brennenden Wunsch, «Nin» alles «hinkriegen» zu sehen, wie er auf Seite 37 und noch anderswo in *Carolines Bikini* zu ihr sagt, und sei es unwissentlich, in die große Tradition der höfischen Liebe ein, Verhaltens- und Ehrenkodex wie Erzählschema, das um das Ideal eines verehrten und unerreichbaren Liebesobjekts kreist.

Und Emily Stuart folgt ihrerseits dieser Tradition, indem sie sich bereit erklärt, Evans Schreiberin, seine «Amanuensis» zu sein, wie sie es ihm gleich auf der ersten Seite erläutert – auch wenn sich dieser Begriff auf die Entstehung von John Miltons *Verlorenem Paradies* bezieht, eine ganz andere und viel spätere Form als die zunächst von den Troubadouren des frühen Mittelalters entwickelte und von Dante und Petrarca in ihren Dichtungen zu größter künstlerischer Höhe gebrachte. Stuart nimmt, indem sie aufzeichnet, befragt und gelegentlich Material aus Evans eigenen Tagebuch- und sonstigen Notizen transkribiert, eine ähnliche Rolle ein wie die Kopisten verschiedener Klöster des Mittelalters und der Frührenaissance, deren Vertretern wir möglicherweise sogar die Textfassungen der Werke Dantes und Petrarcas verdanken, die wir heute in unseren herrlichen Bibliotheken und Lehranstalten studieren und bestaunen können.

Von zentraler Bedeutung für *Carolines Bikini* ist in jeder Hinsicht das Thema, «real» zu machen, was anderenfalls vielleicht unbemerkt oder ohne sprachliches Äquivalent geblieben wäre – Wort gewordene Empfindung. Die Beziehungen zwischen Gordonston und Beresford einerseits wie Gordonston und Stuart andererseits werden auf diesen Seiten gelebt, überhaupt erst erschaffen, werden körperlich, wenn man so will. Oder wie Petrarca sagt:

Es war der Tag, an dem der Sonne schwanden
Mitleids mit ihrem Schöpfer voll die Strahlen,
als jählings mich in Haft und Bann befahlen,
o Herrin, Eure Augen, und mich banden.*

Demnach ist der Versuch, auf den Seiten eines Buchs mit Worten die Liebe – nicht Handlung – festzuhalten, Movens des gesamten Projekts, das die Freunde verfolgen, und Stuart beklagt zu Recht wieder und wieder, dass die ganze Sache, die Themensetzungen und Dramaturgie nichts von einem «Roman» haben, weil einfach nicht «genug passiert», um den Anforderungen dieses Genres gerecht zu werden. «Roman» schreibt sie zwar, setzt das Wort aber nicht ohne Grund oft genug in Anführungszeichen, denn Roman ... das ist etwas vollkommen anderes; hier müssen die Leser nun selbst entscheiden, ob *Carolines Bikini* als solcher funktioniert. Andererseits treibt der Wunsch, auf dem Papier eine Konstellation zu schaffen, auf die sich Leser einlassen können, die sie packt, gar bewegt ... das Projekt von innen heraus an wie eine Maschinerie, wenn nicht gar ein Motor, wie ein komplizierter und mächtiger kleiner Mechanismus, der ein ganzes Prosawerk in Schwung bringen kann.

«Mach es neu», forderte der Dichter Ezra Pound, Vorkämpfer der literarischen Moderne, entwarf eine neue poetische Vision; ähnlich wäre *Carolines Bikini* weniger als Darstellung eines Geschehens aufzufassen denn als das Geschehen per se oder mit den leicht abgewandelten

---

* Sonett Nr. 2 des *Canzoniere*.

Worten eines anderen Dichters, nämlich Wallace Stevens, «Schrei seiner eigenen Schöpfung».

Höfische Liebe

Vieles an *Carolines Bikini* bezieht und beruft sich auf ein im Mittelalter und in der Frührenaissance aufkommendes, von Enthaltung, Sitte und feststehenden, hochkünstlichen Formen des Umgangs geprägtes Liebesideal, dessen literarische Ausgestaltung motivisch der Heimlichkeit, Inbrunst und Versagung verpflichtet war.

Die höfische Liebesdichtung kam in der Literatur des frühen Mittelalters als neue Kunstform auf, die hohe Gesinnung und ritterliche Tugend in den Vordergrund stellte. In der Standesliteratur dieser Zeit wimmelt es von Rittern, die ausziehen und um der Gunst hochstehender Damen und der Liebe willen allerlei Dienste erbringen, einer Liebe allerdings, die nicht den humanistischen und romantischen Vorstellungen entspricht, wie wir sie kennen und verstehen, sondern Konventionen und einer Praxis zu genügen hatte, die verlangte, dass die Angebetete entrückt blieb, ein Wesen, das nie erobert oder letzten Endes überhaupt erfasst werden konnte, weil dieses Wesen, ob er oder sie, nicht Teil der eigenen Lebenswirklichkeit war. «Er oder sie» sage ich als Verfasserin hier, wohlgemerkt, weil meiner Meinung nach, wenn auch viel später, Montaigne in einem seiner *Essais* ebendieser Tradition folgte, nur war in seinem Fall das Liebesobjekt ein teurer Freund, der in jungen Jahren tragisch ums Leben kam, von Montaigne tief betrauert und in vielen der Einlassungen, die er in seinem berühmten einsamen Turm verfasste, verschriftlicht wieder zum Leben erweckt wurde. Davon später vielleicht mehr. Im Prinzip jedoch stimmt, dass die Tradition der höfischen Liebe Ritter und ihre Herzensdamen betrifft, weswegen ich im Folgenden dann doch eher von «der» Angebeteten reden will.

Die höfische Liebe und die ihr gewidmete Dichtung waren also ursprünglich eine ständische Angelegenheit. Ritter, Burgen, Damen in Türmen ... sie waren Kurzweil für und über Königsfamilien und -töchter, und sie machen noch heute einen nicht unerheblichen Teil der Lektüre aus, die wir vor allem kleinen Mädchen zum Geburtstag und zu Weihnachten schenken, als Märchenbücher mit viel Glitzer auf dem Umschlag.

Wiewohl die Tradition der höfischen Liebe so ihren Anfang nahm, als Amüsement einiger weniger, änderten sich die Zeiten und auch die Vorstellungen in der Folge dergestalt, dass dieses Modell durchaus ein breiteres Publikum ansprach. Im Hochmittelalter bildete sich ein «Liebe-Spiel» heraus, das den Liebesverzicht einem Verhaltenskodex unterwarf: «hochgemut» zu lieben wurde zum bereichernden und selbstveredelnden Ritual, das dem Einzelnen ebenso wie der Gesellschaft insgesamt Verfeinerung und Glanz zu verleihen versprach.

Feierte die höfische Liebesdichtung zunächst in Schlössern und Burgen Urstände, so war sie gegen Ende des elften Jahrhunderts bereits deutlich weiter verbreitet und in ihren mannigfaltigen Ausdrucksformen schließlich Grundlage eines Gutteils dessen, was wir heute in der englischen und schottischen Literatur als Kanon betrachten. Im Wesentlichen hat die besungene Erfahrung des Widerstreits von sinnlicher Begierde und spirituellem Gewinn, einer «gleichermaßen unerlaubten wie moralisch erhebenden, leidenschaftlichen wie streng gezügelten, demütigenden wie verzückenden, menschlichen wie transzendenten» Liebe – so der Forscher Francis Newman in seinem Buch *The Meaning of Courtly Love* – der westlichen Literatur, die ebendiese Geschichte in immer neuem Gewand verhandelt, jede Menge Stoff geliefert.

Der Begriff allerdings wurde und wird bis heute zugegebenermaßen sehr unterschiedlich verstanden und verwendet, wofür die Tatsache, dass es *Carolines Bikini* – eine Erkundung auch gegenwärtig eventuell noch relevanter Handlungs- und Erwartungsmuster – überhaupt gibt, als weiterer Beleg dienen kann: «Und dann ihr Lächeln», lesen wir am Ende des dritten Romanteils, in Evans «Folkmusik-Poesie», das «Lächeln, mit dem mein Leben anfing».

Zu weiteren Referenzen im Roman, die, einmal abgesehen von wiederholten Hinweisen auf Dantes dichterischen Großversuch, auf ein ähnliches Verständnis hindeuten, zählen die Figur der Beryl in Katherine Mansfields Erzählung «An der Bucht» und eine Reihe von Texten der literarischen Moderne wie Ford Madox Fords *Die allertraurigste Geschichte*, Fitzgeralds *Der große Gatsby* und Hemingways *Fiesta*.

Vorbilder

Carolines Bikini folgt nach dem besagten etablierten Schema den Stationen einer unerfüllten Liebe in Gestalt verschiedener Texte oder Dokumente, die in ihrer Gesamtheit fortlaufend Zeugnis von des Liebenden Gefühlen für die Geliebte ablegen und die sich wandelnden Umstände und Interpretationen seines Verlangens in Aufzeichnungen protokollieren, die nach künstlerischem Ausdruck streben.

Bei Evan Gordonston ist dabei von «Kunst» nie viel zu spüren, abgesehen von wenigen Passagen, da er sich in seinen Tagebüchern und Notaten einer Prosa befleißigt, die formbewusster und strenger scheint als seine sonstigen Kritzeleien, manchmal erreichen diese Grübeleien tatsächlich die Farbigkeit, die Fantasie und «dritte Realität» literarischer Fiktion.

Seine Amanuensis sieht in Evans Ansatz Anklänge an Dante und Petrarca, besonders in dessen Schilderung des ersten Anblicks von Caroline Beresford an ihrer Haustür in Richmond, dem sodann lange Monate geheimer, einsamer Leidenschaft folgen, ohne dass Gordonston der Angebeteten gegenüber je ein Wort über seine Gefühle oder Gedanken zum Wesen und Ursprung seines Verlangens verliert.

Darin ist seine Geschichte praktisch eine Neuauflage derjenigen Dantes, dessen Beatrice natürlich erheblich jünger war als er selbst bzw. als hier die glamouröse Beresford, der aber eine ähnliche körperliche und emotionale Wandlung erlebte wie unser Finanzgenie in West London. Dante behauptete, Beatrice Portinari erstmals begegnet zu sein, als sie neun Jahre alt war, und sich auf den ersten Blick in sie verliebt zu haben, offenbar ohne ein einziges mit ihr gewechseltes Wort. In den folgenden Jahren sah er sie oft und mag sie zwar auf der Straße gegrüßt haben, aber wirklich gekannt hat er sie nie. Man kann daher sagen, dass sein Werk die erste nachhaltige Verwirklichung der sogenannten höfischen Liebe in der Literatur darstellt, denn bis dahin war diese mehr Ritual als Realität gewesen, mehr Dichtung als Lebensweg eines Dichters.

Dantes Liebe zu Beatrice (und Petrarcas sich etwas anders äußernde zu Laura) sollte neben seinem politischen Engagement und Schrifttum Daseinsgrund seiner Dichtung wie seines Lebens werden. In vielen seiner Gedichte wird sie als Halbgöttin gefeiert, die über ihn wacht und ihn, gelegentlich recht energisch, zum Seelenheil führt. Als Beatrice 1290 starb, suchte Dante Zuflucht bei den lateinischen Dichtern. Er wurde in ähnlicher Weise «zur Einkehr gebracht» wie Evan Gordonston, wenn dieser sich aus dem gesellschaftlichen Leben, internationalen Kontakten und der Finanzwelt zurückzieht und Trost in Gesellschaft seiner liebsten, ältesten Freundin Emily «Nin» Stuart nur in dunklen Ecken diverser Pubs in West London findet. Anmerkung: Kenner sowohl von Dantes *Purgatorio* als auch seinem *Inferno* mögen kuriose Parallelen in der jeweils von Nin bzw. Beatrice übernommenen Funktion als Wegführerin im Dunkeln entdecken – ein Aspekt, der nüchternen Betrachtern der Rollenverteilung in *Carolines Bikini* Kopfzerbrechen bereiten dürfte, denn wenn Gordonston der Liebende und Beresford die Geliebte sind, wer ist dann diese Stuart, die den Freund Beatrice-gleich sicher durchs Tal der Verzweiflung geleiten soll?

Viel deutlicher ist in *Carolines Bikini* der Bezug zu Petrarcas *Canzoniere*, der, wie weiter oben dargelegt, als Hauptinspirationsquelle, ja «Motor» fungiert. Dieses an lebenswirklichen Details und Einfällen reiche Werk schafft Realität: Aus einer Liebe, die unbemerkt und unerfüllt blieb, im Leben ohne Geltung, wird ein Ding, das man als Text oder Buch in Händen halten kann. Es lebt, hat Bestand, ist greifbares Kunstwerk, ist «Wortmaschine».

Petrarca erblickte oder erhaschte vielmehr einen Blick auf die vierzehnjährige Laura, als diese an einem Ostermontag aus einer Kirche in Avignon trat – und verliebte sich Hals über Kopf. Ab diesem Moment dachte er sein Leben lang an sie, malte sich eine gemeinsame Zukunft aus, bedachte sie und den Eindruck, den sie auf ihn machte, bis ins Kleinste. Eine geistige und künstlerische Leistung, die sich als Vermächtnis in seinem langen, opulenten Sonett- und Kanzonenzyklus niederschlug.

Mit Leib und Seele einer verfallen, die er nie kennengelernt, nicht einmal begrüßt hatte und nie wiedersehen sollte, sein ganzes langes Leben nicht – das war Francesco Petrarca. Emily Stuart muss sofort an ihn denken, als Evan Gordonston erzählt, dass er Caroline Beresford beim ersten Anblick rettungslos erlegen sei; auf den Seiten 35 f. von *Carolines Bikini* heißt es dazu: «gefolgt von Caroline, die ihm die Hand reichte. ‹Hi, ich bin Caroline›, hatte sie gesagt. Und – PENG.» Oder: «Evan spazierte zur Haustür des Heims in Richmond hinein, und dann, nun ja, das halte ich hier mal fest, ich habe es schwarz auf weiß in seinen frühen Notizen, war sein Leben ‹wie verwandelt›.»

Petrarca berichtet, wie er am 26. April 1336 mit seinem Bruder und zwei Dienern den Mont Ventoux erklomm, eine mehr zur Erbauung als aus zwingenden Gründen unternommene Besteigung, und eine Ausgabe der *Bekenntnisse* des Augustinus mitnahm. Auf dem Gipfel zog er das Buch aus der Tasche, und als es von selbst auffiel, stach ihm sogleich die folgende Stelle in die Augen:

«Da gehen die Menschen hin und bestaunen die Gipfel der Berge, die ungeheuren Wogen des Meeres, das gewaltige Strömen der Flüsse, die Grösse des Ozeans und die Kreisbahnen der Sterne, aber sich selbst vergessen sie.»

Da wandte sich Petrarca von der äußeren Welt ab und der inneren Welt der «Seele» zu:

«Ich erstarrte, so gestehe ich, und indem ich den wissbegierigen Bruder bat, mich mir selbst zu überlassen, schloss ich das Buch, zornig auf mich, weil ich jetzt noch Irdisches bewunderte, obwohl ich längst – sogar von heidnischen Philosophen – hätte lernen müssen, dass ausser der Seele nichts wunderbar, und neben ihrer Grösse nichts gross ist. Nun gab ich mich mit der hinlänglichen Betrachtung des Berges zufrieden, wandte mein inneres Auge auf mich selbst, und von dieser Stunde an hörte mich niemand mehr sprechen, bis wir unten angelangt waren.»

Die nachfolgenden Zeilen sind für die genaue Lektüre von *Carolines Bikini* zentral:

«Und schweigend dachte ich nach, wie sehr die Sterblichen der Einsicht entbehren ..., weil sie das, was im Innern zu finden wäre, ausserhalb suchen. [...] Was meinst

Du, wie oft ich mich an diesem Tag auf dem Heimweg rückwärts wandte, um zum Gipfel der Berge hinaufzublicken! Und seine Höhe schien kaum eine Elle zu messen neben der Grösse menschlicher Vorstellungsgabe, wenn man diese nur nicht in den Kot irdischer Verderbnis hinabtaucht.»

Petrarca widmete sein Leben späterhin ganz dieser Kontemplation und Einkehr; zu dieser Zeit machte er sich auch an den *Canzoniere*, setzte seiner unsterblichen Liebe zu Laura, Fokus seiner Hingabe und Imagination, mit seinem dichterischen Werk ein Denkmal, das thematisch zwar noch den Regeln und der Etikette der höfischen Liebe folgte, die er aber dank seiner Einbildungskraft und seines subjektiven Kunstverständnisses «neu» schrieb.

Unerfüllte Liebe als Schöpfungsakt

Dreh- und Angelpunkt ist hier demnach die Entscheidung eines Künstlers, in einer speziellen Lebenssituation aus den Begebenheiten und Umständen dieses Lebens Kunst zu schöpfen: auf den flüchtigen Anblick eines jungen Mädchens in der Kirche nicht nur mit Gedichten zu reagieren, sondern aus diesen dichterischen «Fragmenten» eine Textwelt zu erschaffen, die nicht lediglich die Gefühle und Hoffnungen des Schöpfers *abbildet*, sondern ihn vielmehr *bilden* und ihm so zu einem künftigen Leben im Glück verhelfen soll.

Dies ist der kreative Motor eines Projekts – «Berichts» oder «Romans» –, in dessen Zentrum ein Vakuum herrscht, wie es sowohl im *Canzoniere* wie auch in *Carolines Bikini* der Fall ist. Die Liebe mag nicht gelebt, nicht realisiert werden können, ein Text schon. Eine Frau mag als Geliebte und Gefährtin des Schöpfers nicht gewonnen werden können, wohl aber an ihrer Statt das Material zu einem Buch. Die Liebe mag abstrakt und unerfüllt bleiben, die Wörter sind real.

Solange ein zeitgenössischer Autor, der ein Thema oder Motiv sucht und nicht findet, von der Leerstelle im Herzen von *Carolines Bikini* zu einer eigenen solchen Erkundung inspiriert werden könnte, ist auch Evan Gordonstons und Emily «Nin» Stuarts Versuch nicht vergeblich gewesen. Kunst verlangt einen Mangel, um ihre Wirkungen zu entfalten; wo es keinen Drang gibt, ein Defizit auszugleichen, entsteht kein Werk.

Kreativität und Verlangen

Der Petrarca-Kenner Anthony Mortimer schreibt:

«Die Laura, die Petrarca zu seiner Dichtkunst bewegt, steht ihm selten leibhaftig vor Augen, sie wird heraufbeschworen aus der Vergangenheit, in die Zukunft projiziert, in Abwesenheit erschaffen, stets überführt in ein literarisches und ästhetisches Objekt … Die wahre Laura … ist weniger betörend als die poetische Vision, die sie stiftet … Als lebendes, atmendes Wesen kann sie letztlich nur geliebt werden, wenn sie in der Erinnerung fixiert und zur Betrachtung in der fragilen Schwebe der Kunst verfügbar gemacht wird.»

Ein solches Vorgehen lässt sich fast eins zu eins für die

Versuche Evan Gordonstons behaupten, Caroline Beresford permanent in die Situation in Richmond einzubinden. Bei den Treffen mit seiner Freundin Emily Stuart wie auch in den Gesprächen über Caroline bei diesen Treffen und ebenso in seinen Notizen und Tagebucheinträgen zu ihr «bannt» auch er, wie der italienische Dichter, die Geliebte in einen Kontext, den er jederzeit und immer wieder aufsuchen kann, um sie fortwährend ehren und verehren zu können. Die «wahre» Caroline Beresford ist, um mit Mortimer zu sprechen, nicht so sehr «weniger betörend» denn die von Stuart und Gordonston gemeinsam erschriebene Version als vielmehr eben die Caroline, die wir haben und kennen. In diesem Sinne ist die von Stuart und Gordonston kreierte Caroline wie Petrarcas Laura ein Wortkonstrukt, von Fakten höchstens flüchtig umrissen. Ist Produkt der Einbildungskraft. Das jedenfalls bleibt «wahr».

In seinem Aufbau weist *Carolines Bikini* Züge eines narrativen Schemas auf, wie wir es von ausgefeilteren Texten kennen – folgt zu seiner Verfertigung bestimmten Regeln und Erzählverfahren.

Zu seiner Übertragung des *Canzoniere* schreibt Mortimer (und ebenso gut könnte er von Gordonston und Stuart sprechen): «Man gewinnt den Eindruck, Petrarca habe beim Schreiben oft den Kalender am Ellbogen liegen gehabt ... Der Wert, den er auf die Chronologie, auf ereignislos verstreichende Zeit legt, veranschaulicht die Falle, in welcher der Dichter zwischen ästhetischer Abwägung und elegischer Introspektion sitzt, Beute zugleich einer seelischen Paralyse wie chronischer Gemütsschwankungen.»

In nicht unerheblichem Maß lebt Petrarcas *Canzoniere* von seinem oft kopierten sogenannten antithetischen Stil, am deutlichsten zu beobachten in dem von allen am häufigsten nachgeahmten Sonett: Nummer 132, «Ists Liebe nicht: was ists, was ich empfinde?»

Ists Liebe nicht: was ists, was ich empfinde?
Ists Liebe – Gott, welch Ding? von welchem Schlage?
wenn gut: woher dann Tod und Trauertage?
wenn schlecht: woher dann jede Qual so linde?

Brenn ich mit Fleiß: hat dann die Klage Gründe?
wenn wider Willen, dann – was nützt die Klage?
lebendiger Tod, o angenehme Plage,
wieso vermögt ihr, was ich unterbinde?

Und stimm ich zu, ists Unrecht, dass ich klage!
Inmitten solcher Widerwinde finde
ich mich auf hohen Wogen ohne Steuer:

so leicht an Wissen, so beschwert mit Sünde,
dass ich, zu deuten, was ich will, verzage:
im Sommer zitternd spür ich winters Feuer.

Auch wenn es sich hier um eine kunstreiche und streng «gebaute» Evokation Lauras aus der Feder des Dichters handelt – erinnert sie nicht auch, ein wenig, an einige der kuriosen Künsteleien Gordonstons, Passagen, die seine Freundin Emily Stuart als «zweitklassigen Folk» bezeichnet? Das Verlangen, auf dem Papier die Wirkung der Liebe nachzuschaffen, mündet oft in Zeilen, die hektisch und überdreht klingen, in ein allzu bemühtes Suchen nach emotionaler Intensität, das sich literarischer Kniffe bedienen muss, entweder, wie oben zu sehen, der Verschränkung von Gegensätzen, oder, in Evans Tagebuch, dem Einfluss bestimmter Arten von Folksongs, genauer Gordonstons schwachem Abklatsch diverser Songtexte von Bob Dylan, etwa «Ihr ‹Lächeln› ...» – anderswo «‹Guten Morgen›» – «... mit dem mein Leben anfing» und so fort.

Werbeschema

Der Roman *Carolines Bikini* entspricht in vielem dem Werbeschema höfischer Liebe, wie wir es aus den Viten Dantes und Petrarcas kennen – etwa in dem, wie sich der Liebende nach dem ersten Anblick der Geliebten aus der Welt zurückzuziehen und alle Kraft, Gedanken und Imagination auf die Lebenswelt der Geliebten zu richten beginnt, wie er in jeder Lage und zu jeder Zeit darum ringt, seine Gefühle, seine Reaktionen kunstvoll zu verewigen – nur entspringt in *Carolines Bikini* die «Literatur» notgedrungen der Feder Emily Stuarts, deren Prosa an der Produktion überwiegend unveröffentlichter Kurzgeschichten geschult ist und jeder Menge Werbematerial für Versicherungsunternehmen, Sportschuhstores und Tiernahrungsproduzenten.

Und doch folgt sie in ihren literarischen Verfahren einer uralten Tradition, deren Vorläufer schon in der arabischen Variante höfischer Liebesdichtung zu sehen sind, wie sie sich in der Kunst der Troubadoure manifestierte, von Hof zu Hof ziehender Dichter, die von einer Liebe sangen, die keine irdische Erfüllung finden könne, und die damit eine Liedkunst begründeten, die wenige Jahrhunderte später in Südeuropa ihre höchste Blüte erlebte.

Wenn Evan Gordonston sich gelegentlich dazu hinreißen lässt, mit seiner Freundin Emily Stuart lauthals den bekannten Neil-Diamond-Song «Sweet Caroline» zu singen – vor allem den Refrain mit dem einleitenden Crescendo «Hands, touching hands» –, und ihr irgendwann vorschlägt, sie könnten doch zu der Musik tanzen, folgt er damit in Gestus und Gefühl einer altüberlieferten Sangesdichtung, die, selbst im Falle dieses aus Musikboxen tönenden und vor begeisterten Großkonzertfans in aller Welt dargebotenen Klassikers von Neil Diamond, in der Liebesdichtung des frühmittelalterlichen Persiens und Nahen Ostens wurzelt. «Das muss man sich mal vorstellen», würde Evan sagen.

Die Rolle der Geliebten – allgemein

Wir wissen insbesondere aus den Teilen «Fertig» und «Los!» in *Carolines Bikini*, dass der Rang der idealisierten Frau vor allem dazu dient, die trostlose Lage desjenigen zu überhöhen, dem es beschieden ist, sie von fern anzuhimmeln. Auch wenn die Dame selbst, ob junge florentinische Adelige oder attraktive Hausfrau aus Richmond, nichts von dem Begehren weiß, das sie bei dem auslöst, der unverhofft auf sie gestoßen ist, der sie betrachtet, während sie sich seines Blicks gar nicht gewahr wird, ist ihre Wirkung auf ihn so dramatisch wie konkret. Der Liebende leidet, darbt und schmachtet im Bann seiner großen Liebe; unfähig, sich der Angebeteten anders zu erklären denn in den Zeilen der ihr gewidmeten Aufzeichnungen, die ihn der Liebe vergewissern sollen, scheint der Liebende «gemindert», wie Emily Stuart bemerkt, die ihren Freund in unschönen Jogginghosen und einem verkleckerten Pullover ertragen muss. Sein Haar, einst einer seiner besonderen Vorzüge und bei allen in seiner Familie zu bewundern, wie die Mutter der Autorin an einer Stelle konstatiert («Gene, Emily. Die Gordonstons haben Glück», S. 142), ist bald strähnig und ungepflegt, Ausdruck des insgesamt verwahrlosten und beklagenswerten Zustands des Liebenden, der rettungslos seiner vergeblichen Liebe verfallen ist.

Die spezielle Vorgeschichte dieser Liebespathologie wird je nach Denkschule unterschiedlich bewertet, es scheint kein gültiges Narrativ zu geben, das die Wurzeln und Quellen dieser Gefühlslage und ihrer Darstellung in der Kunst zu fassen vermöchte.

Je nuancenreicher die Etikette der höfischen Liebe sich gestaltete, desto vielfältiger wurden die Folgen. Trug der Ritter etwa die Farben seiner Dame, signalisierten Blau oder Schwarz am ehesten seine Treue, während Grün auf Untreue hinweisen konnte etc. Ein ähnlich emblematischer Einsatz von Kleidung und Äußerem zeichnet *Carolines Bikini* allerdings nicht aus, fast könnte man das Gegenteil behaupten. Caroline Beresfords ausgeprägter Stilsinn und ihre Vorliebe für die Farbtöne Taupe, Caramel und Weiß spiegelt sich keineswegs im Aufzug Evan Gordonstons; seine Jogginghosen bzw. «Sweatpants» stehen in keinerlei Verhältnis zu der schicken Tasche mit den «Fitnesssachen», die Caroline auf dem Weg zu ihrem Pilateskurs an ihm vorbeiträgt.

Die Rolle der Geliebten – in Carolines Bikini

Wie bereits angedeutet, erschöpft sich die Rolle der Geliebten in diesem Prosawerk schlicht in ihrer Existenz. Caroline Beresford muss gar nichts weiter «tun» oder «sagen» – wiewohl Emily Stuart, ihre textuelle Bürgin, sich wünschen mag, sie würde auch mal «agieren» und so einen «Roman» ermöglichen oder «eine Story, in der was passiert, Himmel noch mal».

Hier genügt es vielleicht, festzustellen, dass ihre Nähe zu Fruchtbarkeit, Fortpflanzungsfähigkeit und Fülle – ihre Rolle als Mutter «dreier pubertierender JUNGS!», wie sie sich in «Auf die Plätze» und «Los!» entsetzt, ihre Fähigkeit, spielend große Dinnerpartys zu organisieren, ihre Erfahrungen mit anspruchsvollen Kochkursen und in der PR, der sie umwehende «Duft von Orangen» und ihr sicheres Händchen bei der Einrichtung ihres Heims: Devise *House and Garden*, meint Emily Stuart – sie zum Inbegriff ebender archetypischen Weiblichkeit und Willfährigkeit machen, die eine Konstante des Kanons der abendländischen Literatur darstellt, allerdings eine «Willfährigkeit», die auf die Figur der Eva in dem von Emily «Nin» Stuart so geliebten epischen Gedicht *Das verlorene Paradies* zurückverweist, also eine «Willfährigkeit», die mit einer besonderen Hausmacht einhergeht, die nämlich die Familie zusammenhält. Und das trotz David Beresfords Liebäugeln mit der Klassischen Philologie, einer möglichen Promotion und Weiterem.

Einsatz von Flora und Fauna

Ergänzend zum eben Gesagten lässt sich Caroline Beresford über den «Duft von Orangen» hinaus mit diversen Blumen und Gärten in Verbindung bringen. Ihr eigener Garten in Richmond ist «üppig», reich an «altem Baumbestand», «blühenden Rabatten» und dergleichen mehr; sie stellt regelmäßig frische Blumen aus diesem Garten oben in Evans Wohnung – Stuart zählt sie nach der Jahreszeit auf: Narzissen zuerst, Rosen später im Sommer, und so fort.

Dann gibt es noch das Haus in Frankreich, Symbol ländlicher Fülle und mediterraner Lebensart – für das Caroline eine offene Einladung ausspricht, und zwar bereits, als sie Evan noch kaum kennt bzw. gerade erst kennengelernt hat. Man kann sich die Blüten, Düfte, Gärten und so fort ohne Weiteres vorstellen (Carolines Teint behält, gewiss dank der Aufenthalte in jener sonnigen Idylle, stets einen «Honigton»), und selbst in der dunklen Zeit tiefsten Winters herrscht in Richmond eine blühende Atmosphäre.

Weitere Beispiele für die Blumenmotivik und ihre Entsprechung in der Gestalt der Geliebten finden sich in früheren Anmerkungen und Bemerkungen auf Seite 185 von *Carolines Bikini*: «‹Es stehen immer frische Blumen da, wenn sie die Runde gemacht hat›», sagte er [Evan] und bestätigte damit auch Carolines Rolle quasi als Laura oder Beatrice der Geschichte [...] Doch, ja, es gab historisch in der Liebesdichtung und der höfischen Liebe Vorbilder für Frauengestalten, denen Blumenmetaphern zugeeignet wurden [...] ‹Blumen ...›, hatte ich seinerzeit gesagt. ‹Ja, verstehe. Alles klar.›»

Hingewiesen sei zudem auf das entscheidende Ordnen der Blumen in einer ausgefallenen Vase auf Seite 265 – als die Einladung zur Pool-Party die Beresfords erreicht hat und auf dem Kaminsims der Küche neben dem Wochenplaner einen Ehrenplatz erhält. Es finden sich vielerorts ähnliche Momente in der Geschichte.

Richmond

Verschiedentlich wird in *Carolines Bikini* bei dramatischen Wendungen oder Szenenwechseln festgestellt, dass Evan natürlich «überall» hätte wohnen können, dass er als Player der internationalen Finanzwelt, der immerhin bei seinem ersten Besuch in London vom Unternehmen in einer Suite im Connaught Hotel «einquartiert» worden war, keineswegs in Richmond hätte wohnen müssen.

Nun ist Richmond ja kein unangenehmes Fleckchen. Im Gegenteil, dieser grüne, laubige Teil von London gilt Doppelverdienern aus aller Welt als gute Adresse und hat sich als eines der wenigen Postleitgebiete der Metropole über Generationen hinweg kaum gewandelt: Richmond war und bleibt für gewisse britische Familien eben immer

Richmond. (Siehe «Das alte London» unter «Zu den Personen»).

Doch ist Richmond, wie im Buch mehrfach erwähnt, auch «Endstation» der District Line und somit keineswegs zentral gelegen. Eher vorstädtisch – sofern dieses Adjektiv für London passt, was Evan Gordonston durchaus findet –, mit unbegrenzten Parkmöglichkeiten, den nicht seltenen Swimmingpools in weitläufigen Gärten und jeder Menge wunderschöner, kultivierter Frauen mittleren Alters, die ihre Karrieren und jeden Wunsch nach Unabhängigkeit aufgegeben haben, um stattdessen den Part der Dame des Hauses auf großen, gediegenen Anwesen zu übernehmen, die meist sogar Platz bieten für eine Einliegerwohnung unter dem Dach, hat Richmond noch nie zu den offen protzigen Vierteln der Stadt mit hoher Fluktuation gezählt. Dazu ist es zu etabliert, die Häuser sind wie das der Beresfords überwiegend schon lange in Familienbesitz. Ganz sicher tun sich die Makler, die in so vielen anderen SW-Bezirken der Metropole wüten, in Richmond schwerer. Die Postleitzahlen in Richmond beginnen mit einem TW, und darauf ist man stolz. Eine solche wird, wie aufmerksame Leser sich gedacht haben werden, als Absender auf den Briefen und Karten gestanden haben, die Evan Gordonston vor vielen Jahren als Kind und Nachbar der Stuarts im Berkshire Way, Twickenham, verschickte.

Richmond: Lage

Auf einer Fläche von knapp fünfeinhalb Quadratkilometern leben im zum Verwaltungsgebiet Greater London gehörenden Richmond rund 21.500 Menschen, vielfach Pendler, die einen Vorortzug zur Waterloo Station nehmen oder eben die besagte District Line.

In einem Stadtführer könnte das Folgende stehen: Der Burrough Richmond ist ein Stadtbezirk im Südwesten Londons und kann sich etlicher Grünanlagen und -flächen wie Richmond Park rühmen sowie einiger Erhaltungsgebiete, die auch Privathäuser umfassen.

Richmond entstand im Zuge der Errichtung des Richmond Palace, der königlichen Residenz, welcher der Bezirk seinen Namen verdankt, durch Heinrich VII. im sechzehnten Jahrhundert; Stadt und Palast sind ferner eng mit Königin Elizabeth I. verbunden, die ihren Lebensabend dort verbrachte. Im achtzehnten Jahrhundert wurden die Richmond Bridge fertiggestellt und unzählige Georgianische Häuserzeilen errichtet – sie sind gut erhalten und vielfach eingetragene Baudenkmäler. Die Inbetriebnahme des Bahnhofs im Jahr 1846 beschleunigte, wie Evan Gordonston bemerkt, die Eingliederung der Stadt in die schnell expandierende Metropole London.

Das Haus in Richmond

Details zu dem Haus im Chestnut Way Nr. 43 finden sich in *Carolines Bikini* überall – besonders in den längeren Passagen aus Evans Notizen gegen Ende der Geschichte. «Vorzeigehaus ... Devise *Elle Decoration* oder *House and Garden*», konstatiert Emily Stuart an einer Stelle zu Ausstattung und Einrichtung, doch sollten die Leser auch die lässige Atmosphäre bedenken, die der Mix aus Einzelstücken wie dem alten, von der Großmutter ihrem Lieblingsenkel David nebst anderen Möbeln vermachten Chiffonier einerseits und dem in der Geschichte so zentralen Frühstückstresen in der Küche andererseits vermittelt.

Evans Wohnsituation

«Evans Quartier lag unter dem Dach. Das erwähnte ich, glaube ich, bereits? Wie groß das Haus in Richmond war? Wie es natürlich viele Häuser da draußen am Ende der District Line sind ... von der Größenordnung. Und dieses spezielle Haus ein herausragendes Beispiel der Art – hieß es nicht, David Beresford habe es von seiner Großmutter mütterlicherseits geschenkt bekommen? Ich glaube, so war es ... denn alte Sofas und ausgesuchte Möbel und so fort, eine herrlich breite Treppe sorgten für ein wunderbar angestammt-behagliches Ambiente. Was bedeutete, dass Evans Quartier, sein Logis ... aus mehr als nur einem großen Zimmer bestand, sagte er. Eher eine Atelierwohnung, seiner Beschreibung nach, nicht bloß ein Schlafzimmer.» (S. 153)

Und kurz darauf heißt es:

«In New York würden sie dergleichen wohl ‹Apartment› nennen.»

Überhaupt stellt die Erzählerin in *Carolines Bikini*

immer wieder gern Vergleiche an – Ausdrucksweisen, Etikette, Kleidungsstil – zwischen dem, was in Großbritannien hochgehalten wird, und dem, was in den USA gilt. Obwohl sie selbst keineswegs Expertin in puncto kultureller Unterschiede ist oder eigene Erfahrung hätte, fühlt sie sich dennoch genötigt, Urteile zu fällen und zu diversen Leitideen und Verhältnissen Stellung zu beziehen, zweifellos aufgrund ihrer langjährigen Freundschaft mit Evan Gordonston und weil ihr Bruder Felix, dem sie eng verbunden bleibt, vier Jahre in Kalifornien gelebt und mit ihr, angesichts der engen Freundschaft der eigenen Familie mit den Gordonstons, ausgiebig die historischen, intellektuellen und gesellschaftlichen Gegebenheiten drüben erörtert hat.

Aus solchen und anderen Gründen – die möglicherweise mit ihrer beruflichen Arbeit als Werbetexterin und, wie sie sagt, «Schnellschuss-Gebrauchsprosaistin» zu tun haben – fühlt Emily Stuart sich zu Kommentaren wie dem oben zitierten «In New York würden sie dergleichen wohl ‹Apartment› nennen» berufen. Zwar hat sie weder Evan je in seiner Interimsunterkunft im Chestnut Way besucht noch zuvor Grund gehabt, Richmond zu besuchen und seine Parks, Grünflächen oder die «Stadt» zu erkunden – es gab lediglich, lesen wir in *Carolines Bikini*, das eine Treffen mit Evan in einem Café in der Nähe und sonst nur vor einiger Zeit mit anderen im Text vorkommenden Freunden die Teilnahme an einer unter einer bestimmten fällungsbedrohten Eiche unweit der White Lodge abgehaltenen Kundgebung, einschließlich Übernachtung im Freien dortselbst und dem Texten eines Flyers, der später Grundlage eines Kunstprojekts eines East Londoner

Kollektivs werden sollte; aber abgesehen von gelegentlichen Spaziergängen und Picknicks war's das dann auch. Und doch beschreibt Stuart Gordonstons Wohnsituation mit einigem Aplomb. Das gilt nicht nur für Randbemerkungen zu dem Milieu in Richmond, sondern auch für Einlassungen zu der beschriebenen Inneneinrichtung des Beresford-Heims, der Bedeutung einzelner Möbelstücke wie des «Chiffoniers» und so fort. Ohne jemals bei Evan im Chestnut Way vorbeigeschaut zu haben, ist Stuart der Überzeugung, sie *kennte* Richmond.

Was sie hingegen über amerikanische Apartments weiß, ist völlig offen. Ob es «Treppenabsätze», Halbtreppen oder dergleichen gibt, Badezimmer mit «Dusche *und* Badewanne», wie Evan schwärmt ... bleibt ihrer Fantasie überlassen. Tatsächlich ist an Evans Wohnverhältnissen in Richmond trotz ihrer Glossen nichts annähernd «New York». Evan wohnt in einem Haus, einem sehr eleganten Haus, am Ende der District Line zur Untermiete. Das ist schlussendlich seine Situation. Denkbar weit von dem Wort «Apartment» mit seinen coolen Solo-Konnotationen entfernt.

Erzählalternativen

Von der allerersten Seite von *Carolines Bikini* an sorgt sich die Erzählerin Emily Stuart, wie gesagt, um die Qualität der Erzählung. Kopfzerbrechen bereitet ihr ihre Rolle als «Amanuensis» – «Aber ich habe so was noch nie gemacht», schreibt sie auf Seite 15 –, und den ganzen

«Roman» hindurch brütet sie über Tauglichkeit und Niveau des von ihr so betitelten «Plots»; auf Seite 105 lesen wir: «Noch im Winter im Cork war ich unerbittlich gewesen. ‹Ich glaube einfach nicht, dass irgendwer dein Buch lesen wird›, hatte ich gesagt.» Und später betont sie, eine Geschichte brauche «Fleisch».

Zu diesem Zweck und wegen ihrer Zweifel, ob sie wirklich einen «Roman» hinlegen kann – schließlich ist sie eine, die bis dato nur Kurzgeschichten und «Exposés» für weitere geschrieben, sich aber nie an einer längeren Erzählstrecke versucht hat –, nimmt Stuart an verschiedenen Stellen im Sinne der von Evan Gordonston in diversen Notizen vertretenen Ansicht, dass es mehr als nur die «Fakten» seines «Verhältnisses», wie er es hartnäckig nennt, mit Caroline Beresford gebe, gewisse Interventionen, Ausschmückungen, Fantasien gar, mit auf.

Dass solche Passagen im Gesamtprojekt vorkommen, verdankt sich weniger einer bewussten Entscheidung Stuarts als Situationen, die sich in der Geschichte einfach ergeben, der sie Gestalt zu verleihen sucht.

Denken wir nur an Gordonstons Fiktion einer früheren Begegnung mit Caroline in Oxford. Genau so etwas ist hier gemeint: Stuart, die ein Hirngespinst Evans transkribiert, der glauben will, er habe Caroline bereits in seinem früheren Leben gekannt und sich in New York nach ihr erkundigt.

Solche Ansätze zu alternativen Plots, Vorstellungen eines anderen Verlaufs der Geschichte, einer anderen Wertordnung, anderen Rahmenbedingungen, anderen zu erzählenden Versionen gewissermaßen ... geistern in wechselnder Gestalt durch den Roman. Da gibt es den in einem Café am «Rande» von Twickenham und Richmond getrunkenen Kaffee, als Gordonston und Stuart nach vielen Jahren der Trennung erstmals wieder zusammenkommen, dann das, was sich eines Abends spät in ihrer Wohnung zuträgt, als Gordonston plötzlich vor der Tür steht ...* Solche Szenen laufen unter der Oberfläche der Geschichte in *Carolines Bikini* mit, ohne diese zu torpedieren oder sonderlich zu stören; diese anderen Geschichten sind weniger Teil des «Romans» als einfach da, Einflüsterungen. Denn letztlich, wie die Autorin nicht müde wird zu betonen, liegt der Fokus des Projekts auf den zwei Protagonisten und würde aus Sicht vieler Leser jede weitere Information zur Erzählerin und ihren Anliegen der Wucht der Liebesaffäre abträglich sein, die zwischen Caroline Beresford und ihrem «Galan», dem Untermieter Evan Gordonston, möglich scheint.

Hintergrund

---

* Es gibt schließlich eine oder mehrere ganze Szenen zu Beginn des Geschehens noch im Winter, die Stuart beschlossen hat, weniger aus dem Text zu tilgen – denn es fehlen alle Hinweise, dass solche Passagen geschrieben wurden – als vielmehr nicht zu berücksichtigen, ja gar nicht erst zu schreiben. Ob es der Herausgeberin gelingen wird, sie zum Verfassen solcher Passagen zu bewegen, damit sie noch veröffentlicht werden können, lässt sich derzeit nicht absehen. Als Leser jedoch erfahren wir auf den Seiten 135 ff. und noch mal in Form subtiler Anspielungen auf der Seite 157, dass Passagen oder Vorüberlegungen existieren *könnten*, die als Alternative zu der vorliegenden Erzählung nicht ohne Belang wären.

Dieser «Roman» muss demnach als literarischer Wackelkandidat gelten. Wäre da nicht Evan Gordonstons etwas – wie manche Leser meinen könnten – vollmundige Behauptung, er wolle eine «große Liebesgeschichte» schreiben, einen «Roman» gar, erscheint zweifelhaft, ob es *Carolines Bikini* überhaupt gäbe.

Aber es *gibt* den Text, und zu verdanken ist dies Emily Stuarts getreuer Wiedergabe der geführten Gespräche, gestellten und beantworteten Fragen, ihrer Transkripte der schwer entzifferbaren handschriftlichen Notate Evans und seiner unredigiert ausschweifenden Träumereien, die zumindest er für «Poesie» hält. Stuart ist es als «Amanuensis» zu verdanken, dass sich in Grundzügen eine Handlung entfalten kann und zu Papier gebracht wurde.

Durchweg jedoch hadert die Schreiberin im Hintergrund. Ist das, was sie tut, «wahres» Schreiben? Ist das alles überhaupt «interessant»? Führt das «irgendwohin»? Sie kann sich solcher reflektierenden, selbstzweifelnden Einmischungen in die schlichte «Story» von Evan Gordonston und seinem Leben in Richmond nicht enthalten.

Stuart bringt für einen entsprechenden literarischen Ansatz keinerlei Vorkenntnisse oder Erfahrungen mit. Sie muss im Schreiben einen Umgang mit den Anforderungen finden, die sich für Erzählerin und Thema ergeben, für *The Teller and the Tale*, wie es im Titel der Essaysammlung des Autors und Kritikers Gabriel Josipovici so treffend heißt.

Verfahren

Evan Gordonston hatte, wie bereits erwähnt, zu Beginn des Projekts hemmungslos grandiose Vorstellungen von der Art Literatur, die er mit seiner Freundin Emily «Nin» Stuart zu schreiben gedachte. Während sie ihn und sein Vorhaben in allen Entstehungsphasen unweigerlich infrage stellt, hegt Gordonston weiterhin sehr umfassende literarische Ambitionen. Für ihn scheinen «Roman» und «Poesie» oder gar (auf S. 45) in bedenklicher Weise «Mythos» gelegentlich synonym.

Das liegt zum Teil natürlich an seinem Aufstieg zum Fachmann für internationales Bankrecht, den langen Jahren im Finanzsektor. Was weiß so einer schon von literarischen Genres, von einer Hybris, die aus den klassischen Quellen westlichen Denkens schöpft und sich dessen kreativen und kulturellen Voraussetzungen anverwandelt. Wo er doch fast sein ganzes Erwachsenenleben lang Adept des kapitalistischen Ethos von Wall Street und Dow Jones gewesen ist? Zweifellos wirken die frühen Jahre in Twickenham nach – selbst wenn er sich seither ganz der Grauzone von Subprime-Hypotheken und Staatsschulden verschrieben hat – und bleiben ihm in Erinnerung: der Austausch zwischen seiner und der Nachbarfamilie, die Sympathie seines Vaters für Alastair Stuart und dessen enzyklopädische Kenntnis zeitgenössischer Geschichte, die Keramik und Kunst seiner Mutter, deren frühe feministische Debatten über «Selbstverständnis» mit Margaret Stuart, ganz zu schweigen von der anregenden und stets fantasievollen Beziehung zu seiner besten Freundin nebenan ... Doch, ja, auch das alles gehört natürlich zu Evan Gordonston. Immerhin hat er mit Stuart die Wände des Wintergartens seiner Eltern mit Tomatenranken verziert und in Aquarellfarben überaus feinfühlig die Nuancen der Früchte, die unterschiedlich weit gediehenen Triebe und Blätter wiedergegeben. Einen Sinn für Kunst und Kultur kann man ihm also nicht absprechen, diesem Evan Gordonston, nur bei dem Projekt, aus dem *Carolines Bikini* hervorging, waren seine Vorstellungen etwas verstiegen und musste er von Emily Stuart ab und zu gebremst werden. «Denn zu mehr als diesem ‹Okay› war ich nicht imstande», schreibt sie auf den Schreck hin, dass Gordonston der Geschichte, die zu erzählen ist, den Rang eines «Mythos» zusprechen will.

Andere Auffassungen von «Erzählalternativen»

Neben Motiven und Gedankengängen, die in diesem Romantext nicht vertieft werden, gibt es verschiedene Stellen in der Geschichte, an denen etwas durchaus weitergesponnen werden *könnte*; wir ahnen es als Leser, die Erzählerin deutet es öfter mal an, doch bleibt das alles eher in der Schwebe, wird gestreift, aber nicht ausgeführt. Dafür finden sich etliche Beispiele, meist geht es um das in den Anmerkungen «Zu den Personen» skizzierte soziale Umfeld, etwa die Bemerkung Stuarts zu David Beresford auf Seite 56 f.: «Der arme David Beresford ... als wollte ich an ihm irgendwas prekär finden, wie fesch und zielstrebig auch immer ...»

Solche Momente, und von ihnen hält der Text, wie

gesagt, viele bereit, verweisen auf eine andere Art von Roman, wie er im englischen Realismus des neunzehnten Jahrhunderts aufkam, in der schottischen Literatur jedoch für das Genre nie eine große Rolle gespielt hat, weshalb es hier in diesen Anmerkungen auch bei einer Randnotiz bleibt. Denn sie sollten nie in die Geschichte einfließen, nicht zur Erklärung, als Hintergrund, Kontext oder zur Rechtfertigung des vorliegenden Arrangements dienen.

Carolines Bikini, das Werk einer Stuart über einen Gordonston, arrangiert von einer Gunn, war nie anders gedacht denn als Prosaversuch im Geiste einer schottischen Moderne mit Wurzeln in der petrarkischen Liebesdichtung der Frührenaissance, literarischen Vorbildern verpflichtet wie Katherine Mansfield und Virginia Woolf. Emily Stuart drückt es so aus: «Der zeitgenössische realistische Roman ist mir latte.»

Pubs

Die vielen Pubs und Bars, die in *Carolines Bikini* erheblichen Raum einnehmen und eine eigene Geschichte wert wären, werden genau und mit Augenmaß benannt.

Überwiegend liegen diese Lokale in West London, angefangen im ersten Teil des Romans «Auf die Plätze» mit einer Reihe von Gaststätten in Brook Green und Hammersmith, gefolgt in «Fertig» von szenigen Ecken in Chelsea und South Kensington, dann in «Los!» von abgelegenen Winkeln in Acton und nahe der maroden Überführung an der Talgarth Road, und enden schließlich mit der sonnigen Flaniermeile, die als Riverside Promenade bekannt ist, dem Uferweg, der sich von den Segel- und Ruderclubs Chiswicks bis zu den Grünflächen und Gärten um Etablissements wie The River Cafe erstreckt und, in diesem Roman, dem bemerkenswerten The Remarkable.

Sie tauchen in dieser Reihenfolge auf:

«Auf die Plätze»
The Cork & Bottle
The Elm Tree
The Walker's Friend
The Gin Whistle

«Fertig»
The Gin Whistle
Grapes of Wrath
A Tulip's Edge
The Kilted Pig
The Swan & Seed
Child o' Mine
The Pincushion (& Thistle)
Zusätzlich kommen eine Reihe Lokale wie The Cask und The Vault in Mayfair ins Spiel.

«Los!»
The Pincushion (& Thistle)
Ripeness Is All
Last Stand
The Empty Barrel

«Finish»
The Remarkable

Nicht uninteressant ist dabei die jeweilige Ausstattung und Atmosphäre der von Stuart und Gordonston frequentierten Lokale. Meist gibt es keine Speisekarte, nur die kneipenüblichen Chips und Nüsse in unterschiedlicher Aufmachung. Im Text wird allerdings sehr wohl einmal ein Lunch erwähnt – früher gängiger als heute –, ein «Ploughman's», also eine Käseplatte mit Brot und Relish, oft auch Salat oder Kartoffelchips. Dieser Imbiss war in den 1970er und 80er Jahren äußerst beliebt, findet sich auf heutigen Pub-Tafeln aber eher selten.

Gin

Als das Material für diese Geschichte zusammengestellt und kollationiert wurde, ahnten weder die Autorin, die Hauptfigur noch die Herausgeberin von *Carolines Bikini*, dass Gin bei Spirituosen-Fans und -Fabrikanten inzwischen so trendy und gefragt ist. Zur Zeit der Niederschrift empfand die Erzählerin Gin allenfalls als praktisches, angenehmes und zu jeder Tages- und Nachtzeit im Pub an der Ecke erhältliches alkoholisches Getränk zur Entspannung und freimütigen Unterhaltung, stets mit der Möglichkeit einer «nächsten Runde».

Unterdessen dürfte den Lesern der Anblick der in jeder Bar und jedem Restaurant an der Wand hinter dem Tresen aufgereihten Flaschen vertraut sein, auf deren Etiketten irgendwo zwischen raffiniertem typografischen Design, Mix-Rezepturen, historischen Daten und Anmerkungen, Sinnsprüchen oder Widmungen auch das Wort «Gin» zu finden ist.

«Serviervorschlag: mit Cranberry, Grapefruitspalt, Pfefferkörnern, Chili, Schokoladen- oder Gurkenstückchen ...» Heute begleiten Erläuterungen dieser Art die Zusammenstellung und Präsentation jedes ginhaltigen Getränks. Es ist längst nicht mehr damit getan, einfach im Stamm-Pub einen «Gin Tonic mit Eis, bitte» zu bestellen. Ohne jede Menge Beiwerk und Handgriffe wird diese gängige und vielgeliebte britische Spirituose mit der dazugehörigen Flasche Tonic Water nicht mehr serviert.

Gin ist «schick» geworden. Er wird gern, wie Emily Stuart in *Carolines Bikini* ziemlich zu Anfang bemerkt, im amerikanischen Stil nach Destillateur bestellt. Also «Tanqueray Tonic», wie es die Verfasserin dieser Zeilen erstmals Mitte der 1980er in New York erlebte, nie einfach nur «Gin Tonic», wie sie das von zu Hause her kannte. Heute heißt es eher «einen Slow River mit Fever Tree, bitte», dazu möglichst ein Rosmarin-Quirl, aber bloß kein Eis.

Chronologisch in *Carolines Bikini* bestellte Ginsorten:

Gordon's
Bombay
Tanqueray
Sipsmith
im Gin Whistle ein Gin, bei dem man «nicht nach dem Preis fragt»
Dark Town
Fallen Branch
Diverse namenlose «Manufaktur»-, «Designer»- und *Terroir*-Gins

Portobello Road – mit «Zitronenzeste»
Eigenmarke des Kilted Pig
Dalreavoch Waltz – mit Thymian-Tonic
hochprozentiger selbstdestillierter Gin
ein letzter Eis-Gin mit Tonic im Remarkable

Reprise

Letztlich ist die höfische Liebe dem Geist und Gefühl nach die «reine Liebe», die Andreas Capellanus in *De amore libri tres* beschreibt, für Spezialisten bis heute der Urtext, auf den alle späteren Narrative – auch dieses – zurückgehen:

«Und die reine Liebe nämlich ist diejenige, welche die Herzen zweier Liebender mit aller zärtlichen Zuneigung verbindet. Sie besteht aber in seelischer Betrachtung und Neigung des Herzens, geht aber bis zum Kuß und zur Umarmung und schamhaften Berührung der nackten Geliebten; die letzte Wonne aber wird ausgelassen; denn dies auszuführen ist denen, die rein lieben wollen, nicht gestattet.»

Dies ist auch das Ideal des dichterischen Werks, auf das im Verlauf des Projekts wiederholt hingewiesen wird: des Sonett- und Kanzonenzyklus *Canzoniere*, der die vorliegenden Seiten grundiert. Wo wären wir ohne Petrarca?

Die Anmerkungen sollen nun im Rahmen der Erzählstruktur von *Carolines Bikini* – wobei aufmerksamen

Lesern nicht entgehen wird, dass die sogenannte Plot-Line des Romans weitgehend dem unten skizzierten Schema einer anderen Art Geschichte aus einer anderen Ära mit anderer Gefühlslage folgt –, mit einigen Sonetten Petrarcas zu den neun Stufen der höfischen Liebe enden, die hier der Reihe nach aufgelistet seien:

Hingezogensein zu der Dame, meist über Augen/Blick
Anbeten der Dame von ferne
Liebesschwur
Dame verweigert ihre Gnade
Erneutes Werben, Verpflichtung zu Tugend und ewiger Treue
Klagen über die Unerfüllbarkeit der Liebe als «Todesstoß» (nebst anderem Liebesleid)
Heldentaten, die geeignet sind, das Herz der Dame zu erobern (in diesem Roman weniger einschlägig)
Vollzug der heimlichen Liebe (aufmerksamen Lesern wird auffallen, wie oder wie nicht er sich in *Carolines Bikini* in anderer Weise ergibt)
Schlussszenen wie in der Literatur und darstellenden Kunst geläufig (siehe hierzu die Verwendung von Notizen und zusätzlichem Material für die Fortsetzung oder Erweiterung – Adaption? – der eigentlichen Geschichte in *Carolines Bikini*)

Und hier noch eine etwas beliebige, aber herrliche Referenz:
Ein Sonett Philip Sidneys, an dessen Schlusszeile sich Emily Stuart auf den letzten Seiten von *Carolines Bikini* erinnert.

In Wahrheit liebend wollt in Reimen ich entbrennen,
Dass ihr, der Teuren, ihr, mein Leiden Freuden bringe,
Sie Freude lesen heiße, lesen sie erkennen,
Erkenntnis Mitleid wecke, Mitleid Gunst erringe;

Ich suchte Worte, die das tiefste Weh benennen,
Bedacht, dass klüglich Bild auf Bild zu Herzen dringe,
Müht fremdem Denken mich geschäftig nachzurennen,
Dass mein erstarrter Geist sie feuriger besinge.

Doch zögernd kamen Wort und Reim, erfindungsbar:
Die Schau, der Einfalt Kind, entfloh gelehrtem Sinnen,
Und fremd blieb meiner Müh, was Fremdem eigen war.

An Plänen überreich und hilflos im Beginnen
Zernagt die Feder ich, ging mit mir zu Gerichte:
Da rief die Muse: «Tor, schau in Dein Herz und dichte».

Und zu guter Letzt eine kleine Auswahl aus den Sonetten des *Canzoniere*.
   Sie haben einiges mit einer Reihe von Motiven und Vorstellungen zu tun, die für den narrativen Aufbau dieses Buches nicht unwesentlich sind. Die genaue Lektüre wird Parallelen und Vorbilder offenbaren, die einen neuen Zugang zu *Carolines Bikini* ermöglichen und Leser eventuell zu einer Rückkehr zu dem Swimmingpool am Anfang dieses Buchs bewegen können.

Aus «In vita die Madonna Laura» (1-263)

Nr. 140

Weh, Amor, dem sich die Gedanken fügen,
hat sich mein Herz zum Wohnsitz umgeschaffen
und tritt mir häufig auf die Stirn in Waffen,
zum Zeichen, dorten in Quartier zu liegen.

Die machte, dass uns Lieb und Kummer schlügen,
und will, dass heißem Hoffnungswunsch die schlaffen
Zügel Vernunft und Scham und Demut straffen,
fühlt unsrer Kühnheit solches Mißvergnügen,

dass Amor in das Herze flieht im herben
Entsetzen, alles lassend, tief im Grunde
versteckt zu weinen und nie mehr zu werben.

Was kann ich tun, da wir uns beid' entfärben,
als bei ihm bleiben bis zur letzten Stunde?
O gutes End, in edler Lieb zu sterben.

Nr. 90

Das goldne Haar war hingestreut den Winden,
die es zu tausend süßen Knoten flochten;
und jedes Feuers Helle unterjochten
die Augen, die jetzt kaum mehr davon künden.

Und Mitleidsfarben schienen Platz zu finden
im Antlitz (ist es wahr? unangefochten?) –:
den Liebeszunder meiner Brust vermochten
sie – ists ein Wunder? – jählings zu entzünden.

Nicht war ihr Gang ein sterblich Ding der Erde:
der eines Engels war er. Und die Worte –
nicht klang es, als ob Menschenstimme spreche!

Lebendige Sonne; Geist der Himmelspforte
war, was ich sah. Und ob sie auch entwerde –
nicht heilt die Wunde durch des Bogens Schwäche.

Nr. 192

So lass uns, Amor, unsre Glorie schauen,
erhabne überirdische Gebilde;
sieh Himmelslicht im irdischen Gefilde;
sieh, wieviel Gnaden in sie niedertauen!

Sieh, wieviel Kunst die unter allen Frauen
Erlesene umpurpurt, -perlt und -güldet,
die süß die Füße und die Augen milde
führt durch der schönen Hügel Schatten-Auen!

Die Gräslein grün, die Blumen tausendfarben
verstreut dort unter alter schwarzer Weide:
sie flehn: «O dass uns doch ihr Fuß berührte!»

Von leuchtend-unbestimmten Funkengarben
entflammt der Himmel rings in heller Freude,
dass ihn ein Paar so schöner Augen schürte.

Aus «In morte di Madonna Laura» (264-366)

Nr. 336

Sie kehrt mir in den Sinn – nein: sie befindet
sich dort, von wo sie Lethe nicht verbannte! –,
wie ich sie einst in ihrer Blüte kannte:
ganz von den Strahlen ihres Sterns entzündet.

So einsam, keusch und schön, in sich gegründet
erblickt sie der von Staunen Übermannte:
«Am Leben ist, die man gestorben nannte!»
und fleht, ihm sei ihr süßes Wort verkündet.

Bald gibt sie Antwort und bald nicht – so irrt sich
ein Mensch, und plötzlich wird ihm rechte Kunde –:
so sag ich meinem Sinn: «Du bist betrogen!»

du weißt doch: dreizehnhundertachtundvierzig
am sechsten des Aprils, zur ersten Stunde
ist diese Seele ihrem Leib entflogen!»

Das nachfolgend als letztes zitierte Sonett aus dem ersten
Teil des *Canzoniere* kann als höchst treffendes Resümee
des Projekts gelesen werden, das sollte bei der Würdigung
des Werks als Ganzem bedacht werden.

Nr. 74

Ich zage schon, darüber nachzudenken,
wie ich, an Euch zu denken, nie verzagte
und mich noch nichts aus diesem Leben jagte,
mich von der Last der Seufzer abzulenken,

und wie, mich in das Antlitz zu versenken,
das Haar, das schöne Auge, das mir tagte,
nie Wort noch Klang und nie der Ruf versagte,
die Tag und Nacht sich Eurem Namen schenken.

Und dass die Füße noch nicht leid der Sitte,
zu folgen Eurer Spur in alle Weiten;
unnützerweis verschwendend so viel Schritte.

Und woher all die Tinte kommt, die Seiten,
gefüllt mit Euch. Irr ich darin, so, bitte,
gebt Amor die Schuld; wollt nicht die Kunst bestreiten.

Zitatnachweise

Auszüge und Kurzzitate aus den Werken von Aurelius Augustinus, Andreas Capellanus, John Milton, Francesco Petrarca, Philip Sidney und William Carlos Williams werden hier in deutscher Übersetzung nach den folgenden Ausgaben wiedergegeben:

Zitiert im vorliegenden Buch	Aurelius Augustinus: *Bekenntnisse*. Aus dem Lateinischen und herausgegeben von Kurt Flasch und Burkard Mojsisch. Reclam Stuttgart, 2008, 10. Buch, VIII,
Seite 348	15, S. 285.
Seite 373	Andreas, Königlicher Hofkapellan: *Von der Liebe. Drei Bücher*. Übersetzt und mit Anmerkungen und einem Nachwort versehen von Fritz Peter Knapp. de Gruyter, Berlin/New York, 2006, I, vi 470/471, S. 143 f.
	John Milton: *Das verlorene Paradies. Das wiedergewonnene Paradies*. Vollständige Ausgabe. Übertragen von Bernhard Schuhmann. Winkler Verlag, München, 1966, S. 28, 8, 201.
Seite 222	a.a.O., S.28
Seite 303	a.a.O., S. 8
Seite 304	a.a.O., S. 201

Francesco Petrarca. *Canzoniere* nach einer Interlinearübersetzung von Geraldine Gabor in deutsche Verse gebracht von Ernst-Jürgen Dreyer mit Anmerkungen zu den Gedichten von Geraldine Gabor. Stroemfeld/Roter Stern, Frankfurt/Basel, 2. Aufl. 1990.

Seite 78	«Das goldne Haar», Sonett Nr. 90, a.a.O., S. 263
	«leitet von Gedanke», Kanzone 129, a.a.O., S. 381
Seite 79	«Jedes Feuers Helle», Sonett Nr. 90, a.a.O., S. 263
Seite 90	«Die in verstreuten Reimen» und «das Beben hört», Sonett Nr. 1, a.a.O., S. 7
Seite 111	«So suche ich», Kanzone 16, a.a.O., S. 37
Seite 226	«Sieh, wieviel Kunst ...», Sonett Nr. 192, a.a.O., S. 523
Seite 352	Sonett Nr. 132, a.a.O., S. 393
Seite 376	Sonett Nr. 140 und Nr. 90, a.a.O, S. 417 und S. 263
Seite 377f.	Sonett Nr. 192, a.a.O., S. 523
Seite 378	Sonett Nr. 336, a.a.O., S. 877
Seite 379	Sonett Nr. 74, a.a.O., S. 229
Seite 348f.	Francesco Petrarca: *Familiaria*. Bücher der Vertraulichkeiten. Hg. Berthe Widmer. Geleitwort Kurt Flasch. de Gruyter, Berlin/New York, Bd. 1, 2005, 4.128/29, S. 185.

Seite 374   Sir Philip Sidney: *Astrophel und Stella*. In Auswahl übertragen und herausgegeben von Maria Gräfin Lanckorońska. Scherpe-Verlag. Krefeld. 1947, S. 5.

Seite 102   William Carlos Williams: *Paterson*. Aus dem Amerikanischen von Karin Graf und Joachim Sartorius. Carl Hanser Verlag. 1998. Erstes Buch, I. Die Riesen im Umriss, S. 12.

Wir danken den beteiligten Verlagen.

Es ist nicht in allen Fällen möglich, die Rechtsinhaber zu ermitteln. Berechtigte Ansprüche werden selbstverständlich im Rahmen der üblichen Vereinbarungen abgegolten.